Alfred Endres

Ökonomische Grundlagen des Haftungsrechts

Mit 42 Abbildungen

Physica-Verlag Heidelberg

Prof. Dr. Alfred Endres
Technische Universität Berlin
FB 18 Wirtschaftswissenschaften
FG Allokationstheorie und
Umweltökonomie
Uhlandstraße 4-5
Sekr. WW 15
D-1000 Berlin 12

ISBN-13: 978-3-7908-0550-5

Die Deutsche Bibliothek - CIP-Einheitsaufnahme
Endres, Alfred:
Ökonomische Grundlagen des Haftungsrechts / Alfred Endres.
- Heidelberg: Physica-Verl., 1991
(Physica-Lehrbuch)
ISBN-13: 978-3-7908-0550-5 e-ISBN-13: 978-3-642-87696-7
DOI: 10.1007/978-3-642-87696-7

7120/7130-543210 - Gedruckt auf säurefreiem Papier

Für Astrid

VORWORT

In den letzten Jahren sind Fragen des Haftungsrechts in Wissenschaft und Politik intensiv diskutiert worden.
Produkthaftung, Arzthaftung, Arbeitnehmerhaftung, Umwelthaftung und Haftung bei Verkehrsunfällen waren dabei die wichtigsten Anwendungsgebiete, Gefährdungshaftung und Verschuldenshaftung die meistzitierten Formen des Haftungsrechts.
Während in der juristischen Diskussion der Aspekt des „gerechten Schadensausgleiches" im Vordergrund stand, haben sich die Ökonomen insbesondere für die Präventionswirkungen des Haftungsrechts interessiert. Hierbei geht es um die Frage, inwieweit haftungsrechtliche Regelungen geeignet sind, die potentiell an einem Unfall Beteiligten („Verletzer" und „Opfer") zu sorgfältigem Handeln zu veranlassen. Die Sorgfalt ist dabei das Mittel, mit dem die Unfallwahrscheinlichkeit und gegebenenfalls auch das Ausmaß des entstehenden Schadens vermindert werden können.
Die Ökonomen wären keine Ökonomen, wenn sie das hiermit angesprochene Problem nicht auf die Frage zuspitzten, worin denn ein *optimales* Sorgfaltsniveau bestehe, und inwieweit es über das Haftungsrecht realisierbar sei.
Das vorliegende Buch stellt die ökonomische Sicht des Haftungsrechts auf folgende Weise dar:

Zunächst wird in einem einleitenden Teil (A) begründet, warum sich Ökonomen mit Fragen des Haftungsrechts beschäftigen und auf welche Weise sie zu ihren Aussagen gelangen. Die Darstellung knüpft stark an die in der angelsächsischen Literatur unter der Bezeichnung

„Law & Economics“ von Posner, Shavell und anderen begründete Richtung an. Für Angehörige des „Tribe of the Econ“[1] mag diese Vorgehensweise selbstverständlich sein. Da dieses Buch jedoch über die Stammesgrenzen hinaus wirken will, ist eine solche Grundlegung unverzichtbar.

In Teil B wird das in der Literatur einschlägige ökonomische Grundmodell des Haftungsrechts dargestellt. Es zeichnet sich dadurch aus, daß potentieller Verletzer und potentielles Opfer unter stark vereinfachenden Annahmen als nach Gewinn- (Nutzen-)maximierung strebende Entscheidungsträger dargestellt werden, die unter den vom Haftungsrecht geprägten Rahmenbedingungen agieren.
Insbesondere wird dasjenige Sorgfaltsniveau, für das sich der jeweilige Entscheidungsträger unter einer bestimmten Ausgestaltung des Haftungsrechts in Verfolgung seiner Zielsetzung entscheidet („Gleichgewichtssorgfaltsniveau“), charakterisiert. Dieses Niveau wird dann mit dem „gesellschaftlich optimalen“ Sorgfaltsniveau verglichen.[2]
Diese Analyse wird über das gesamte Buch nach demselben Muster angestellt:
Sind die „gesellschaftlich optimalen“ Sorgfaltsniveaus von Verletzer und Opfer charakterisiert, so wird gefragt, ob es für einen der Beteiligten (z.B. den potentiellen Verletzer) gewinnmaximal ist, seinerseits das „gesellschaftlich optimale“ Sorgfaltsniveau unter der Bedingung einzuhalten, daß der andere Beteiligte (das Opfer) seine Sorgfaltsaktivität auf dem für diesen geltenden „gesellschaftlich optimalen“ Niveau durchführt. Ist dies der Fall, so wird als nächstes danach gefragt, ob es für den anderen Beteiligten (das potentielle Opfer) gewinnmaximal ist, seine Sorgfaltsaktivität unter der Voraussetzung auf dem „gesellschaftlich optimalen“ Niveau durchzuführen, daß der erstgenannte Beteiligte (der Verletzer) seine

---

[1]Zur Stammeskunde vgl. A. Leijonhufvud (1981).
[2]Der Begriff des „gesellschaftlich optimalen“ Sorgfaltsniveaus wird unten konkretisiert. Die Eindeutigkeit diese Niveaus wird vorausgesetzt. Es ist also unterstellt, daß es für jede Sorgfaltsaktivität genau ein optimales Niveau gibt.

Aktivität auf dem „gesellschaftlich optimalen" Niveau durchführt. Wird auch diese zweite Frage positiv beantwortet, so ist das unter der betreffenden Haftungsregel erreichte Paar von Gleichgewichtssorgfaltsniveaus „gesellschaftlich optimal".
In Teil B wird gezeigt, daß unter den Annahmen des einfachen Grundmodells mehrere Haftungsregeln existieren, die zu gesellschaftlich optimalen Sorgfaltsgleichgewichten führen, d.h. die Beteiligten dazu veranlassen, das „richtige" Maß an Sorgfalt walten zu lassen.
Die Analyse erfolgt im gesamten Buch unter der Annahme, daß keinerlei Vertragsbeziehungen zwischen dem potentiellen Verletzer und dem potentiellen Opfer existieren. Damit ist sie auf den Bereich des Rechts unerlaubter Handlungen (Tort Law) beschränkt. Von den eingangs erwähnten Anwendungsfeldern sind also die beiden zuletzt genannten beispielhaft. Die ökonomische Analyse anderer Anwendungsfelder, z.B. der Produkthaftung, erschließt sich aber mit dem in diesem Buch entwickelten Instrumentarium leicht.[3]

Der Hauptteil (C) des Buches ist der Frage gewidmet, welche Konsequenzen sich aus Abweichungen von den recht restriktiven Vorraussetzungen des ökonomischen Grundmodells des Haftungsrechts ergeben. Es zeigt sich, daß die in Teil B abgeleiteten Aussagen sehr empfindlich auf Änderungen der Modellannahmen reagieren. Unter allgemeineren Annahmen führt das Streben der potentiell an einem Unfall Beteiligten nach Gewinn- (Nutzen-) maximierung in der Regel nicht mehr auf „gesellschaftlich optimale" Sorgfaltsgleichgewichte. Bei verschiedenen Ausgestaltungen des Haftungsrechts treten verschiedene „Wirkungsbrüche" auf.
Im Grundmodell ist unterstellt, daß der erwartete Schaden im Falle der Haftung dem Opfer vom Verletzer vollständig ersetzt wird. Schaden und Schadensersatzzahlung sind also identisch.

---

[3]Unmittelbar zur Produkthaftung vgl. M. Adams (1987), R. Epstein (1980), J. Finsinger, J. Simon (1989), W. V. Oi (1973), M. Polinsky (1980), H. P. Schäfer, C. Ott (1986), J. Schmidt-Salzer (1986), (1988).

In Kapitel C.I. wird zunächst dargestellt, warum Schadensersatzzahlung und Schaden in der Realität häufig voneinander abweichen. Dann werden die Auswirkungen dieser Abweichung auf die Lage und Optimalität von Sorgfaltsgleichgewichten unter verschiedenen Haftungsregeln untersucht. Dabei werden zunächst Abweichungen betrachtet, die unabhängig vom gewählten Sorgfaltsniveau auftreten. Diese „vollständigen“ Abweichungen werden z.B. von Beweislastproblemen verursacht. Anschließend werden Abweichungen behandelt, die nur für bestimmte Niveaus der Sorgfaltsaktivität auftreten. Diese ergeben sich z.B. aus Haftungsbegrenzungen, die bisweilen in den die Haftung regelnden Gesetzen vorgesehen sind.
In Kapitel C.II. wird nach den Auswirkungen einer Abweichung zwischen dem subjektiv vom Verletzer bzw. Opfer erwarteten Schaden und dem objektiv zu erwartenden Schaden gefragt. Damit wird die Bedeutung von Informationsdefiziten auf Seiten der Beteiligten für die Allokationswirkungen des Haftungsrechts dargestellt.
Viele Formen des Haftungsrechts erfordern die Definition von Sorgfaltsstandards, deren Einhaltung durch den potentiellen Verletzer bzw. das potentielle Opfer dafür maßgebend ist, ob der Verletzer dem Opfer bei Eintritt eines Schadens haftpflichtig ist. In dem in Teil B behandelten Grundmodell wird unterstellt, daß mit diesen Sorgfaltsstandards das „gesellschaftlich optimale“ Niveau der jeweiligen Sorgfaltsaktivität normiert wird. In Kapitel C.III. wird untersucht, welche Konsequenzen die Festlegung suboptimaler Sorgfaltsstandards für die Lage und Optimalität der Sorgfaltsgleichgewichte unter verschiedenen Formen des Haftungsrechts hat.
Das den Hauptteil des Buches abschließende Kapitel C.IV. trägt der Tatsache Rechnung, daß bei der Definition von Sorgfaltsstandards bisweilen Möglichkeiten, die Wahrscheinlichkeit eines Unfalls und/oder das Ausmaß des Schadens herabzusetzen, übersehen werden. Das prominenteste Beispiel einer solchen im System von Sorgfaltsstandards i.d.R. nicht berücksichtigten Maßnahme ist das Niveau der gefährlichen Aktivität.

Die Analyse in Teil C erfolgt unter der Voraussetzung, daß der Verletzer dem Opfer die Entschädigungssumme aus dem eigenen Gewinn (Vermögen) leistet. In Teil D ist dagegen unterstellt, daß der Schaden auf eine Versicherung abgewälzt wird. Das besondere Augenmerk gilt dabei der Frage, inwieweit die Versicherung Anreize des Haftungsrechts zu sorgfältigem Handeln abschwächt, und wie gegebenenfalls Versicherungsverträge ausgestaltet werden können, um dieser Tendenz entgegenzuwirken.

Teil E zieht ein kurzes Fazit der Präventionswirkungen des Haftungsrechts.

Das vorliegende Buch verfolgt zwei Ziele, zwischen denen Konflikte auftreten können:

Zum einen möchte der Autor die ökonomische Analyse haftungsrechtlicher Probleme jenseits der Grenzen des Fachs verständlich machen und damit einen Beitrag zum interdisziplinären Dialog leisten. Darüber hinaus soll das Buch Studierende der Wirtschaftswissenschaften am Beispiel des Haftungsrechts in die Ökonomischen Grundlagen des Rechts (Law & Economics) einführen.
Auf der anderen Seite jedoch soll das Buch einen Beitrag zur Lösung einiger auch in der neueren Forschung nicht befriedigend bearbeiteter Probleme leisten.
Es ist daher nicht auszuschließen, daß bestimmte Teile des Buches den eher an neueren Entwicklungen in der ökonomischen Theorie rechtlicher Institutionen Interessierten, andere Teile dagegen den mehr an einem einführenden Text interessierten Lesern entbehrlich erscheinen.[4] Möge die Leserschaft Trost bei Max Planck finden, der in

---

[4]Um den unterschiedlichen Schwierigkeitsgrad der verschiedenen Abschnitte transparent zu machen, sind Kapitel, die Spezialfragen gewidmet oder eher „technisch" formuliert sind, in der Gliederung mit einem *) gekennzeichnet. Leser, die überwiegend an einer einführenden Darstellung interessiert sind, dürften ihre Lektüre auf die Ausführungen über *unilaterale Schäden* beschränken. Hier ist die modelltheoretische Darstellung erheblich vereinfacht, weil lediglich die Sorgfaltsaktivitäten des potentiellen Verletzers (nicht aber des potentiellen Opfers) behandelt werden.

in ähnlichem Zusammenhang bemerkte:„Indes wird hieraus, wie ich hoffe, kein ernsthafter Nachteil entstehen, da der Zusammenhang der vorgetragenen Gedanken kaum leiden dürfte, wenn der Leser über diejenigen Stellen, welche ihm je nach seiner Einstellung allzu fachwissenschaftlich oder allzu trivial erscheinen, kurz hinweggeht."[5]

Das vorliegende Buch ist überwiegend im WS 1990/91 während meines Forschungsaufenthaltes an der University of Florida in Gainesville, FL., USA entstanden. Dem German Marshall Fund of the United States, ohne den dieser Aufenthalt nicht möglich gewesen wäre, bin ich für die Unterstützung sehr dankbar. Mein Dank gilt auch den Kolleginnen und Kollegen am Department of Economics und am Public Utility Research Center der University of Florida für die Gastfreundschaft und für die konstruktive Kritik, die ich bei verschiedenen Vorträgen in den Forschungsseminaren dieser Institutionen erfahren habe. Besonders wertvoll waren die zahlreichen Hinweise der Herren Professoren Sanford V. Berg, PhD und Roger D. Blair, PhD.

Meine wissenschaftlichen Mitarbeiterinnen und Mitarbeiter am Fachgebiet „Allokationstheorie und Umweltökonomie" der Technischen Universität Berlin, Frau Dr. Karin Holm-Müller, Frau Dipl.-Vw. Sabine Matysik, Herr Dipl.Ing. Immo Querner, MPhil und Herr Dipl.-Vw. Reimund Schwarze haben das Manuskript in einer vorläufigen Fassung kritisch kommentiert. Damit hat die vorliegende Arbeit auch vom DFG-Projekt „Ökonomische Analyse industrieller Großrisiken" und dem Projekt „Umweltstaat" der Gottlieb Daimler- und Carl Benz-Stiftung profitiert, in denen die beiden zuletzt genannten Mitarbeiter beschäftigt sind. Herr cand. rer. pol. Max Keilbach und Herr cand. rer. pol. Christian König haben die zahlreichen Zeichnungen angefertigt. Herr Keilbach hat außerdem die typographische Gestaltung des gesamten Textes vorgenommen. Frau

[5]M. Planck (1929), S.5

Eva Aust hat das Manuskript in verschiedenen Versionen geschrieben. Sie hat dabei mit hohem persönlichem Einsatz vermieden, daß sich eine Besonderheit des deutschen Forschungsbetriebes zum Nachteil des Manuskripts auswirkt: Hier ist nichts so schwierig, wie die vertragliche Arbeitszeit einer nicht-wissenschaftlichen Mitarbeiterin zu erhöhen.
Allen oben genannten gilt mein herzlicher Dank.

Berlin, im Juni 1991 Alfred Endres

INHALTSVERZEICHNIS

Die mit *) bezeichneten Abschnitte können von eiligen Lesern übersprungen werden.

A. EINFÜHRUNG

I. Die Ausgestaltung des Haftungsrechts als ökonomisches Problem

Die Distributions- und Allokationswirkungen des Haftungsrechts haben in der jüngeren ökonomischen Literatur starkes Interesse gefunden.

Mit den Distributionswirkungen sind die Effekte gemeint, die das Haftungsrecht auf die Aufteilung der (negativen) Folgen wirtschaftlicher Aktivität zwischen Verletzer und Opfer ausübt.

Unter den Allokationswirkungen werden die Anreize verstanden, die vom Haftungsrecht auf die Bereitschaft von Verletzer (und Opfer) ausgehen, Aktivitäten durchzuführen, mit denen die Eintrittswahrscheinlichkeit und das Ausmaß von Schäden herabgesetzt werden können. Diese Aktivitäten werden in der Literatur als „Sorgfalts-", „Vorsichts-" oder „Vorsorgeaktivitäten" bezeichnet.

Zentral für das Verständnis der ökonomischen Herangehensweise an die Frage der Allokationswirkungen des Haftungsrechts ist die der paretianischen Wohlfahrtsökonomie entstammende Vorstellung, daß für jede wirtschaftliche Aktivität ein volkswirtschaftlich bestes (pareto-optimales) Niveau charakterisiert werden könne.[1] Dieses optimale Niveau einer Aktivität ist dadurch definiert, daß die Differenz zwischen den aus der Aktivität entstehenden Nutzen und Kosten maximal ist. Dabei müssen *alle* Nutzen und Kosten der

[1] Genauer werden Bedingungen formuliert, die für ein optimales Niveau der betrachteten Aktivität notwendig und hinreichend sind. Dabei kann es durchaus sein, daß diese Bedingungen nicht auf ein eindeutiges Optimum führen, sondern von mehreren (womöglich sogar unendlich vielen) Aktivitätsniveaus erfüllt werden. (So wird z.B. schon bei der einführenden Lehrbuchdarstellung des optimalen Tausches in der Edgeworth-Box deutlich, daß zu unterschiedlichen Ausgangsverteilungen verschiedene pareto-optimale Allokationen gehören.)

Aktivität in die Betrachtung einbezogen werden, ganz gleich, bei welchen Individuen sie anfallen. Auf eine zur Verhütung von Unfällen geeignete „Sorgfaltsaktivität“ übertragen, bedeutet dies, daß ihr optimales Niveau dadurch charakterisiert ist, daß die Differenz zwischen dem Wert der schadenssenkenden Wirkungen der Aktivität und den bei ihrer Anwendung entstehenden Kosten maximiert wird. Anders ausgedrückt ist beim optimalen Niveau der Sorgfaltsaktivität die Summe aus erwarteten Schäden und Sorgfaltskosten minimal.

Betrachten wir den Betreiber einer für Dritte risikoträchtigen Anlage. Nehmen wir zunächst an, diesem Entscheidungsträger werde das Risiko, das seine Aktivität Dritten aufbürdet, nicht in irgendeiner Form angelastet, und er unterliege beim Betrieb dieser Anlage keinen Restriktionen. Unter diesen Umständen erwarten wir (unter der in der Ökonomie üblichen Annahme der Gewinn- bzw. Nutzenmaximierung), daß er bei der Wahl des Niveaus seiner Sorgfaltsaktivität die Wirkungen seines Handelns auf Dritte unberücksichtigt läßt. Er wird vielmehr bei seiner Entscheidung lediglich die bei ihm selber anfallenden Nutzen und Kosten der Sorgfaltsaktivität berücksichtigen. Volkswirtschaftlich betrachtet ergibt sich hieraus in der Regel ein verglichen mit dem Pareto-Optimum zu geringes Sorgfaltsniveau. Nach der in der Ökonomie üblichen Terminologie übt der potentielle Verletzer einen negativen externen Effekt auf das potentielle Opfer aus, der eine Fehlallokation zur Folge hat.

Hier, wie in allen anderen Fällen, in denen das Ergebnis privatwirtschaftlicher Optimierung (Gleichgewicht) vom volkswirtschaftlichen Optimum abweicht, hat die theoretische Volkswirtschaftslehre versucht, Konzepte zu entwickeln, mit denen Abhilfe geschaffen werden kann. Diese in der Literatur unter dem Begriff der „Internalisierung externer Effekte“ zusammengefaßten Strategien versuchen, die Rahmenbedingungen für den individuellen Entscheidungsträger gerade derart zu ändern, daß das Ergebnis seiner individuellen Gewinn- bzw. Nutzenmaximierung (Gleichgewicht) mit dem volkswirtschaftlichen Optimum übereinstimmt.[2]

Aus ökonomischer Sicht gehört das Haftungsrecht in die Gruppe dieser Internalisierungsstrategien: Die Aussicht, im Falle einer Schädigung über das Haftungsrecht zum Ersatz des Schadens herangezogen zu werden, bzw. die Möglichkeit, durch Einhaltung bestimmter Sorgfaltsstandards der Haftung zu entgehen, soll die Rahmenbedingungen für den Betreiber einer mit externen Risiken behafteten Aktivität derart ändern, daß er die Wirkungen seines Handelns auf Dritte in seine Entscheidung über die bei Ausübung der Aktivität waltende Sorgfalt mit einbezieht.

Der Gegenstand der ökonomischen Analyse von Allokationswirkungen des Haftungsrechts besteht demnach darin, zu prüfen, in welchem Maße das Haftungsrecht dem Ideal einer Internalisierung externer Effekte nahekommen kann. Dabei werden verschiedene Formen des Haftungsrechts unter unterschiedlichen Bedingungen miteinander verglichen. In der diesbezüglichen Diskussion stehen theoretische Erwägungen im Vordergrund. Es liegen aber auch empirische Studien vor.[3]

In der rechtswissenschaftlichen Literatur ist die Frage umstritten, ob der Hauptzweck des Haftungsrechts in seinen Distributions- oder Präventionswirkungen liege.

Aus ökonomischer Sicht ist diese Frage wenig ergiebig.

Um sie zu beantworten, müßten die Wohlfahrtsbeiträge einer im Zuge der Präventionswirkung erreichten Effizienzsteigerung und einer durch die Ausgleichswirkung erreichten Verteilungsverbesserung in einer einheitlichen Dimension erfaßt und dann miteinander verglichen werden. Abgesehen davon, daß dies offensichtlich ein schwieriges Unterfangen wäre, lohnte sich diese Mühe allenfalls in

---

[2] Die möglichst weitgehende Harmonisierung von individueller und gesellschaftlicher Rationalität ist generell (d.h. auch jenseits der in diesem Text besprochenen Zusammenhänge) eine der vornehmsten Aufgaben der Wirtschaftspolitik. Vgl. z.B. G. Kirchgässner (1985) und die dort angegebene Literatur.

[3] Vgl. z.B. C. Ott, H.-B. Schäfer (1990).

Situationen, in denen ein Konflikt zwischen den Zielen der Effizienz und der Verteilungsgerechtigkeit besteht. Dies ist hier jedoch nicht der Fall: Verglichen mit einer unregulierten Situation erhöht die Anwendung haftungsrechtlicher Normen die Effizienz und verbessert darüber hinaus (jedenfalls nach den herrschenden Gerechtigkeitsvorstellungen) die Verteilung.

Die Konzentration der Ökonomen auf die Präventionseffekte erklärt sich nicht (notwendig) mit einer Mißachtung von Gerechtigkeitszielen, sondern damit, daß

- in den Wirtschaftswissenschaften traditionell die (durch Effizienzsteigerung erreichbare) Mehrung des aggregierten Wertes der Produktion als primäres Mittel der Wohlstandssteigerung gesehen wird und darüber hinaus
- die Untersuchung der Effizienzeigenschaften des Haftungsrechts sich (wie oben kurz angedeutet) methodisch nahtlos in die in der Ökonomie wohletablierte Theorie einer Internalisierung externer Effekte einfügt. Die Analyse findet ferner Platz in der Neuen Institutionenökonomie, in der (u.a.) nach den Anreizen gefragt wird, die alternative Ausgestaltungen von Institutionen auf das Verhalten von Entscheidungsträgern ausüben.

Im folgenden sollen nun die Präventionswirkungen (Allokationswirkungen) des Haftungsrechts ökonomisch beleuchtet werden. Wir verwenden dabei das in der Ökonomie einschlägige allgemeine Verhaltensmodell. Das Modell ist absichtsvoll abstrakt gehalten. Nicht die Analyse eines einzelnen konkreten Haftpflichtfalls steht im Vordergrund, sondern der Versuch, die den zahlreichen und im Detail sehr unterschiedlichen einzelnen Anwendungsfällen zugrunde liegende gemeinsame Struktur sichtbar zu machen. Dabei wird unterstellt, daß die von einem Entscheidungsträger erwarteten Folgen seiner Entscheidung im allgemeinen einen wesentlichen Einfluß darauf ausüben, wie die Entscheidung ausfällt. Außerdem wird unterstellt, daß es möglich sei, durch Änderung der Rahmenbedingungen des individuellen Handelns (hier: durch Einführung haftungsrechtlicher Bestimmungen) die Entscheidungsfolgen und damit indirekt die Entscheidungen von Individuen zu beeinflussen. Insbesondere gehen wir davon aus, es sei möglich, eine Entscheidung dadurch tendenziell zu entmutigen, daß sie für den Entscheidungsträger verteuert wird.[4]

II. Eine ökonomische Formulierung haftungsrechtlicher Regelungen

Bei der in diesem Buch durchgeführten Analyse gilt das besondere Augenmerk der Frage, wie sich die Präventionswirkungen verschiedener „Haftungsregeln", d.h. verschiedener Formen des Haftungsrechts, voneinander unterscheiden. Eine Haftungsregel ist eine rechtliche Institution, die festlegt, unter welchen Bedingungen, in welcher Form und in welchem Ausmaß der Verletzer das Opfer eines Unfalls kompensieren muß.

Wir führen unsere Analyse mit einem sehr einfachen Modell durch. Es existiert nur ein potentieller Verletzer A und ein potentielles Opfer B. A und B sind Firmen. Die beiden Beteiligten verfügen über die Möglichkeit, die Wahrscheinlichkeit eines Unfalls, w, und/oder das Ausmaß des Schadens, S, bei Eintritt eines Unglücks durch sorgfältiges Verhalten herabzusetzen. Zur Vereinfachung unterstellen wir, daß der potentielle Verletzer über eine Sorgfaltsaktivität x und das potentielle Opfer über eine Sorgfaltsaktivität y verfügt, mit der die erwarteten Unfallschäden, $ES = w \cdot S$, gesenkt werden können. Natürlich ist die Durchführung der Sorgfaltsaktivität nicht kostenlos.

Schreiben wir die gesamten mit den Sorgfaltsaktivitäten verbundenen Kosten von Verletzer K_A^G und Opfer K_B^G formal, so gilt

$$K_A^G = K_A(x) + \phi ES(x,y),$$

---

[4]Eine für Juristen und Ökonomen lesenswerte Erörterung der Rolle des „Menschenbildes" in Ökonomie und Rechtswissenschaft findet sich bei G. Kirchgässner (1991).

$$K_B^G = K_B(y) + (1-\phi)ES(x,y),$$

wobei $0 \leq \phi \leq 1$.

Die erwarteten Kosten K_A^G des Verletzers setzen sich zusammen aus den bei der Durchführung seiner Sorgfaltsaktivität entstehenden Kosten $K_A(x)$ und dem Teil der erwarteten Schäden ES, der ihm bei der jeweils geltenden Haftungsregel angelastet wird. Dieser Teil wird in der ersten Gleichung vom Parameter ϕ wiedergegeben. Gilt $\phi = 1$, so haftet A für den gesamten Schaden. Ist dagegen $\phi = 0$, so ist er von der Haftpflicht befreit. Liegt ϕ zwischen 0 und 1, so trägt A einen Teil des Schadens.
Die Gleichung für die erwarteten Kosten des potentiellen Opfers ist entsprechend zu interpretieren.

Mit Hilfe dieses Ansatzes können die wichtigsten Haftungsregeln in der Sprache der Ökonomie definiert werden.

1. „Reine" Verschuldenshaftung

Bei der „reinen" Verschuldenshaftung haftet der Verletzer nur, wenn er die im Verkehr erforderliche Sorgfalt außer Acht läßt. Die im Verkehr erforderliche Sorgfalt wird über die Einhaltung einer auf das Niveau der Sorgfaltsaktivität x bezogenen Norm definiert. Wir werden unten (in Teil B) genauer sehen, daß die Literatur zu den ökonomischen Grundlagen des Haftungsrechts traditionell davon ausgeht, die Norm, an der sorgfältiges oder fahrlässiges Handeln gemessen wird, sei mit dem pareto-optimalen Niveau dieser Aktivität identisch. Der Verletzer haftet demnach in diesem Modell, wenn er mit seiner Sorgfaltsaktivität das Niveau des optimal gesetzten Sorgfaltsstandards nicht erreicht ($x < x^*$). Hält A dagegen den Standard ein ($x \geq x^*$), so ist er von der Haftung befreit. In der obigen Gleichung gilt demnach

$$\phi = \begin{cases} 0 \text{ mit } x \geq x^* \\ 1 \text{ mit } x < x^* \end{cases}$$

Die schraffierte Fläche in der folgenden Abbildung illustriert alle Kombinationen der Sorgfaltsaktivitäten der beiden Beteiligten, x,y, für die der potentielle Verletzer haftet. Die vertikal über x* verlaufende Begrenzungslinie gehört nicht zum schraffierten Bereich.[5]

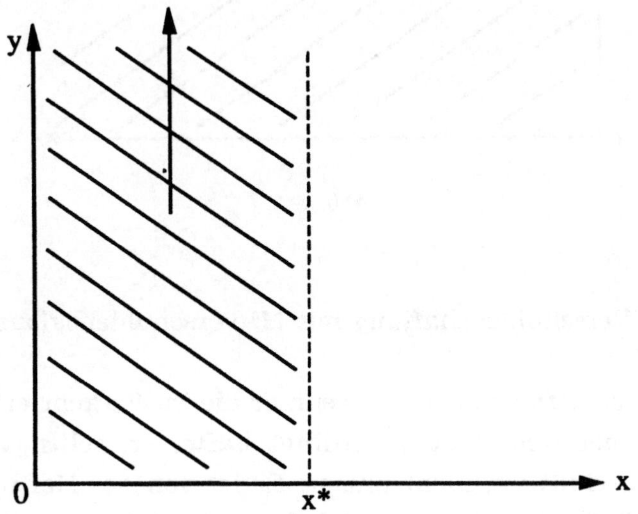

Abb. A.1.

2. „Reine" Gefährdungshaftung

Hier haftet der Verletzer unabhängig davon, welches Niveau der Sorgfaltsaktivität er realisiert, stets für den Schaden.
In der o.a. Gleichung gilt also

$$\phi = 1.$$

Die folgende Abb. zeigt wieder alle x, y-Kombinationen, für die A haftet, im schraffierten Bereich.

[5]Zu den Abbildungen des Teils A vgl. J. P. Brown (1973).

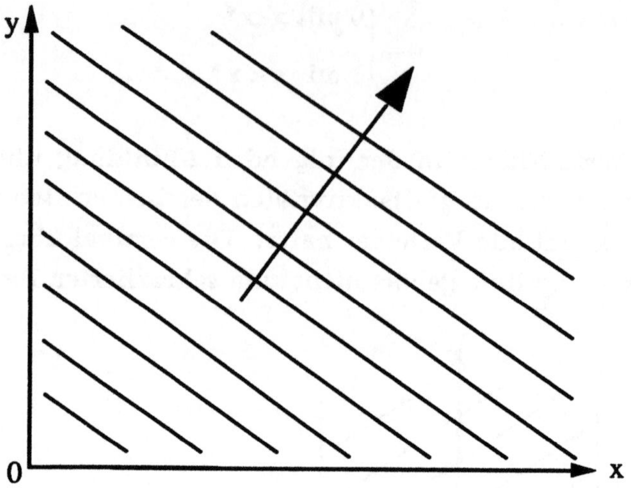

Abb. A.2.

3. Verschuldenshaftung mit Mitverschuldensklausel

Der Verletzer haftet nur dann, wenn er die im Verkehr erforderliche Sorgfalt außer Acht läßt. Allerdings haftet er, selbst wenn diese Bedingung erfüllt ist, nicht immer: Er ist von der Haftung befreit, wenn das Opfer fahrlässig handelt.[6] Fahrlässigkeit des Opfers liegt vor, wenn es einen pareto-optimal gesetzten Standard für seine Sorgfaltsaktivität, y^*, unterschreitet.

Abbildung A.3. illustriert diese Haftungsregel. Die horizontale, von y^* ausgehende Linie gehört (von y^* bis dicht vor P_1) zum schraffierten Feld, die vertikale über x^* verlaufende Grenze dagegen ebenso wenig, wie P_1 als Schnittpunkt der beiden Linien.

---

[6]Es ist offensichtlich, daß diese Haftungsregel nicht für Unfälle definiert ist, bei denen nur der potentielle Verletzer wirtschaftliche Maßnahmen zur Senkung der erwarteten Schäden ergreifen kann. Diese Aussage gilt entsprechend für alle anderen Haftungsregeln, bei denen ein „Mitverschulden" des Opfers eine Determinante der Haftungsanteile von Verletzer und Opfer bildet.

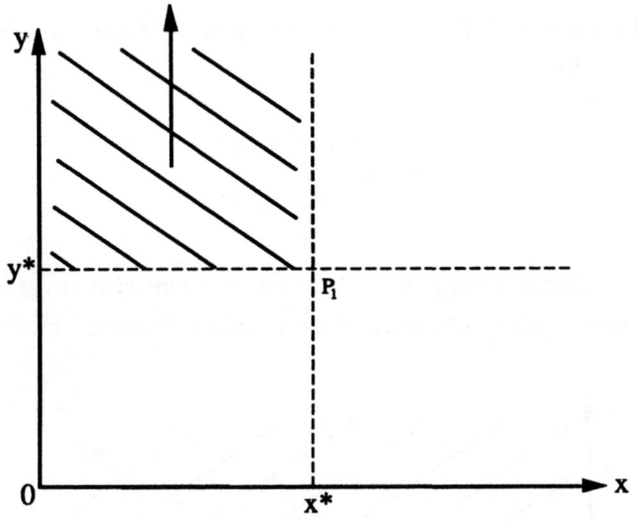

Abb. A.3.

Formal ausgedrückt, ist die Verschuldenshaftung mit Mitverschuldensklausel definiert durch

$$\phi = \begin{cases} 0 \text{ mit } x \geq x^* \\ 0 \text{ mit } x < x^* \text{ und } y < y^* \\ 1 \text{ mit } x < x^* \text{ und } y \geq y^* \end{cases}$$

4. Gefährdungshaftung mit Mitverschuldensklausel

Hier ist die Haftpflicht des Verletzers wie bei der „reinen" Gefährdungshaftung unabhängig vom Sorgfaltsniveau des Verletzers definiert. Handelt das Opfer sorgfältig ($y \geq y^*$), so ist der Verletzer haftpflichtig. Er ist dagegen von der Haftung befreit, wenn die Opferseite den an sie adressierten Sorgfaltsstandard y^* mißachtet ($y < y^*$). (Analog zu den obigen Aussagen über Sorgfaltsnormen bei Verschuldenshaftung geht die Literatur im allgemeinen davon aus, der Mitverschuldensstandard y^* sei pareto-optimal gesetzt.) Formal ausgedrückt ist die Gefährdungshaftung mit Mitverschuldensklausel also definiert durch

$$\phi = \begin{cases} 0 \text{ mit } y<y^* \\ 1 \text{ mit } y \geq y^*. \end{cases}$$

Die folgende Darstellung A.4. illustriert diese Haftungsregel. Dabei gehört die horizontale Grenzlinie zum schraffierten „Haftungsfeld“.

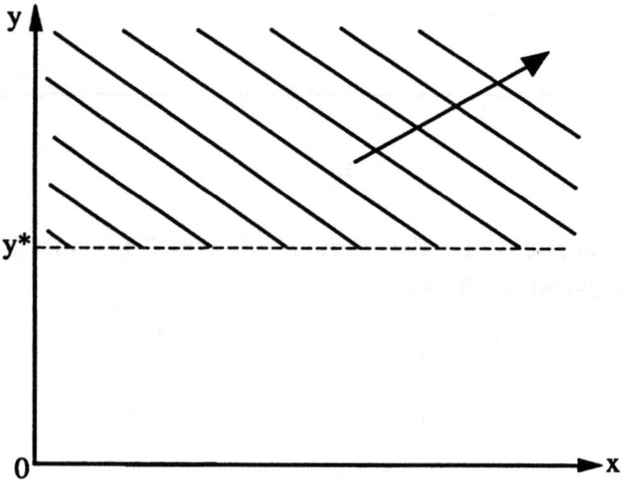

Abb. A.4.

5. Anteilige Haftung

Hier teilen sich Verletzer und Opfer den Schaden nach einem durch die Haftungsregel festgelegten Schlüssel. Für seine Definition gibt es eine Reihe von Alternativen.
Gemeinsam ist allen in der jüngeren Literatur zu findenden Definitionen, daß Systeme der anteiligen Haftung als Varianten der Verschuldenshaftung behandelt werden.
Eine „echte“ Aufteilung des Schadens, in dem Sinne, daß jeder Beteiligte einen positiven Teil des Schadens trägt, erfolgt nach diesem

Verständnis der anteiligen Haftung nur dann, wenn beide Beteiligten fahrlässig handeln. Verfehlt nur einer der Beteiligten den an ihn adressierten Sorgfaltsstandard, so trägt er den Schaden voll. Handeln dagegen beide Beteiligten sorgfältig, so trägt das Opfer den Schaden. Bei den beiden zuletztgenannten Konstellationen ist die anteilige Haftung also mit der Verschuldenshaftung mit Mitverschuldensklausel identisch. Sind dagegen beide Beteiligten fahrlässig, so bestehen für die Definition des Zusammenhangs zwischen dem Ausmaß der Fahrlässigkeit und dem Haftungsanteil eine Reihe von Alternativen.[7]

Am gebräuchlichsten (und mit der Definition der anderen Haftungsregeln am besten vergleichbar) ist es, wenn der Haftungsanteil jedes Beteiligten nach seiner „relativen Fahrlässigkeit" festgelegt wird. Unter relativer Fahrlässigkeit ist dabei der Anteil von Fahrlässigkeit zu verstehen, den ein einzelner Beteiligter an der insgesamt von allen Beteiligten realisierten Fahrlässigkeit verursacht. Die Fahrlässigkeit des Einzelnen ist dabei als die Differenz zwischen dem an ihn adressierten Sorgfaltsstandard und seinem Sorgfaltsgleichgewichtsniveau bezogen auf das Niveau des Sorgfaltsstandards zu verstehen. Die Fahrlässigkeit des potentiellen Verletzers wird demnach als $\frac{x^*-x}{x^*}$ gemessen. Für die Fahrlässigkeit des potentiellen Opfers gilt entsprechend $\frac{y^*-y}{y^*}$. Das gesamte Ausmaß von Fahrlässigkeit ist dann

$$\frac{x^*-x}{x^*} + \frac{y^*-y}{y^*}.$$

Nach dieser Definition der anteiligen Haftung ergibt sich also als Haftungsanteil ϕ des Verletzers bzw. als Haftungsanteil $(1-\phi)$ des Opfers

---

[7]Vgl. dazu M. Adams (1985), J. P. Brown (1973), G. Calabresi (1970), R. D. Cooter, T. S. Uhlen (1986), D. Haddock, C. Curren (1985), R. Posner (1972), D. L. Rubinfeld (1987), G. Schwartz (1978), S. Shavell (1987).

$$\phi = \frac{\frac{x^*-x}{x}}{\frac{x^*-x}{x^*} + \frac{y^*-y}{y^*}}$$

bzw.

$$(1-\phi) = \frac{\frac{y^*-y}{y^*}}{\frac{x^*-x}{x^*} + \frac{y^*-y}{y^*}}$$

für $x < x^*$ und $y < y^*$.
Für $x < x^*$, $y \geq y^*$ gilt dagegen $\phi = 1$.
Für $x \geq x^*$ gilt (unabhängig vom Niveau von y) $\phi = 0$.

Die folgende Abbildung illustriert diese Haftungsregel.[8]

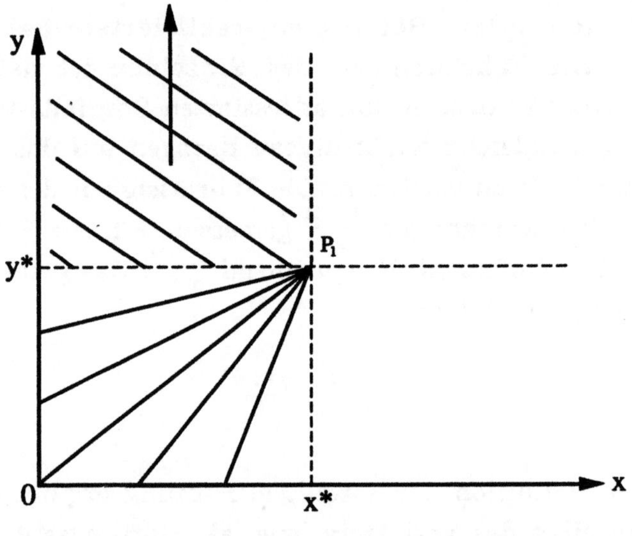

Abb. A.5.

Der schraffierte Bereich zeigt wieder alle x, y-Kombinationen, für die der potentielle Verletzer voll haftet. Die horizontale Linie zwischen y^* und P_1 gehört (bis dicht vor P_1) zum schraffierten Bereich. Die

[8]Vgl. D. Haddock, C. Curren (1985).

vertikale Linie über P_1 gehört wie der Punkt P_1 selbst nicht zum schraffierten Bereich.

Der Bereich links von der Vertikalen x^* P_1 und unter der Horizontalen y^* P_1 zeigt x, y-Kombinationen, für die beide Beteiligten einen positiven Teil des Schadens tragen. Entlang der Strahlen durch P_1 in diesem Bereich ist der Haftungsanteil des Verletzers ϕ (und damit auch der Haftungsanteil des Opfers $(1-\phi)$) konstant. Entlang der Strahlen durch P_1 ist nämlich y^*-y/x^*-x konstant. Damit ist auch $\frac{x^*-x}{x^*} : \frac{y^*-y}{y^*}$ konstant. Da der letztgenannte Ausdruck mit $\phi/(1-\phi)$ äquivalent ist, folgt, daß auch ϕ konstant ist.[9]

[9] Gilt $\phi/(1-\phi) = c$, so folgt $\phi = c/(1+c)$.

B. HAFTUNGSRECHT UND SORGFALT - DAS ÖKONOMISCHE GRUNDMODELL

I. Modellvoraussetzungen

In der Literatur zu den ökonomischen Grundlagen des Rechts (Law and Economics) hat sich als Ausgangspunkt für die Analyse der Präventionswirkungen des Haftungsrechts ein einfaches Grundmodell durchgesetzt.[1] Dieses Modell soll im folgenden ausführlich dargestellt werden. Damit soll der Leser anhand einfacher Zusammenhänge mit der Arbeitsweise der Ökonomischen Analyse des Rechts vertraut gemacht werden. Die Darstellung bildet die Grundlage für den folgenden Teil C., in dem untersucht wird, welche Konsequenzen sich aus einigen für die Realität wichtigen Abweichungen von den idealtypischen Bedingungen des Grundmodells ergeben.

Die wichtigsten Annahmen des Grundmodells lauten:

- Die Beteiligten (Verletzer, Opfer, staatliche Stellen und Gerichte) verfügen über „gute" Informationen. Insbesondere
  - -- kennen Verletzer und Opfer den Inhalt der geltenden Haftungsregeln, einschließlich der Normen für die im Verkehr erforderliche Sorgfalt,
  - -- kennen alle Beteiligten das von jedem Verletzer und Opfer realisierte Sorgfaltsniveau,
  - -- kennt der Verletzer (das Opfer) die Zusammenhänge zwischen seinen eigenen Sorgfaltsvorkehrungen und

---

[1] Vgl. z.B. M. Adams (1985), J. P. Brown (1973), R. Cooter, T. Ulen (1988), W. M. Landes, R. A. Posner (1987), H.-B. Schäfer, C. Ott (1986), F. H. Stephen (1988), S. Shavell (1987), S. Utzig (1988). Das Modell wird hier unter der Voraussetzung vorgestellt, daß die Beteiligten Firmen sind. Auf abweichende Ergebnisse, die sich bei einer haushaltstheoretischen Darstellung ergeben, wird gelegentlich gesondert hingewiesen.

Sorgfaltskosten bzw. seinen eigenen Sorgfaltsvorkehrungen und erwarteten Schäden bei jedem gegebenem Sorgfaltsniveau des Opfers (des Verletzers),

-- kennt die Institution, die ggfs. Normen für die im Verkehr erforderliche Sorgfalt festlegt (Behörde, Gericht) das pareto-optimale Niveau jeder Sorgfaltsaktivität.

- Die normsetzende Institution nutzt ihre Kenntnis der pareto-optimalen Sorgfaltsniveaus dazu, je nach Haftungsregel das Verschulden bzw. Mitverschulden über die Verletzung dieses Niveaus zu definieren.
- Die beteiligten Firmen bieten unter den Bedingungen vollständiger Konkurrenz an.
- Die Entscheidungsträger sind risikoneutral.
- Bei der Entscheidung über sein Sorgfaltsniveau nimmt der Verletzer (das Opfer) das Sorgfaltsniveau des Opfers (des Verletzers) als gegeben hin. Jeder Entscheidungsträger rechnet also damit, daß die „Gegenseite" nicht auf eine Änderung seines Sorgfaltsverhaltens ihrerseits mit einer Änderung der Sorgfalt reagiert.[2]
- Schäden und Schadensersatzzahlungen sind identisch. Mit dieser Annahme ist insbesondere impliziert, daß für alle entstehenden Schäden Geldäquivalente existieren. Außerdem ist damit angenommen, daß Verletzer und Opfer eines Schadens zweifelsfrei (und kostenlos) identifiziert werden.
- Existieren mehrere Sorgfaltsaktivitäten für Verletzer und/oder Opfer, so ist das für eine jeweils geltende Haftungsregel definierte System von Sorgfaltsstandards vollständig, d.h. für jede Sorgfaltsaktivität wird ein (pareto-optimaler) Standard gesetzt.

Das wichtigste Ergebnis des idealtpischen ökonomischen Grundmodells ist darin zu sehen, daß es eine Reihe von Haftungsregeln

[2]In Anlehnung an das „klassische" oligopol-(spiel-)theoretische Modell wird diese Annahme in der Literatur als „Cournot-Nash"-Hypothese bezeichnet.

gibt, die sich in ihren Präventionswirkungen (unter den Bedingungen dieses Modells) nicht von einander unterscheiden. Bei diesen Haftungsregeln handelt es sich insbesondere um die „reine" Verschuldenshaftung, die Verschuldenshaftung mit Mitverschuldensklausel, die Gefährdungshaftung mit Mitverschuldensklausel und eine Reihe von Systemen anteiliger Haftung. Bei entsprechender Ausgestaltung sind sie in gleicher Weise in der Lage, das optimale Maß an Sorgfaltsvorkehrungen bei potentiellem Verletzer und potentiellem Opfer anzureizen. Allerdings unterscheiden sich die Haftungsregeln zum Teil in ihren Verteilungswirkungen.[3]

Zum Verständnis dieser Aussagen betrachten wir einen potentiellen Verletzer A und ein potentielles Opfer B unter folgenden Voraussetzungen: A bzw. B kontrollieren Vorsorgeaktivitäten x bzw. y, mit denen der Erwartungswert der Schäden ES(x,y) gesenkt werden kann. Die Sorgfaltsaktivitäten verursachen Kosten $K_A(x)$ bzw. $K_B(y)$.
Zur Vereinfachung wird unten stets angenommen, die Sorgfaltsaktivitäten dienten ausschließlich der Eindämmung des beim potentiellen Opfer zu erwartenden Schadens. Von der Möglichkeit einer Eigenschädigung durch den Verletzer wird also abgesehen.[4]

---

[3]Die im Text getroffenen Aussagen implizieren, daß Gleichgewichtsdistribution und Gleichgewichtsallokation voneinander unabhängig sind. Dies muß nicht immer der Fall sein. Abweichungen zeigt insbesondere die langfristige Betrachtung von Haftungsfällen zwischen Firmen und die Analyse von Haftungsfällen zwischen Haushalten. Auf erstere gehen wir in Kapitel C.IV. kurz ein. Bei letzteren handelt es sich um eine Analogie zur entsprechenden Diskussion um das „Coase-Theorem". Der Zusammenhang zwischen Coase-Theorem und ökonomischer Analyse des Haftungsrechts wird in Abschnitt B.VIII. kurz hergestellt. Der spezielle Aspekt des Zusammenhangs zwischen Allokation und Distribution wird dagegen aus Platzgründen hier nicht behandelt. (Vgl. dazu A. Endres (1977).) Wir wollen uns hier mit dem Hinweis begnügen, daß die Unabhängigkeit von Distribution und Allokation bei Haushalten die Annahme eines konstanten Grenznutzens des Geldes erfordert. Ist diese Bedingung erfüllt, so sind die Haushalte auch risikoneutral, wie im einfachen ökonomischen Grundmodell des Haftungsrechts unterstellt.

[4]Eine Einbeziehung von Eigenschäden würde folgende Vorgehensweise erfordern: Zunächst wäre das Sorgfaltsniveau des Verletzers zu charakterisieren, das er im eigenen Interesse unter Berücksichtigung der Kosten der Sorgfaltsaktivität und der mit ihr vermiedenen Eigenschädigung realisieren würde. Dann wäre zu fragen, wie sich dieses unkorrigierte Gleichgewichtsniveau vom pareto-optimalen Niveau unterscheidet und inwieweit das Haftungsrecht geeignet ist, die beiden unterschiedlichen Werte einander näher zu bringen.

Damit, daß wir für Verletzer und Opfer von der Existenz nennenswerter Sorgfaltsmaßnahmen ausgehen, modellieren wir hier den allgemeinen Fall „bilateraler“ Unfälle. Dagegen stellen „unilaterale“ Unfälle den Spezialfall dar, in dem nur dem Verletzer wirtschaftlich sinnvollen Maßnahmen zur Senkung der erwarteten Schäden zur Verfügung stehen.

II. Pareto-optimale Sorgfaltsniveaus

Die pareto-optimalen Sorgfaltsniveaus x*, y* sind dadurch definiert, daß sie die Summe der insgesamt zu erwartenden Sorgfalts- und

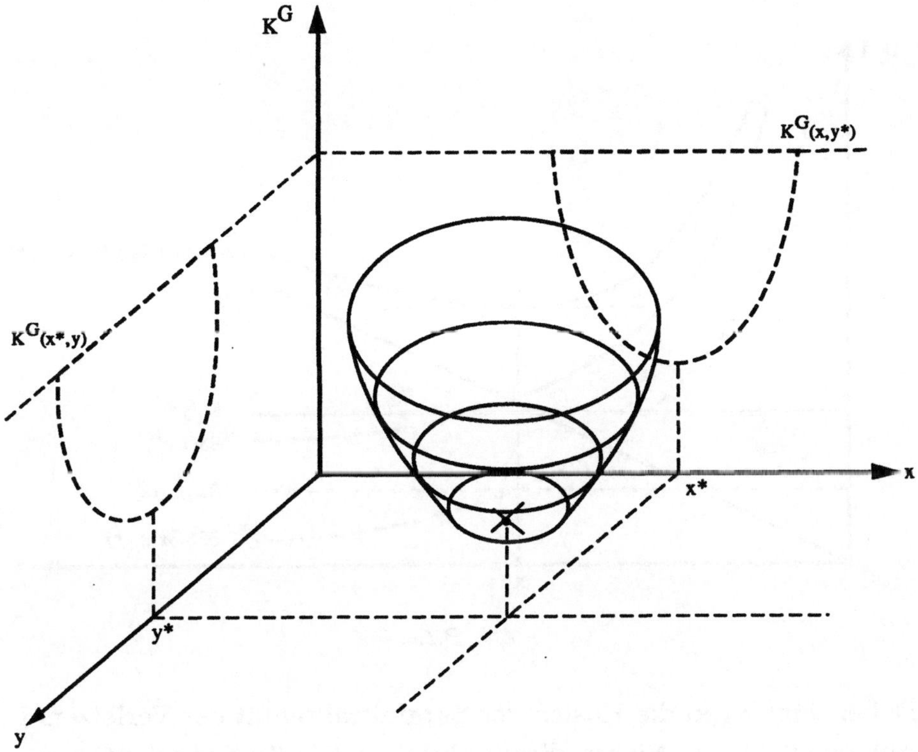

Abb. B.1.

Schadenskosten $K^G = K_A(x) + K_B(y) + ES(x,y)$ minimieren. Dabei ist es gleichgültig, von welchem Beteiligten die betreffenden Kosten schließlich getragen werden.

Die gesamten Kosten in Abhängigkeit von den Sorgfaltsaktivitäten von Verletzer und Opfer sowie die pareto-optimalen Gleichgewichtsniveaus dieser Aktivitäten sind in Abb. B.1. dargestellt.

Für eine genauere Analyse teilen wir die in der obigen Abb. enthaltenen Informationen auf zwei zweidimensionale Abbildungen auf: Abb. B.1.a. zeigt die gesamten Kosten K^G in Abhängigkeit vom Sorgfaltsniveau des Verletzers, x, unter der Bedingung, daß B seine Sorgfaltsaktivität auf dem pareto-optimalen Niveau y* durchführt.[5]

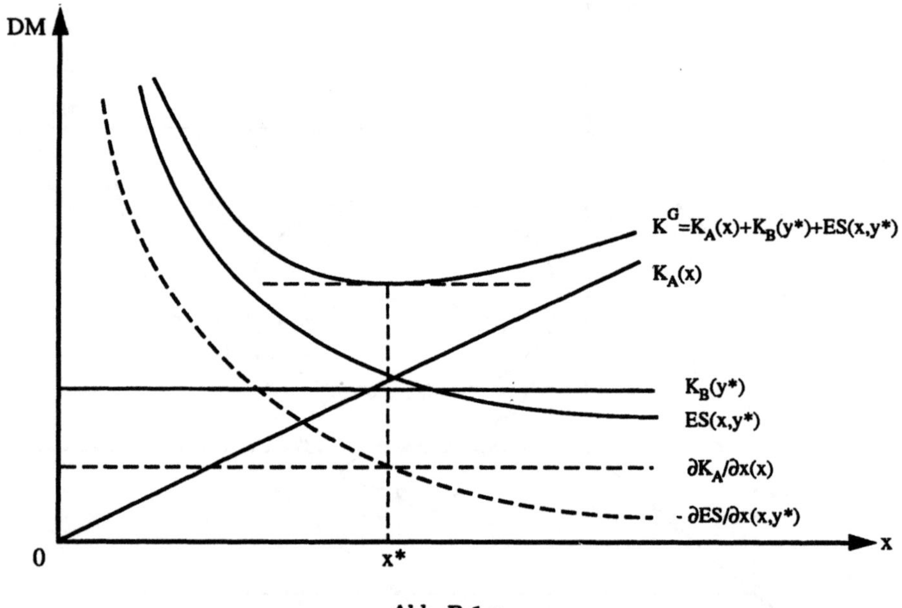

Abb. B.1.a.

Dabei zeigt $K_A(x)$ die Kosten der Sorgfaltsaktivität des Verletzers in Abhängigkeit vom Niveau dieser Aktivität. Die Kurve verläuft mono-

[5]In Abb. 1a nimmt demnach der Parameter y den Wert y* an. In Abb. B.1b nimmt entsprechend der Parameter x den Wert x* an.

ton steigend. $ES(x,y^*)$ zeigt die erwarteten Schäden in Abhängigkeit vom Niveau der Sorgfaltsaktivität des Verletzers bei vorgegebenem optimalen Sorgfaltsniveau des Opfers. Die Kurve verläuft monoton fallend. $K_B(y^*)$ zeigt die Kosten, die für B mit der Durchführung seiner Sorgfaltsaktivität auf dem pareto-optimalen Niveau verbunden sind. Die Kurve verläuft horizontal. K^G bezeichnet die Summe (vertikale Aggregation) dieser drei Kostenkurven. Sie verläuft bis zu ihrem über x^* liegenden Minimum monoton fallend, dann monoton steigend.
Die Kurve $\partial K_A/\partial x(x)$ zeigt die Sorgfaltsgrenzkosten des potentiellen Verletzers. $\partial ES/\partial x(x,y^*)$ gibt die Veränderung des erwarteten Schadens bei marginaler Änderung des Sorgfaltsniveaus x an.
$-\partial ES/\partial x(x,y^*)$ ist daher die marginale schadenssenkende Wirkung von A's Sorgfaltsaktivität oder das Wertgrenzprodukt von x. Im Minimum der Gesamtkostenfunktion, d.h. beim pareto-optimalen Sorgfaltsniveau von x gilt $\partial K_A/\partial x = -\partial ES/\partial x$, d.h. die Grenzkosten entsprechen dem Wertgrenzprodukt.

Abb. B.1.b. gibt die analoge Darstellung für das potentielle Opfer B. K^G zeigt hier die gesamten Kosten in Abhängigkeit von der Sorgfaltsaktivität y unter der Voraussetzung, daß die Sorgfaltsaktivität des Verletzers auf ihrem pareto-optimalen Niveau x^* durchgeführt wird. $K_B(y)$ zeigt die Sorgfaltskosten des Opfers in Abhängigkeit von seinem Sorgfaltsniveau. Die Kurve verläuft monoton steigend. $ES(x^*,y)$ zeigt den Verlauf des erwarteten Schadens in Abhängigkeit vom Sorgfaltsniveau des Opfers bei gegebenem (pareto-optimalen) Sorgfaltsniveau des Verletzers. Die Kurve verläuft monoton fallend. $K_A(x^*)$ zeigt die Sorgfaltskosten des Verletzers bei pareto-optimalem Sorgfaltsniveau. Die aggregierte Kurve K^G weist über y^* ein Minimum auf.

Mit dieser Darstellung sind die pareto-optimalen Sorgfaltsniveaus von potentiellem Verletzer und potentiellem Opfer charakterisiert.[6]

---

[6]Im Spezialfall unilateraler Schäden minimiert das pareto-optimale Niveau der Sorgfaltsaktivität des Verletzers x^* die Summe aus Sorgfaltskosten $K_A(x)$ und (hier

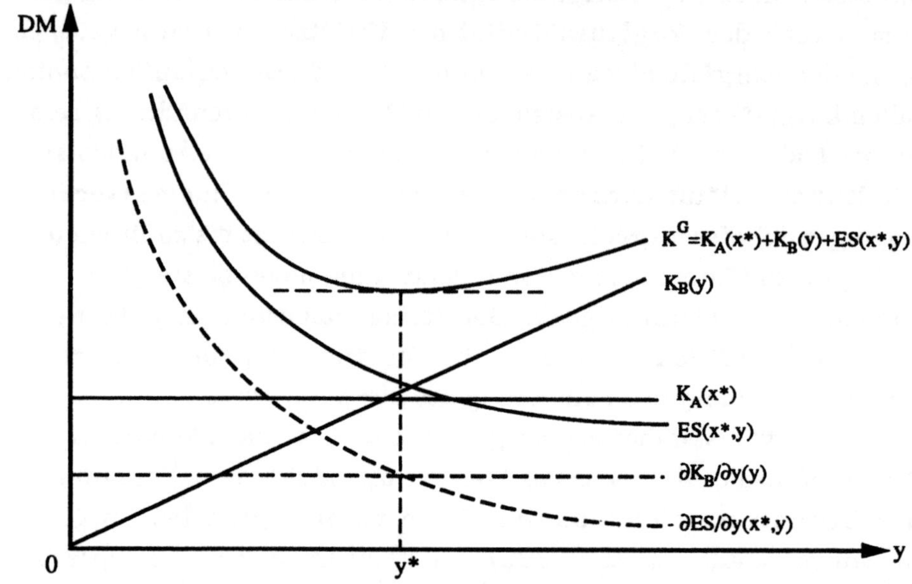

Abb. B.1.b.

Die entscheidende Frage der ökonomischen Analyse des Haftungsrechts lautet nun, wie Haftungsregeln gestaltet werden können, bei deren Geltung die Beteiligten im eigenen Interesse diese optimalen Sorgfaltsniveaus realisieren. Die Haftungsregeln sollen also die Rahmenbedingungen für die Entscheidungen der Beteiligten gerade so setzen, daß die Gleichgewichtssorgfaltsniveaus mit den optimalen Sorgfaltsniveaus übereinstimmen. Dabei soll (insbesondere zur Abgrenzung gegenüber Diskussionen in der juristischen Literatur) noch einmal besonders hervorgehoben werden, daß der Begriff der Optimalität hier allein auf der Grundlage der Bewertungen der betroffenen Individuen (Verletzer und Opfer) definiert ist. Da das Haftungsrecht eine Internalisierungsstrategie ist, kann von ihm die

---

nur von x abhängigen) erwarteten Schäden ES(x). Sorgfaltsmaßnahmen des Opfers spielen definitionsgemäß keine Rolle.

Erreichung eines Sorgfaltsniveaus, das nach anderen Kriterien (z.B. den Kriterien „besser informierter Experten") optimal ist, per definitionem nicht erwartet werden. Hierzu wäre der Einsatz anderer (oder zusätzlicher) Regulierungen erforderlich.

III. Sorgfaltsgleichgewichte bei „reiner" Verschuldenshaftung

Betrachten wir zunächst die traditionelle Darstellung der Anreizwirkung des Prinzips der Verschuldenshaftung. Wie oben näher erklärt, haftet der Verletzer hier, wenn er die im Verkehr erforderliche Sorgfalt außer Acht läßt.

Die Anreizwirkungen dieser Regelung können am einfachsten grafisch dargestellt werden:

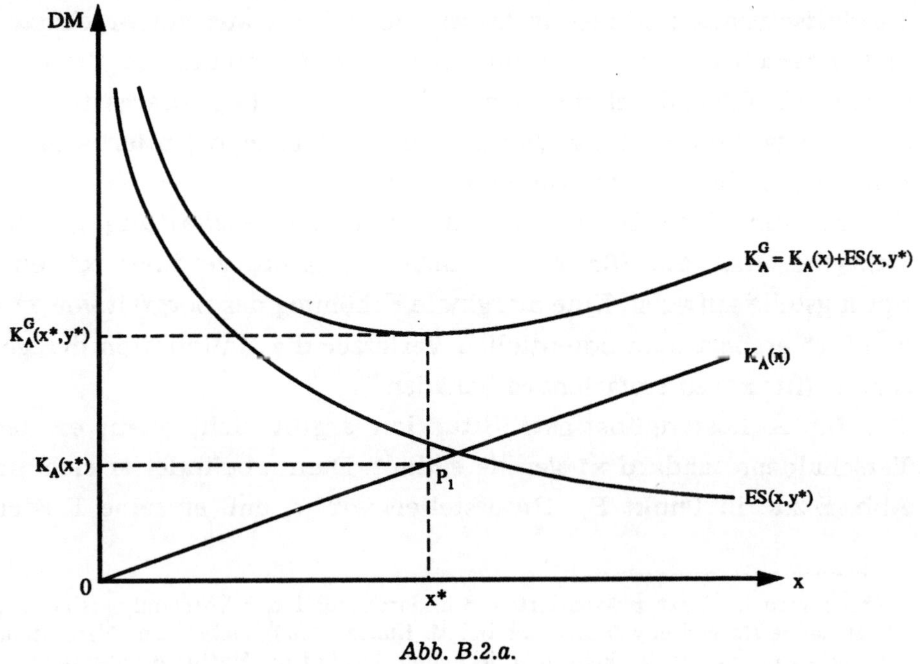

Abb. B.2.a.

Die oben wiedergegebenen Kurven sind wie in Abb. B.1.a. zu verstehen. Der Unterschied zwischen den beiden Abbildungen besteht darin, daß Abb. B.1.a. sämtliche Kosten (K_A, K_B, ES) erfaßt, während Abb. B.2.a. nur die vom potentiellen Verletzer beeinflußbaren Kosten (K_A, ES) zeigt. Dies ist zweckmäßig, weil - wie unten noch deutlicher wird - die von A unter der Verschuldenshaftung zu tragenden Kosten sich entweder auf K_A oder auf K_A + ES belaufen, jedoch keinesfalls K_B enthalten. Es ist zu beachten, daß die Kurve $K^G=K_A(x) + K_B(y^*) + ES(x,y^*)$ in Abb. B.1.a. ihr Minimum an derselben Stelle (x*) aufweist, wie die Kurve $K_A^G = K_A(x) + ES(x,y^*)$ in Abb. B.2.a. Der Term $K_B(y^*)$, durch den sich die beiden Gleichungen unterscheiden, ist nämlich konstant.

Im Bereich von x = 0 bis dicht vor x* muß der Verletzer damit rechnen, mit den Vorsorgekosten *und* den Schäden belastet zu werden. Ausschlaggebend für seine Überlegungen bezüglich des zu wählenden Sorgfaltsniveaus sind also in diesem Bereich die aus Vorsorgekosten und erwarteten Schäden zusammengesetzten Gesamtkosten. Sie werden in Abb. B.2.a. durch die Kurve $K_A^G = K_A(x)+ES(x,y^*)$ dargestellt.
Ab x* entfällt die Haftung. Von diesem Punkt an repräsentiert also die Kurve $K_A(x)$ die für A relevanten Kosten.
Zentral für diese Darstellung der Verschuldenshaftung ist die Tatsache, daß die für A relevante Kostenkurve über x* eine Sprungstelle aufweist. Eine marginale Erhöhung der Sorgfalt von x* - ε auf x* erspart dem potentiellen Verletzer die Kalkulation der gesamten (für x*) zu erwartenden Schäden.[7]
Die für A kostengünstigste Situation ergibt sich, wenn er den Verschuldensstandard x* gerade einhält. Dann „befindet er sich" in Abb. B.2.a. in Punkt P_1. Unterstellen wir A, daß er seine Kosten

[7]Eine vom im Text präsentierten Standardmodell der Verschuldenshaftung abweichende Darstellung findet sich bei M. Kahan (1989). Neben dem Tatbestand der Verletzung der im Verkehr erforderlichen Sorgfalt als Haftungsvoraussetzung führt Kahan die Kausalität dieser Verletzung für den Schaden explizit in die Betrachtung ein. Der von ihm verwendete Kausalitätsbegriff führt dazu, daß die für die traditionelle Darstellung der Verschuldenshaftung charakteristische Sprungstelle in der Kostenfunktion des potentiellen Verletzers verschwindet.

minimieren möchte, so wird er demnach im Gleichgewicht seine Vorsorgeaktivität auf dem optimalen Niveau x* ausüben.

B erhält unter diesen Umständen im Schadensfall keine Kompensation, d.h. er muß den Schaden selbst tragen. Strebt auch er nach Kostenminimierung, so wird er demnach im eigenen Interesse seine Vorsorgeaktivität so dimensionieren, daß die Summe aus seinen Vorsorgekosten und Schadenskosten so gering wie möglich wird. Diese Argumentation ist in Abb. B.2.b. illustriert.

Die Kurve K_B^G in Abb. B.2.b. weist ihr Minimum an derselben Stelle y* auf, wie die Kurve K^G in Abb. B.1.b. (weil der Term $K_A(x^*)$ konstant ist). Unter den hier beschriebenen Bedingungen der Verschuldenshaftung ist es für B am günstigsten, wenn er das Minimum der Gesamtkostenkurve $K_B^G = K_B(y) + ES(x^*,y)$ aufsucht, indem er das optimale Vorsorgeniveau y* realisiert.

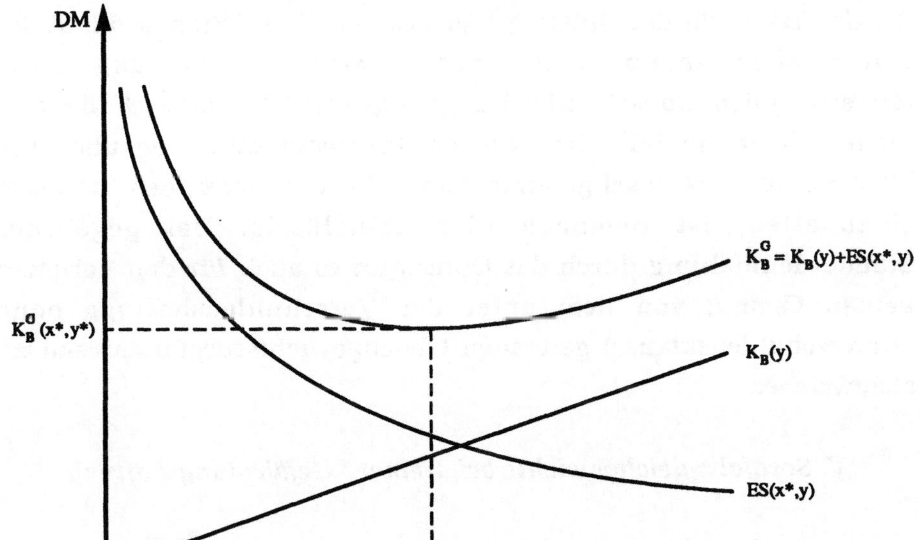

Abb. B.2.b.

Insgesamt gesehen stellt sich also unter der hier besprochenen Haftungsregel im Gleichgewicht die pareto-optimale Situation x^*, y^* ein.[8]

IV. Sorgfaltsgleichgewichte bei Verschuldenshaftung mit Mitverschuldensklausel

Es ist unmittelbar einleuchtend, daß eine Verschuldenshaftung mit Mitverschuldensklausel allokativ zum selben Ergebnis führt, wie die oben behandelte „reine" Verschuldenshaftung:
Nach der Verschuldenshaftung mit Mitverschuldensklausel haftet der Verletzer wie bei der „reinen" Verschuldenshaftung, es sei denn, das Opfer verletze die im Verkehr erforderliche Sorgfalt. In diesem Fall wäre der Verletzer von der Haftpflicht befreit. Die im Verkehr erforderliche Sorgfalt des Opfers wird - der Definition für den Verletzer entsprechend - an einem pareto-optimalen Standard für die Sorgfaltsaktivität des Opfers, y^*, gemessen. Diesen Standard hält das Opfer aber schon unter der Verschuldenshaftung ohne Mitverschuldensklausel - wie oben gezeigt - im Gleichgewicht des einfachen Grundmodells im eigenen Interesse ein. Der über die Mitverschuldensklausel gesetzte Anreiz für das Opfer, den Standard einzuhalten, ist demnach hier überflüssig. Bei gegebener Standardeinhaltung durch das Opfer gibt es auch für den Verletzer keinen Grund, von dem unter der Verschuldenshaftung ohne Mitverschuldensklausel geltenden Gleichgewichtssorgfaltsniveau x^* abzuweichen.

V. Sorgfaltsgleichgewichte bei „reiner" Gefährdungshaftung

Analog zu den obigen Ausführungen über die Verschuldenshaftung kann die idealtypische Anreizwirkung der „reinen" Gefährdungshaftung dargestellt werden.

---

[8]Bei unilateralen Schäden stellt sich im Gleichgewicht die pareto-optimale Situation x^* ein.

Hier haftet der Verletzer unabhängig davon, welches Niveau der Sorgfaltsvorkehrungen er realisiert, für den Schaden. B wird also stets kompensiert. Da wir im einfachen Grundmodell davon ausgehen, daß sich Schaden und Kompensationszahlung nicht unterscheiden, ist es für B gleichgültig, ob kein Schaden entsteht, oder ob der Schaden eintritt und anschließend ausgeglichen wird. B trägt unter der hier besprochenen Haftungsregel nur seine Sorgfaltskosten $K_B(y)$. Sein Streben nach Kostenminimierung führt ihn unter dieser Bedingung dazu, vollständig auf Sorgfaltsaktivitäten zu verzichten (y=0), weil dann die Sorgfaltskosten minimal sind. Insgesamt entstehen ihm im Gleichgewicht (mangels Vorsorge) keine Sorgfaltskosten ($K_B(y=0)=0$) und (wegen der Vollkompensation) keine Schadenskosten (Erwarteter Schaden abzüglich erwarteter Schadensersatzzahlung = 0).

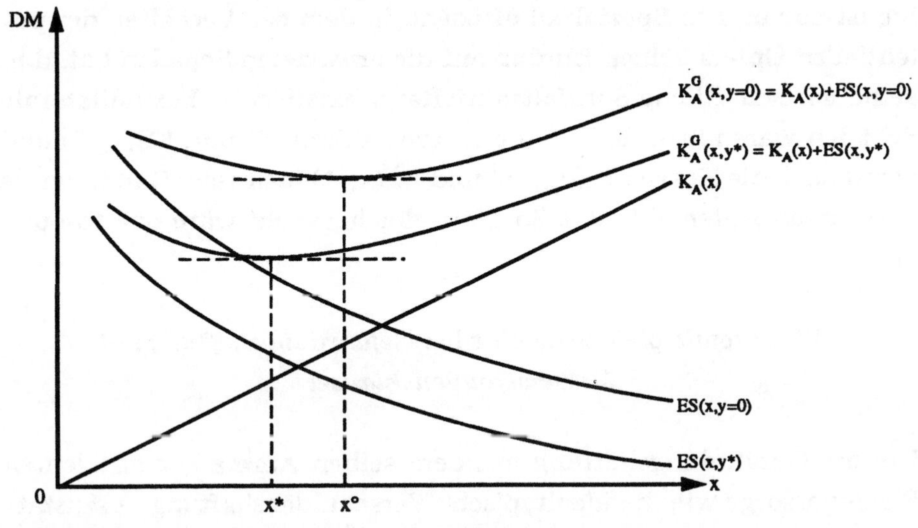

Abb. B.3.

Betrachten wir nun die Situation von A. Er wird sein Sorgfaltsniveau so wählen, daß die Summe aus Sorgfaltskosten und erwarteten Schäden minimal wird. Allerdings ist der erwartete Schaden hier für jedes Niveau von x höher als in allen bisher behandelten Situationen, weil B seine Sorgfaltsaktivität auf dem Niveau y=0 ausübt, statt - wie in den oben erörterten Zusammenhängen - auf dem Niveau y*>0.

Abb. B.3. stellt den Zusammenhang grafisch dar.

Da ES(x,y=0) vollständig über ES(x,y*) verläuft, liegt auch $K_A^G(x,y=0)$ stets über $K_A^G(x,y^*)$. Da der Verletzer unter der hier erörterten Haftungsregel unabhängig vom Niveau seiner Sorgfaltsaktivität haftet und außerdem B im Gleichgewicht seine Sorgfaltsaktivität auf dem Niveau y=0 durchführt, repräsentiert die Kurve K_A^G (x,y=0) über den gesamten Definitionsbereich von x die von A zu kalkulierenden Kosten. Es ist demnach für A optimal, denjenigen Wert von x zu wählen, der $K_A^G(x,y=0)$ minimiert. Er ist in Abb. B.3. als x^0 ($>x^*$) bezeichnet.[9]

Wir sehen also, daß die „reine" Gefährdungshaftung im allgemeinen auf ineffiziente Sorgfaltsgleichgewichte führt.
Sie ist nur in dem Spezialfall effizient, in dem das Verhalten des potentiellen Opfers keinen Einfluß auf die erwarteten Schäden hat, d.h. keine wirtschaftliche Sorgfaltsaktivität y existiert.[10] Für unilaterale Schäden wären in Abb. B.3. die Kurven ES(x,y=0) und ES(x,y*) und damit auch die Kurven $K_A^G(x,y=0)$ und $K_A^G(x,y^*)$ identisch. Damit würde auch $x^*=x^0$ gelten, d.h. das Sorgfaltsgleichgewicht wäre pareto-optimal.

VI. Sorgfaltsgleichgewichte bei Gefährdungshaftung mit Mitverschuldensklausel

Um die Gefährdungshaftung mit dem selben Anreiz zur effizienten Risikovorsorge wie die idealtypische Verschuldenshaftung auszustatten, muß sie um eine „Mitverschuldensklausel" ergänzt werden. Nach dieser Klausel verwirkt B seinen Haftungsanspruch, wenn er seinerseits die im Verkehr erforderliche Sorgfalt außer acht läßt. Das bedeutet, daß B nicht kompensiert wird, wenn er einen an ihn

---

[9] In Abschnitt X.9. wird gezeigt, daß das Minimum von $K_A^G(x,y=0)$ rechts vom Minimum von $K_A^G(x,y^*)$ liegt, also $x^0 > x^*$ gilt.

[10] Die Aktivität y ist „nicht wirtschaftlich", wenn ihr pareto-optimales Niveau bei Null liegt.

adressierten Sorgfaltsstandard (y*) unterschreitet. Im einfachen Grundmodell nehmen wir an, der Standard sei mit dem paretootimalen Sorgfaltsniveau y* identisch.
Im Bereich unter y* gibt demnach in Abb. B.2.b. die Kurve K_B^G die für B relevanten Kosten an. Dabei ist unterstellt, daß A seine Sorgfaltsaktivität auf dem pareto-optimalen Niveau x* ausübt. Erst bei Einhaltung des Standards (y*) hat B Anspruch auf Schadensersatz, d.h. die für ihn relevanten Kosten springen in der Abb. über y* von $K_B^G(x^*,y)$ auf $K_B(y)$. Unter diesen Umständen steht B am besten (kostengünstigsten), wenn er den Mitverschuldensstandard y* gerade einhält.

Betrachten wir nun die Situation von A. Unter der Voraussetzung, daß B sorgfältig handelt, haftet A stets für den Schaden. Er wird also bei seiner Entscheidung über das Gleichgewichtsniveau von x die Sorgfaltskosten und die (bei gegebenem y*) zu erwartetenden Schäden kalkulieren. Sein Gleichgewicht liegt also in Abb. B.2.a. im Minimum der Kurve $K_A^G=K_A(x) + ES(x,y^*)$, d.h. beim pareto-optimalen Sorgfaltsniveau x*.

Die mit einer effizienten Mitverschuldensklausel ausgestattete Gefährdungshaftung führt also insgesamt zu Vorsorgegleichgewichten x*, y*, die pareto-optimal sind und mit den unter der oben besprochenen Verschuldenshaftung erreichten Niveaus übereinstimmen. Allokativ sind die beiden Haftungsregeln also im idealtypischen Grundmodell äquivalent. Distributiv unterscheiden sie sich dagegen fundamental: Passiert ein Unfall, wird das Opfer unter der Gefährdungshaftung kompensiert, unter der Verschuldenshaftung dagegen nicht.[11]

---

[11] Vgl. Fn. 3, oben.

VII. Sorgfaltsgleichgewichte bei anteiliger Haftung

Man kann sich leicht klarmachen, daß sich auch unter dieser Haftungsregel im einfachen Grundmodell ein pareto-optimales Sorgfaltsgleichgewicht einstellt.[12] Gegeben, B halte den an ihn adressierten Sorgfaltsstandard y^* ein, so gilt für A - genau wie unter der Verschuldenshaftung mit Mitverschuldensklausel -, daß er den gesamten Schaden trägt, wenn er den an ihn adressierten Standard x^* mißachtet. Handelt er dagegen sorgfältig, so kann er den Schaden vollständig auf B abwälzen. Wie bei der Verschuldenshaftung mit Mitverschuldensklausel ist es - bei pareto-optimal gesetztem Standard x^* - für A kostenminimal, sorgfältig zu handeln.
Unter dieser Bedingung ist es für B kostenminimal, die Summe aus seinen Sorgfaltskosten und den (bei gegebenem x^*) zu erwartenden Schäden zu minimieren. Die Lösung dieses Minimierungsproblems liegt bei der Durchführung des pareto-optimalen Sorgfaltsniveaus y^*.
Da es also im einfachen Grundmodell für beide Beteiligten gleichgewichtig ist, sorgfältig zu handeln, ist die bei anteiliger Haftung für den Fall einer Sorgfaltspflichtverletzung beider Beteiligten vorgesehene „echte Schadensteilung“ ($0 < \phi < 1$) im Gleichgewicht völlig irrelevant. Ihr kommt nur dann eine allokative Bedeutung zu, wenn sich die Beteiligten (aus Gründen, die vom einfachen Grundmodell nicht erklärt werden können) entschließen, ihre Sorgfaltsstandards zu mißachten.[13]

---

[12] Vgl. z.B. S. Shavell (1987), S. 15 f. und 39.

[13] Ähnlich wie ein Entschluß eines der Beteiligten, den an ihn adressierten Standard zu verletzen, wirken „Wahrnehmungsfehler“ des Gerichts. Bei unvollständiger Information kann es geschehen, daß das Gericht einen Beteiligten als fahrlässig einstuft, obwohl er den betreffenden Standard in Wahrheit eingehalten hat. D. Haddock, C. Curren (1985), S. 62 ff. und R. D. Cooter, T. S. Ulen (1986), S. 1087 ff. untersuchen, wie die Antizipation derartiger Wahrnehmungsfehler auf die Gleichgewichtssorgfaltsniveaus der Beteiligten wirkt. Dabei werden die Verschuldenshaftung mit Mitverschuldensklausel und Systeme anteiliger Haftung miteinander verglichen.

VIII. Haftungsrecht und Coase-Theorem

Die oben für alternative Haftungsregeln dargestellte Unabhängigkeit der Effizienz des Gleichgewichts von der Anfangsausstattung der Beteiligten mit Rechten ist verwandt mit dem in der ökonomischen Literatur einschlägigen „Coase-Theorem".[14] In diesem Zusammenhang betrachten wir einen Verletzer und ein Opfer, die über das Niveau eines externen Effekts miteinander verhandeln.[15] Die Analyse erfolgt (u.a.) unter der Annahme, daß keine Transaktionskosten entstehen.

Die Verhandlungen sind unter zwei alternativen eigentumsrechtlichen Rahmenbedingungen vorstellbar: Unter der „Verursacher-Regel" besitzt das potentielle Opfer ein Recht auf Nichtbeeinträchtigung durch den potentiellen Verletzer. Das Opfer kann dieses Recht an den Verletzer verkaufen. Unter der „Laissez faire-Regel" dagegen besitzt der Verletzer ein Recht auf Ausübung des externen Effekts. Er kann unter dieser Regel das betreffende Recht an das Opfer verkaufen.

Betrachten wir die *Laissez-faire Regel:* Die minimale Zahlung, die der Verletzer für eine (marginale) Reduktion des externen Effekts verlangen wird, entspricht den Grenzvermeidungskosten der Externalität.[16] Die maximale Zahlung, die das Opfer für die Reduktion des externen Effekts um eine Einheit wird bieten wollen, entspricht dem Grenznutzen der Vermeidung des externen Effekts, d.h., den marginalen erwarteten Schäden. Liegt die minimale Zahlungsforderung des Verletzers unter der maximalen Kompensationsbereitschaft des Opfers, so haben die beiden ein Interesse daran, sich auf einen Zahlungsbetrag, der zwischen diesen

---

[14]Vgl. z.B. G. Kirchgässner (1990), P. M. Sälter (1989) und die jeweils angegebene Literatur.

[15]Die Senkung des externen Effekts im Modell der Coase'schen Verhandlungen entspricht im ökonomischen Modell des Haftungsrechts einer Erhöhung der Sorgfaltsaktivität des potentiellen Verletzers: Beide Maßnahmen bewirken nämlich eine Kostensteigerung beim Verletzer und eine Senkung der vom Verletzer beim Opfer angerichteten Schäden.

[16]Damit ist angenommen, daß der Verletzer in den (freiwilligen) Verhandlungen keinem Arrangement zustimmen wird, bei dem er schlechter gestellt würde als in der Situation vor Aufnahme der Verhandlungen. Eine analoge Annahme treffen wir anschließend für das Opfer.

beiden Grenzen liegt, zu einigen und den Verhandlungsgewinn[17] untereinander aufzuteilen. In dem (hier aus Platzgründen nicht näher zu erläuternden) Verhandlungsmodell liegt das Verhandlungsergebnis bei einem Niveau des externen Effekts, für das die Grenzvermeidungskosten den Grenzschäden entsprechen. Hier ist die Differenz zwischen dem Nutzen der Vermeidung des externen Effekts und den Vermeidungskosten maximal, d.h. das Verhandlungsgleichgewicht ist pareto-optimal.

Betrachten wir nun die *Verursacherregel:* Hier ist definitionsgemäß in der Anfangssituation die Verursachung des externen Effekts nicht erlaubt. Die minimale Zahlungsforderung, die das potentielle Opfer in den Verhandlungen um das Niveau des externen Effekts für die Duldung einer Einheit der Externalität erheben wird, entspricht den Grenzschäden. Die maximale Zahlung, die der potentielle Verletzer für die Erlaubnis, eine Einheit zu verursachen, bieten kann, entspricht den durch die Verursachung eingesparten Grenzvermeidungskosten. Liegen die Grenzvermeidungskosten für die erste Einheit der Externalität über den Grenzschäden, so können sich die beiden Beteiligten auf eine Zahlung zwischen diesen beiden Grenzen einigen und damit den Verhandlungsgewinn unter sich aufteilen. Dies ist so weit möglich, bis im Zuge der Ausweitung der mit der Externalität verbundenen Aktivität die Grenzvermeidungskosten auf den (bei Expansion der Aktivität ansteigenden) Grenzschaden abgesunken sind. Im Gleichgewicht ist wieder die Bedingung „Grenzvermeidungskosten = Grenzschäden“ erfüllt, d.h. das Verhandlungsergebnis ist auch unter dieser Verteilung von Rechten pareto-optimal.

Die nachfolgende Abb. B.4. veranschaulicht die Argumentation.

[17] Bei dem vor Aufnahme der Verhandlungen realisierten Niveau der Externalität ergibt sich ein bestimmter Betrag als Summe von Schäden und Vermeidungskosten. Wird das Niveau der Externalität durch Verhandlungen modifiziert, so ergibt sich ein anderer (niedrigerer) Betrag. Der „Verhandlungsgewinn“ ist als Differenz dieser beiden Beträge definiert.

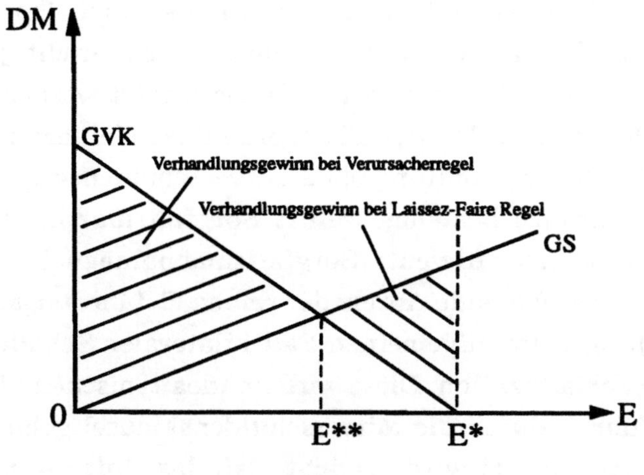

Abb. B.4.

Dabei steht E für das Niveau des externen Effekts. E* gibt das unkorrigierte Gleichgewichtsniveau der Externalität vor Aufnahme der Verhandlungen unter der Laissez-faire Regel an. E** bezeichnet das pareto-optimale Niveau der Externalität.

Die Aussage, daß das Gleichgewichtsniveau des externen Effekts pareto-optimal und unter den beiden rechtlichen Rahmenbedingungen identisch sei, wird als „Coase-Theorem" bezeichnet. Die Gültigkeit des Theorems ist in der Literatur äußerst kontrovers diskutiert worden. Wir gehen auf diese Diskussion hier aus Platzgründen nicht näher ein.[18]

Auf den ersten Blick scheint die Verursacherregel im Rahmen des hier kurz dargestellten in der ökonomischen Literatur einschlägigen Verhandlungsmodells mit dem ökonomischen Modell der Gefährdungshaftung identisch zu sein. Schließlich wird doch das Opfer unter beiden Institutionen stets vom Verletzer kompensiert. Bei aller Verwandtschaft unterscheiden sich die Ansätze jedoch in wesentlichen Punkten:

[18] Vgl. A. Endres (1976), (1977), P. M. Sälter (1989).

Ein zentraler Unterschied besteht darin, daß dem Opfer bei der Gefährdungshaftung zwar die Schadenskosten, nicht jedoch die Kosten der Sorgfaltsaktivität vom Verletzer ersetzt werden. Wie oben ausgeführt, hat dies zur Folge, daß bei der reinen Gefährdungshaftung (d.h. einer Gefährdungshaftung ohne Mitverschuldensklausel) für das Opfer keine Anreize bestehen, selbst Sorgfaltsmaßnahmen durchzuführen. Existieren effiziente Sorgfaltsmaßnahmen für das Opfer nicht, so ist dieser fehlende Anreiz der reinen Gefährdungshaftung allokativ irrelevant. Im allgemeinen Fall bilateraler Schäden führt er dagegen zur Fehlallokation. Diese wird im idealtypischen Modell - wie oben ausgeführt - durch die Mitverschuldensklausel geheilt. Mit der Mitverschuldensklausel wird erreicht, daß das Opfer seinerseits die Schäden minimiert und dann im Ergebnis gerade den minimalen Schaden ersetzt erhält.

Bei den Coase'schen Verhandlungen unter der Verursacherregel besitzt das Opfer dagegen definitionsgemäß ein Recht auf Nichtbeeinträchtigung. Es wird eine Beeinträchtigung also nur dann hinnehmen, wenn die Zahlung des Verursachers mindestens so hoch ist, wie die Summe *aller* dem Opfer durch den Verursacher aufgebürdeten Kosten, d.h. (bei bilateralen Schäden) die Summe aus Schadens- und Sorgfaltskosten. Der Anreiz, sich an den Verhandlungen zu beteiligen, liegt für das Opfer (und für den Verletzer) in der Möglichkeit, einen Anteil am Verhandlungsgewinn, d.h. dem Wert der durch die Änderung der Allokation erreichten Paretoverbesserung, zu erhalten. Dieser Verhandlungsgewinn ist (ceteris paribus) umso größer, je geringer die Summe aus Schadens- und Sorgfaltskosten beider Beteiligter ausfällt. Bei gegebenem Schlüssel für die Aufteilung des Verhandlungsgewinns zwischen Verletzer und Opfer setzt eine Maximierung des Gewinns aus den Verhandlungen für das Opfer also eine Minimierung der gesamten Kosten voraus.[19] Auf diese Weise wird das Opfer unter der Verursacherregel zur Durchführung effizienter Sorgfaltsmaßnahmen angereizt. Eine den Verhältnissen bei der

---

[19]Die Annahme eines gegebenen Aufteilungsschlüssels dient dazu, Probleme des strategischen Verhaltens aus der Betrachtung auszuklammern. Diese werden z.B. bei A. Endres (1977) behandelt.

Gefährdungshaftung entsprechende Mitverschuldensregelung ist hier demnach für die Realisierung eines pareto-optimalen Gleichgewichts nicht erforderlich.

IX. Fazit

Das oben vorgetragene Grundmodell ist natürlich sehr einfach und abstrakt gehalten. Die folgende Analyse wird zeigen, daß sowohl die Lage der Sorgfaltsgleichgewichte als auch ihre Optimalität auf Änderungen der Modellannahmen reagieren. Dennoch ist auch das einfache Grundmodell schon nützlich, weil es die Natur optimaler Sorgfaltsniveaus erklärt und ersten Aufschluß über die Mechanismen gibt, mit denen haftungsrechtliche Regelungen Vorsorgeaktiviäten anreizen können.

Hervorhebenswert erscheinen an dieser Stelle zwei Eigenschaften des einfachen Grundmodells, die auch beim Übergang zu realistischeren Modellkonstruktionen erhalten bleiben:

- Das einfache Grundmodell zeigt, daß es im allgemeinen effizient ist, wenn *beide* am Schaden beteiligte Seiten ihren Beitrag zur Schadensminderung leisten. Das in der Literatur erscheinende Bild eines „cheapest cost avoider",[20] dem der Schaden durch das Haftungsrecht aus Effizienzgründen allein angelastet werden soll, erweist sich vor diesem Hintergrund als Spezialfall.

  Natürlich wird insbesondere das Ausmaß, in dem der potentiell Geschädigte einen Beitrag zur Senkung des erwarteten Schadens leisten kann, von Fall zu Fall variieren. Bei Risiken im Straßenverkehr liegen die entsprechenden Möglichkeiten auf der Hand, bei Risiken aus dem Betrieb von Atomkraftwerken erscheinen sie dagegen eher entlegen. Dennoch sollen die Aktivtäten der potentiell Geschädigten selbst bei der Analyse von

---

[20] Der Begriff wurde in den 70er Jahren von G. Calabresi eingeführt und hat sich seither in der Literatur durchgesetzt. Vgl. die Diskussion und die Literaturhinweise bei M. Adams (1985), S. 17 ff.

Umweltschäden nicht von vornherein aus der Betrachtung ausgeklammert werden. Sie können insbesondere bei langfristig bindenden Entscheidungen (z.B. der Standortwahl) volkswirtschaftlich bedeutend sein.[21] Je weniger bedeutend die Möglichkeit des Opfers zur Senkung des erwarteten Schadens ist, desto weniger relevant sind die obigen Ausführungen zur Mitverschuldensklausel bei der Gefährdungshaftung.

Wenn im folgenden bisweilen die Auswirkungen von Haftungsregeln unter der Bedingung analysiert werden, daß dem Opfer keine wirtschaftlichen Sorgfaltsmaßnahmen zur Verfügung stehen, so werden diese Verhältnisse stets explizit als Spezialfall „unilateraler Schäden" gekennzeichnet.

- Außerdem hat die obige Erörterung ergeben, daß verschiedene Haftungsregeln zu ein und derselben Allokation führen können.

  Es erscheint vor dem Hintergrund der rechtswissenschaftlichen Diskussion hervorhebenswert, daß das Ergebnis pareto-optimaler Sorgfaltsgleichgewichte im einfachen Grundmodell in gleicher Weise für die Gefährdungshaftung mit Mitverschuldensklausel, die „reine" Verschuldenshaftung, die Verschuldenshaftung mit Mitverschuldensklausel sowie für bestimmte Systeme anteiliger Haftung gilt. Die verschiedenen Haftungsregeln unterscheiden sich durch das Ausmaß, in dem sie den potentiellen Opfern Schutzpositionen zuweisen. Die Anfangszuteilung einer bestimmten Schutzposition ist also nicht Voraussetzung für die Erzeugung eines bestimmten (im einfachen Grundmodell: effizienten) Modellergebnisses. Vielmehr besteht hier ein Freiheitsgrad, der von der normsetzenden Institution nach anderen als allokativen Kriterien genutzt werden kann.

Oben sind die Allokationswirkungen des Haftungsrechts im einfachen ökonomischen Grundmodell dargestellt worden. Außerdem erfolgte

---

[21]Darüber hinaus kann das Opfer bisweilen nach dem Unfall das Schadensausmaß durch eigene Maßnahmen begrenzen. Näheres dazu z. B. bei S. Shavell (1987), S. 144 - 146.

eine kurze Abgrenzung zu dem in der Literatur (im Rahmen der Diskussion um die Ökonomie von Eigentumsrechten (Property Rights)) einschlägigen Modell der Verhandlungen über externe Effekte. Es wurde dargelegt, daß das einfache ökonomische Grundmodell des Haftungsrechts auf einer Reihe restriktiver Prämissen aufbaut.
Im folgenden sollen nun einige dieser Annahmen aufgehoben werden. Im einzelnen wird untersucht, welche Konsequenzen sich ergeben, wenn

- ein Beteiligter die Zusammenhänge zwischen eigenen Sorgfaltsaktivitäten und erwarteten Schäden bei gegebenem Sorgfaltsniveau des jeweils anderen Beteiligten nicht korrekt einschätzt,
- die normsetzende Instanz die pareto-optimalen Sorgfaltsniveaus nicht kennt oder nicht zum Maßstab für Verschulden bzw. Mitverschulden erheben will,
- die Entscheidungsträger nicht risikoneutral sind,
- die Interaktion zwischen Verletzer und Geschädigten nicht mehr nach dem Cournot-Nash Muster erfolgt,
- Schäden und Schadensersatzzahlungen nicht identisch sind und
- das System von Sorgfaltsstandards nicht vollständig ist.[22]

Die Analyse wird durch diese Erweiterungen des einfachen Grundmodells realitätsnäher aber auch komplizierter. Es wird sich herausstellen, daß mit der Aufgabe von restriktiven Modellbedingungen erhebliche Hindernisse auf dem Wege zur Erzielung optimaler Präventionswirkungen durch das Haftungsrecht sichtbar werden. Verfehlt das Haftungsrecht das (sehr hoch gesteckte) Ziel einer vollständigen Internalisierung der externen Effekte, so ist

---

[22] Zur Untersuchung der Konsequenzen anderer Abweichungen vom ökonomischen Grundmodell vgl. z.B. R. Craswell, J. E. Calfee (1986). Hier wird zugelassen, daß bei den Beteiligten Unsicherheit über das Niveau der geltenden Sorgfaltsstandards besteht (vgl. auch S. Shavell (1987), S. 83). D. Haddock, C. Curren (1985) entwickeln ein Modell, in dem die Beteiligten ihre Sorgfaltsniveaus nicht genau steuern können und überdies ex post nicht mit Sicherheit festgestellt werden kann, ob das Gleichgewichtssorgfaltsniveau dem geforderten Sorgfaltsstandard entsprochen hat. Die zuletztgenannte Komplikation wird auch bei R. D. Cooter, T. S. Ulen (1986) und bei S. Shavell (1987), S. 79 behandelt.

im folgenden von „Wirkungsbrüchen“ die Rede. Das Ziel der Analyse besteht darin, die Ursachen für Abweichungen zwischen unter realistischeren Bedingungen vom Haftungsrecht zu erwartenden Wirkungen und einer vollständigen Internalisierung zu identifizieren. Außerdem sollen Art und Ausmaß dieser Abweichungen nach verschiedenen Ausformungen des Haftungsrechts differenziert werden. Damit sollen Anhaltspunkte für eine (wenn auch nicht optimale, so doch) ökonomisch sinnvolle Ausgestaltung des Haftungsrechts gewonnen werden. Wegen der im allgemeinen vermutlich größeren Bedeutung der Verletzeraktivitäten für eine Senkung des erwarteten Schadens wird in der folgenden Erörterung das größere Gewicht auf der Analyse der Verletzerseite liegen. Die Seite des potentiellen Geschädigten wird aber stets mitbedacht.

X. Anhang: Eine formalere Darstellung des ökonomischen Grundmodells des Haftungsrechts[23]

1. Die grundlegenden funktionalen Zusammenhänge

Über die Abhängigkeit der Sorgfaltskosten bzw. erwarteten Schäden von den Sorgfaltsniveaus der Beteiligten werden in der Literatur folgende Standardannahmen getroffen:

$$\partial K_A/\partial x > 0 \, , \; \partial^2 K_A/\partial x^2 > 0 \, ,$$
$$\partial K_B/\partial y > 0 \, , \; \partial^2 K_B/\partial y^2 > 0 \, ,$$
$$\partial ES/\partial x, \; \partial ES/\partial y < 0 \, ,$$
$$\partial^2 ES/\partial x^2, \; \partial^2 ES/\partial y^2 > 0 \, ,$$
$$\partial^2 ES/\partial x \partial y = \partial^2 ES/\partial y \partial x > 0.$$

Mit diesen Funktionsverläufen ist es sichergestellt, daß die für verschiedene Haftungsregeln abgeleiteten Innenextrema von Kosten

[23] Wir behandeln bei der formaleren Darstellung nur den allgemeineren Fall bilateraler Schäden.

funktionen stets Minima sind. Die Bedingungen 2. Ordnung sind also bei der Kostenminimierung stets erfüllt.
Bis auf die letzte Annahme stellen diese Zusammenhänge bloße Analogien zu den in der Produktions- und Kostentheorie üblichen Voraussetzungen positiver und nicht abnehmender Grenzkosten, sowie positiver und abnehmender Faktorgrenzproduktivitäten[24] dar. Der zuletztgenannten Annahme fehlt dagegen die Analogie zu den Standardvoraussetzungen der Produktionstheorie. Dort vermeiden wir im allgemeinen Annahmen über das Vorzeichen gemischter zweiter Ableitungen in der Produktionsfunktion, um den Gültigkeitsbereich der getroffenen Aussagen nicht unnötig einzuschränken. In der Literatur zur ökonomischen Analyse des Rechts wird sie dennoch im allgemeinen verwendet[25], weil sie sich bei der Bestimmung der Reaktion eines Beteiligten auf Änderungen der Sorgfaltsmaßnahmen eines anderen Beteiligten als nützlich erweist. Natürlich könnten entsprechende Analysen auch unter der Annahme $\partial^2 ES/\partial x \partial y < 0$ angestellt werden. Die Wahl eines positiven Vorzeichens im System der Standardannahmen kann dahingehend interpretiert werden, daß im allgemeinen angenommen wird, daß die Vorsorgemaßnahmen von A und B in dem Sinne „substitutiv" sind, daß ein erhöhter Einsatz der einen Maßnahme den marginalen schadens*senkenden* Effekt der anderen Maßnahme abschwächt.

2. Pareto-optimale Sorgfaltsniveaus

Die pareto-optimalen Sorgfaltsniveaus der Beteiligten erhalten wir durch die Minimierung der Summe aller mit den Sorgfaltsaktivitäten x und y verbundenen Kosten:

$$K^G = K_A(x) + K_B(y) + ES(x,y) = \min!$$

---

[24]Dabei wird die marginale schadenssenkende Wirkung $-\partial ES/\partial x(x,y)$ bzw. $-\partial ES/\partial y(x,y)$ wieder als „Wertgrenzprodukt" des Faktors x bzw. y interpretiert.

[25]Eine entsprechende Annahme findet sich schon bei J. P. Brown (1980), S. 324, Fn. 3 und S. 336. Vgl. auch M. Adams (1985), S. 39 sowie S. Utzig (1988), S. 402.

Die Bedingungen 1. Ordnung lauten:

$$\partial K^G/\partial x = \partial K_A/\partial x(x) + \partial ES/\partial x(x,y) = 0$$

$$\partial K^G/\partial y = \partial K_B/\partial y(y) + \partial ES/\partial y(x,y) = 0$$

Diese Bedingungen besagen, daß jede Sorgfaltsaktivität so weit ausgedehnt werden soll, bis ihre Produktionsgrenzkosten ihrem marginalen schadenssenkenden Effekt entsprechen.

Die Bedingungen 2. Ordnung lauten:

$$H_1 > 0, \quad H < 0, \quad \text{wobei}$$

$$H = \begin{vmatrix} \partial^2 K_A/\partial x^2 + \partial^2 ES/\partial x^2 & \partial^2 ES/\partial x \partial y \\ \partial^2 ES/\partial y \partial x & \partial^2 K_B/\partial y^2 + \partial^2 ES/\partial y^2 \end{vmatrix}$$

Diese Bedingungen werden von den pareto-optimalen Sorgfaltsniveaus x^* und y^* erfüllt.

3. Sorgfaltsgleichgewichte bei „reiner" Verschuldenshaftung

Das Problem des potentiellen Verletzers lautet

$$K_A^G = K_A(x) + \phi ES(x,y) = \text{min!},$$

wobei

$$\phi = \begin{cases} 0 \text{ mit } x \geq x^* \\ 1 \text{ mit } x < x^*. \end{cases}$$

Im Bereich $x \geq x^*$ wächst K_A^G monoton mit x, d.h. das Kostenminimum liegt in diesem Bereich bei x^*. Die von A in dieser Situation zu tragenden Kosten belaufen sich auf $K_A(x^*)$.
Im Bereich $x < x^*$ lautet die Bedingung 1. Ordnung für ein Minimum

$$\partial K_A^G/\partial x = \partial K_A/\partial x(x) + \partial ES/\partial x(x,y) = 0.$$

Setzen wir voraus, daß B seine Sorgfaltsaktivität auf dem pareto-optimalen Niveau durchführt, so nimmt der Parameter in der obigen Bedingung den Wert y^* an. Dann liegt das Minimum der Kosten von A beliebig dicht vor x^*, d.h. bei $x = x^* - \varepsilon$, wobei ε beliebig klein ist. Die von A in dieser Situation zu tragenden Kosten belaufen sich auf

$$K_A(x^*-\varepsilon) + ES(x^*-\varepsilon, y^*).$$

Vergleichen wir die beiden lokalen Minima in den Bereichen $x \geq x^*$ und $x < x^*$, so erhalten wir

$$K_A(x^*) < K_A(x^*-\varepsilon) + ES(x^*-\varepsilon, y^*).$$

Das Minimum Minimorum wird also für x^* erreicht. Damit ist x^* das Gleichgewichtssorgfaltsniveau des Verletzers unter der „reinen" Verschuldenshaftung.

Diese Aussage wurde unter der Annahme abgeleitet, daß das potentielle Opfer seine Sorgfaltsaktivität auf dem pareto-optimalen Niveau y^* durchführt. Wir müssen nun fragen, ob y^* das gleichgewichtige Sorgfaltsniveau für B unter der Bedingung darstellt, daß A seine Sorgfaltsaktivität auf dem pareto-optimalen Niveau x^* durchführt. Ist dies der Fall, so stellt x^*, y^* ein Tupel gleichgewichtiger Sorgfaltsaktivitäten dar.

Bei vorgegebenem x^* erhält B keine Kompensation von A. B's Problem lautet also

$$K_B^G = K_B(y) + ES(x^*,y) = \min!$$

Die Bedingung 1. Ordnung für das kostenminimale Sorgfaltsniveau lautet

$$\partial K_B/\partial y(y) + \partial ES/\partial y(x^*,y) = 0.$$

Diese Bedingung wird vom pareto-optimalen Niveau der Sorgfaltsaktivität von B, y*, erfüllt.

Insgesamt ergibt sich also im idealtypischen Grundmodell der reinen Verschuldenshaftung ein pareto-optimales Sorgfaltsgleichgewicht x*, y*.

4. Sorgfaltsgleichgewichte bei „reiner" Gefährdungshaftung

Die Ableitung erfolgt analog zum oben für die Verschuldenshaftung geschilderten Vorgehen. Wir fassen uns daher etwas kürzer. Für A gilt:

$$K_A^G = K_A(x) + ES(x,y) = \min!$$

$$\rightarrow \partial K_A^G/\partial x = \partial K_A/\partial x(x) + \partial ES/\partial x(x,y) = 0.$$

Für B gilt:

$$K_B^G = K_B(y) = \min!$$

Da $K_B(y)$ monoton in y wächst, liegt das Minimum bei y = 0.
In der obigen Bedingung 1. Ordnung für das Gleichgewichtssorgfaltsniveau des Verletzers nimmt der Parameter y also den Wert 0 an. Nennen wir den Wert von x, der die Gleichgewichtsbedingung

unter diesen Umständen erfüllt x^0, so ergibt sich demnach ein nicht pareto-optimales Sorgfaltsgleichgewicht x^0, $y = 0$.

5. Sorgfaltsgleichgewichte bei Gefährdungshaftung mit Mitverschuldensklausel

Betrachten wir die Situation des potentiellen Opfers. B minimiert

$$K_B^G = K_B(y) + (1 - \phi)\, ES(x,y),$$

mit

$$\phi = \begin{cases} 0 \text{ mit } y < y^* \\ 1 \text{ mit } y \geq y^*. \end{cases}$$

Für $y \geq y^*$ gilt arg.min. $K_B^G = y^*$, da $K_B(y)$ monoton in y steigt. Die Kostenbelastung für B liegt in dieser Situation bei $K_B(y^*)$.
Im Bereich $y < y^*$ gilt für das kostenminimale Sorgfaltsniveau die Bedingung

$$\partial K_B^G/\partial y = \partial K_B/\partial y(y) + \partial ES/\partial y(x,y) = 0.$$

Setzen wir voraus, daß A seine Sorgfaltsaktivität auf dem pareto-optimalen Niveau ausübt, der Parameter x also in der obigen Bedingung 1. Ordnung den Wert x^* annimmt, so liegt der K_B^G minimierende Wert von y dicht vor y^*, d.h. bei $y = y^* - \varepsilon$. Die zugehörige Kostenbelastung für B liegt bei $K_B(y^* - \varepsilon) + ES(x^*, y^* - \varepsilon)$.
Ein Vergleich der beiden lokalen Kostenminima ergibt

$$K_B(y^*) < K_B(y^* - \varepsilon) + ES(x^*, y^* - \varepsilon),$$

d.h. bei gegebenem x^* liegt das Gleichgewichtssorgfaltsniveau für B bei y^*.

Betrachten wir nun die Situation von A bei vorgebenem y*. Das entsprechende Problem lautet:

$$K_A^G = K_A(x) + ES(x,y^*) = \min!$$

$$\rightarrow \partial K_A/\partial x(x) + \partial ES/\partial x(x,y^*) = 0$$

$$\rightarrow x^*.$$

Es zeigt sich also, daß es für A am günstigsten ist, auf das Sorgfaltsgleichgewicht von B mit dem Niveau x* seiner Sorgfaltsaktivität „zu reagieren“.[26]

Insgesamt führt die Gefährdungshaftung mit Mitverschuldensklausel also zu einem pareto-optimalen Gleichgewichtssorgfaltstupel x*, y*.

6. Sorgfaltsgleichgewichte bei Verschuldenshaftung mit Mitverschuldensklausel

Gegeben y = y*, ist das Minimierungsproblem für A unter dieser Haftungsregel identisch mit seinem Problem unter der „reinen“ Verschuldenshaftung. Das Gleichgewichtssorgfaltsniveau liegt also wieder bei x*.
Für vorgegebenes x* ist das Minimierungsproblem für B unter dieser Haftungsregel ebenfalls identisch mit seinem Problem unter der „reinen“ Verschuldenshaftung. Das Gleichgewicht liegt also wieder bei y*.
Es ergibt sich also hier wie bei der „reinen“ Verschuldenshaftung ein pareto-optimales Sorgfaltsgleichgewicht x*, y*, d.h. die Mitverschuldensklausel ist im idealtypischen Grundmodell irrelevant.

[26] Streng genommen sind die beiden Gleichgewichtswerte simultan bestimmt.

7. Sorgfaltsgleichgewichte bei anteiliger Haftung

Hält B den Standard y^* ein, d.h. gilt $y = y^*$, so folgt für den Haftungsanteil des potentiellen Verletzers, ϕ,

$$\phi = \frac{\frac{x^*-x}{x^*}}{\frac{x^*-x}{x^*} + \frac{y^*-y}{y^*}} = 1 \text{ im Bereich } x < x^*$$

und

$$\phi = 0 \text{ im Bereich } x \geq x^*.$$

Das Kostenminimierungsproblem des potentiellen Verletzers lautet damit für $x < x^*$

$$K_A^G = K_A(x) + ES(x,y^*) = \min!$$

$$\rightarrow x^* - \varepsilon.$$

Für $x \geq x^*$ lautet das Problem

$$K_A(x) = \min!$$

$$\rightarrow x^*.$$

Da $K_A(x^*) < K_A^G(x^*-\varepsilon)$, wählt A das pareto-optimale Sorgfaltsniveau x^*.

Für gegebenes x^* folgt $\phi = 0$ und damit für den Haftungsanteil des potentiellen Opfers $(1-\phi) = 1$. B löst also das Problem

$$K_B^G = K_A(y) + ES(x^*,y) = \min!$$

$$\rightarrow y^*.$$

Im Gleichgewicht stellt sich also ein pareto-optimales Sorgfaltstupel x^*, y^* ein. B muß die im Optimum entstehenden Schäden tragen.

8. Randlösungen

Wir haben oben implizit angenommen, daß pareto-optimale Sorgfaltstupel existieren, die in Form von Innenlösungen vorliegen und die in Abschnitt 2, oben, angegebenen Marginalbedingungen erfüllen.

Natürlich muß dies nicht notwendigerweise der Fall sein. Nehmen wir etwa an, es gäbe einen Wert x^{Max}, der das maximal mögliche Sorgfaltsniveau des potentiellen Verletzers bezeichne. Gilt für alle Werte von x zwischen 0 und x^{Max} (für gegebenes y^*)

$$\partial K_A/\partial x < - \partial ES/\partial x,$$

so ist es offensichtlich pareto-optimal, wenn A bei der Durchführung seiner risikobehafteten Aktivität maximale Vorsicht walten läßt. Von 0 ausgehend, führt nämlich jede marginale Ausweitung der Sorgfalt zu einer Schadenssenkung, welche die durch die Sorgfaltsausweitung hervorgerufene Produktionskostenerhöhung überkompensiert.

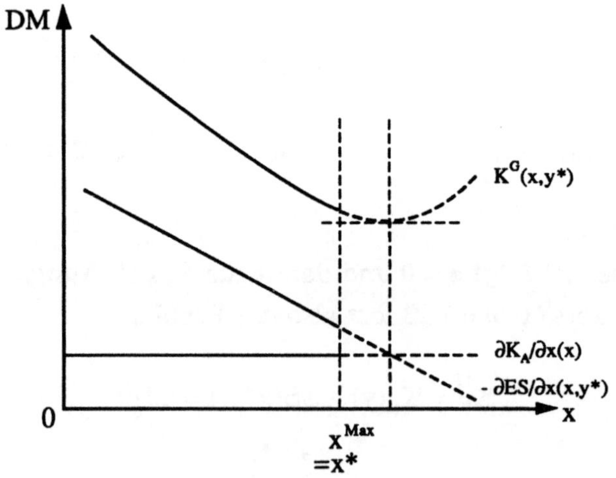

Abb. B.5.

Insgesamt sinken die Kosten also über den gesamten Bereich möglicher Sorgfaltsvorkehrungen. Hier liegt die pareto-optimale Allokation also am rechten Rand des Definitionsbereichs von x (d.h. es gilt $x^* = x^{Max}$) und erfüllt die oben angegebene Marginalbedingung (im allgemeinen) nicht.
Abbildung B.5. illustriert einen solchen Fall.

Andererseits kann das pareto-optimale Sorgfaltsniveau von A auch am linken Rand des Definitionsbereichs, d.h. bei x = 0 liegen, und dabei die Marginalbedingung für Pareto-Optimalität verletzen. Dieses Ergebnis stellt sich ein, wenn im gesamten Definitionsbereich von x die Bedingung

$$\partial K_A/\partial x > - \partial ES/\partial x$$

gilt. Hier wären die Kosten jeder marginalen Ausweitung der Sorgfaltsaktivität höher als ihre schadenssenkende Wirkung. Die Gesamtkosten würden also monoton in x steigen. Diese Situation ist in Abb. B.6. illustriert:

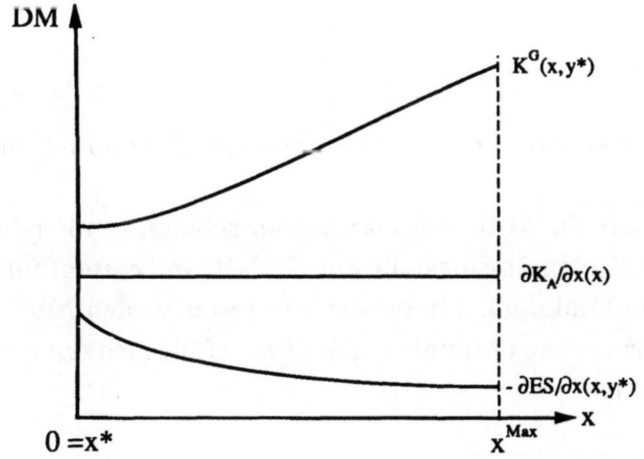

Abb. B.6.

Andere Fälle von pareto-optimalen Allokationen, die die unter 2. angegebenen Marginalbedingungen nicht erfüllen, treten auf, wenn die Gesamtkostenfunktion als Extremum ein Innenmaximum aufweist oder Diskontinuitäten in den Grenzkostenfunktionen vorliegen.
Der erstgenannte Fall wird in Abb. B.7. dargestellt. Hier sinken die Sorgfaltsgrenzkosten und liegen zunächst über, dann unter dem Wertgrenzprodukt von x.[27]

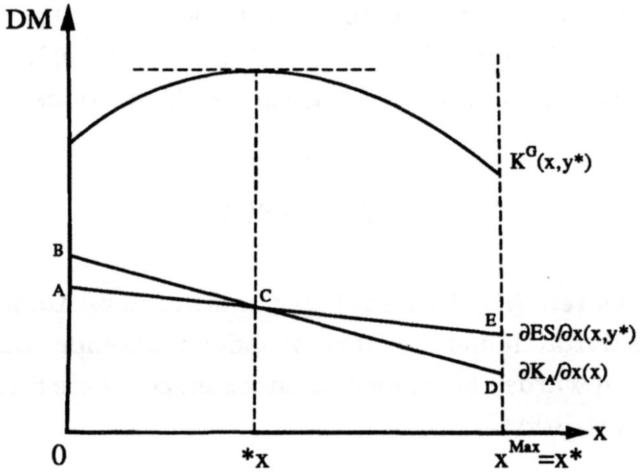

Abb. B.7.

Einen Fall diskontinuierlicher Wertgrenzproduktsfunktion zeigt Abb. B.8.
Hier weist die Funktion der marginalen schadenssenkenden Wirkung von x über x* eine Sprungstelle auf. Die Gesamtkostenfunktion ist daher in ihrem Minimum, d.h. bei der pareto-optimalen Allokation, nicht differenzierbar. Die optimale Allokation erfüllt also die o.a. Marginalbedingung nicht.

[27]Ist das Innenextremum der Kostenfunktion ein Maximum, wie in Abb. B.7. dargestellt, so kann das Randminimum natürlich statt bei x^{Max}, wie in Abb. B.7., bei x = 0 (oder im Grenzfall bei 0 *und* bei x^{Max}) liegen. (Vgl. die Flächen ABC und CDE in der Abb.)

Die beiden zuletzt erwähnten Komplikationen sind durch die im Abschnitt 1., oben, getroffenen Annahmen über die Verläufe der relevanten Funktionen ausgeschlossen. Diese beinhalten nämlich u.a. Differenzierbarkeit und nicht abnehmende Sorgfaltsgrenzkosten.

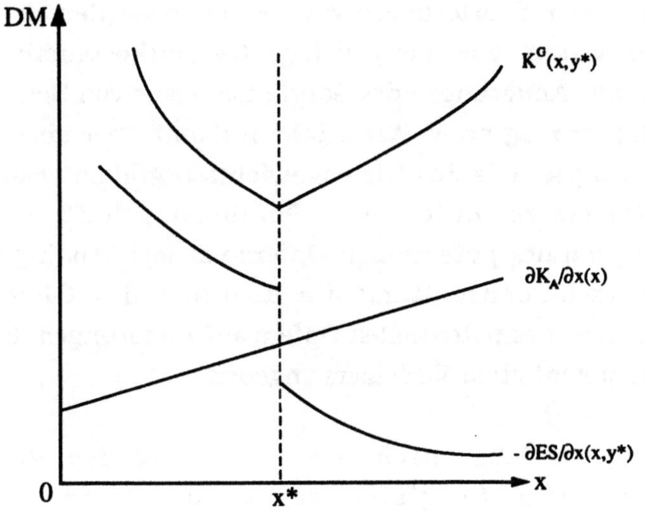

Abb. B.8.

Analog zu den hier kurz behandelten Randlösungen für die Sorgfaltsaktivität des potentiellen Verletzers sind natürlich auch Randlösungen für das potentielle Opfer darstellbar.
In diesem Buch gehen wir jedoch stets davon aus, daß es sich bei den behandelten Optima und Gleichgewichten für alle Sorgfaltsaktivitäten aller Beteiligten um Innenlösungen handelt.[28]

9. Komparativ statische Analyse von Sorgfaltsgleichgewichten

In den vorstehenden Abschnitten wurde das Sorgfaltsgleichgewicht des Verletzers (Opfers) unter der Voraussetzung abgeleitet, daß die

[28] Randlösungen werden ausführlicher bei P. Burrows (1985) behandelt.

Sorgfaltsaktivität des Opfers (Verletzers) auf einem exogen vorgegebenem Niveau ausgeübt wird. Die Gleichgewichte zeichnen sich dadurch aus, daß die Kosten für den jeweiligen Entscheidungsträger minimal sind. Insbesondere ist für den Verletzer (das Opfer) im Gleichgewicht bei Gefährdungshaftung (Verschuldenshaftung) die Summe aus Sorgfaltskosten und erwarteten Schäden minimal.
Für die folgenden Erörterungen wird es sich bisweilen als nützlich erweisen, zu wissen, wie das jeweilige Gesamtkostenminimum eines Beteiligten auf Änderungen des Sorgfaltsniveaus von Seiten des anderen Beteiligten reagiert.[29] Wir erfahren damit über eine komparativ statische Analyse, wie das Gleichgewichtssorgfaltsniveau des potentiellen Verletzers unter der Gefährdungshaftung mit dem Sorgfaltsniveau des potentiellen Opfers variiert. Analog können wir für die Verschuldenshaftung die Reaktion des Gleichgewichtssorgfaltsniveaus des potentiellen Opfers auf Änderungen des Sorgfaltsniveaus des potentiellen Verletzers angeben.

Fragen wir zunächst nach der Anpassung des Verletzers an Änderungen des Sorgfaltsniveaus des Opfers unter der Gefährdungshaftung.
Dazu differenzieren wir die Bedingungen 1. Ordnung für ein Minimum der gesamten Kosten (d.h. der Summe aus Sorgfaltskosten und erwarteten Schäden)

$$\partial K_A/\partial x + \partial ES/\partial x = 0$$

total und erhalten

$$(\partial^2 K_A/\partial x^2 + \partial^2 ES/\partial x^2) \cdot dx + \partial^2 ES/\partial x \partial y \cdot dy = 0$$

$$\rightarrow \frac{dx}{dy} = - \frac{\partial^2 ES/\partial x \partial y}{\partial^2 K_A/\partial x^2 + \partial^2 ES/\partial x^2}$$

[29]Diese Überlegungen sind per definitionem für den Spezialfall unilateraler Schäden irrelevant.

Aus den unter Ziff. 1, oben, dargestellten Annahmen über die Funktionsverläufe folgt $dx/dy < 0$. Demnach sinkt das die Gesamtkosten für A minimierende Niveau der Sorgfaltsaktivität x^{Min}, wenn das Sorgfaltsniveau von B zunimmt.
Dies ist in der folgenden Abbildung veranschaulicht:

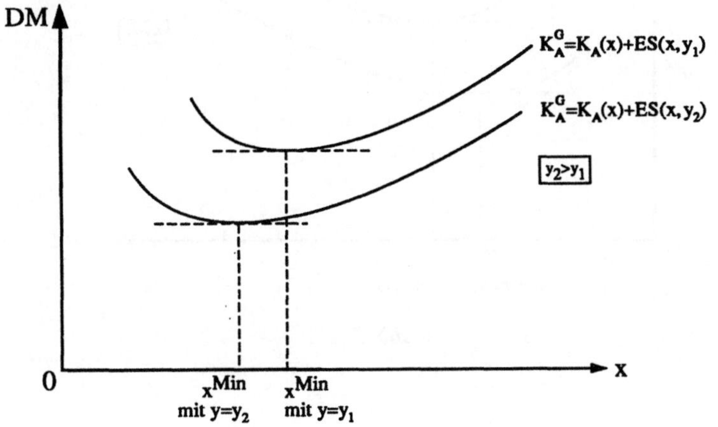

Abb. B.9.

Analog können wir ableiten, wie das Minimum der Gesamtkostenfunktion von B unter der Verschuldenshaftung auf Änderungen des Sorgfaltsniveaus von A reagiert:

Aus der Bedingung 1. Ordnung

$$\partial K_B/\partial y + \partial ES/\partial y = 0$$

folgt

$$(\partial^2 K_B/\partial y^2 + \partial^2 ES/\partial y^2) \cdot dy + \partial^2 ES/\partial y \partial x \cdot dx = 0.$$

$$\rightarrow \frac{dy}{dx} = - \frac{\partial^2 ES/\partial y \partial x}{\partial^2 K_B/\partial y^2 + \partial^2 ES/\partial y^2}$$

Aus den Standardannahmen über die Eigenschaften der Funktionen folgt dy/dx < 0. Das Minimum der Gesamtkostenkurve von B verschiebt sich also nach links, wenn x zunimmt (vgl. Abb. B.10.).

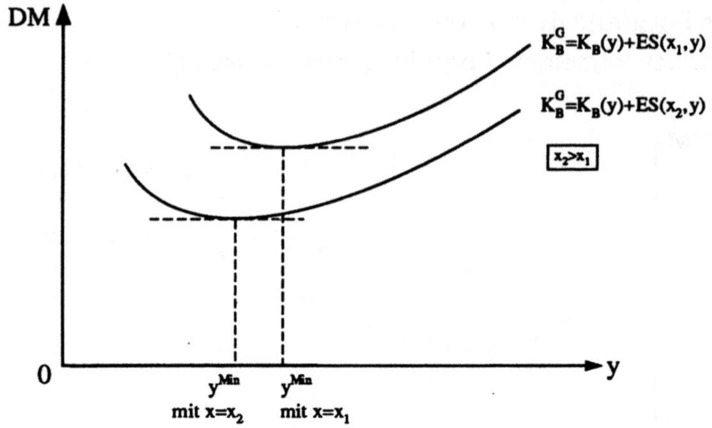

Abb. B.10.

C. HAFTUNGSRECHT UND SORGFALT - WIRKUNGSBRÜCHE

I. Abweichungen zwischen erwartetem Schaden und erwarteter Schadensersatzzahlung

1. Abweichungsgründe

In der obigen Darstellung wurde nicht zwischen der Höhe des Schadens und der Höhe der Schadensersatzzahlung unterschieden. Es war vielmehr unterstellt, daß der Verletzer im Schadens- und Haftungsfall dem Opfer stets genau den Schaden ersetzen muß.
In der Praxis wirken jedoch eine Reihe von Einflußfaktoren, die eine Abweichung zwischen erwartetem Schaden und erwarteter Kompensationssumme begründen können.[1] Liegt eine vom potentiellen Verletzer (Opfer) kalkulierte erwartete Schadensersatzzahlung unter dem erwarteten Schaden, so sprechen wir im folgenden von einer „Schadensdiskontierung" durch den Verletzer (das Opfer). Liegt dagegen die kalkulierte erwartete Schadensersatzzahlung über dem erwarteten Schaden, so wird dies als „Überhöhung" des Schadens bezeichnet.
Im folgenden werden die Gründe für Abweichungen zwischen erwartetem Schaden und erwarteter Schadensersatzzahlung kurz erläutert. Anschließend werden die Auswirkungen dieser Abweichungen auf die Lage und Optimalität von Sorgfaltsgleichgewichten untersucht.

---

[1] Vgl. auch H.-B. Schäfer, C. Ott (1986), S. 104-106.

a) Probleme bei der Kausalitätsbestimmung

Bei der obigen idealtypischen Erörterung war implizit vorausgesetzt, daß die Kausalität zwischen der Aktivität des „Verursachers“ und dem eingetretenen Schaden unbestritten ist.

In der Praxis ist jedoch ein kausaler Zusammenhang häufig nur schwer feststellbar.[2] Besonders erschwert wird diese Feststellung, wenn zwischen der in Rede stehenden Aktivität und dem Schadenseintritt eine längere Zeit vergangen ist, ein großer räumlicher Abstand liegt und/oder wenn der Schadenseintritt durch mehrere Ursachen gemeinsam hervorgerufen wurde und die Verursachungsanteile nicht ermittelbar sind. Diese Probleme treten häufig im Bereich von Umweltschäden auf und werden in der umweltpolitischen Diskussion als „Distanz-“ bzw. „Summations-Schäden“ bezeichnet.[3]

Eine weitere Komplikation stellen „Wahrscheinlichkeitsschäden“ dar, bei denen eine Aktivität zwar die Wahrscheinlichkeit des Auftretens von Schäden erhöht, einzelne Schadensfälle jedoch nicht auf die Aktivität zurückgeführt werden können. So mag z.B. als Folge radioaktiver Strahlung die Zahl der Krebserkrankungen in einer Region von 1000 auf 1100 steigen. Es ist jedoch nicht bekannt, welche der 1100 Erkrankten nicht krank geworden wären, wenn die radioaktive Exposition unterblieben wäre. In welchem Umfang in einem solchen Fall an welche Personen Schadensersatz aus dem Haftungsrecht geleistet werden soll, ist in der Literatur umstritten.[4]

Ist die Kausalität nicht ohne weiteres offensichtlich, so ist die Frage von entscheidender Bedeutung, wer bei einer Auseinandersetzung zwischen (vermutetem) Verletzer und Opfer die Beweislast trägt.

Da ein exakter Beweis sehr häufig nicht zu erbringen sein wird, wird die Durchsetzung des Haftungsanspruchs für den Geschädigten in vielen Fällen illusorisch, wenn ihm die Beweislast aufgebürdet wird.

---

[2] Vgl. z.B. M. Adams (1986), W. M. Landes, R. A. Posner (1987), S. Shavell (1985).

[3] Vgl. z.B. D. Cansier (1975), (1981), M. Kloepfer (1988).

[4] Vgl. M. Adams (1986), insbes. S. 146 ff.

Andererseits droht die Gefahr der „Verdachtshaftung“, wenn der mutmaßliche Verletzer den Beweis der Nichtverursachung erbringen muß.

Es gibt sicher keine Patentlösung für die schwierigen Probleme von Kausalität und Beweislast. Bisweilen hat sich das Recht wegen der oben angesprochenen Schwierigkeiten von einem Einzelfall-bezogenen Kausalitätsnachweis zur Definition von allgemein anerkannten Wirkungszusammenhängen bewegt. So wird in der Luftreinhaltepolitik Japans für bestimmte Schadstoffe und Schadenssymptome auf einen naturwissenschaftlichen Kausalitätsnachweis verzichtet und stattdessen eine hohe statistische Korrelation als ausreichendes Indiz für Kausalität von den Gerichten akzeptiert.[5]

Liegt die Beweislast beim Opfer, so treten bei der Verschuldenshaftung zu den oben angesprochenen Problemen des Nachweises der Kausalität zusätzlich die Schwierigkeiten des Nachweises des Verschuldens. Dieser ist besonders problematisch, da hier dem Opfer zugemutet wird, Soll-Ist-Vergleiche für Vorgänge anzustellen, die innerhalb des verletzenden Unternehmens ablaufen. Der prohibitive Charakter dieser Anforderung hat dazu geführt, daß Gerichte bezüglich des Verschuldens in bestimmten Fällen eine Beweislastumkehr vorgenommen haben.

b) Mangelnde personelle Zurechenbarkeit

Haftung heißt, daß der Verletzer dem Opfer den Geldwert der entstandenen Schäden ersetzt. Bei der idealtypischen Argumentation war implizit unterstellt, daß alle Schäden bei bestimmten Personen als „Opfern“ anfallen, die zur Einforderung von Schadensersatz berechtigt sind. Diese Voraussetzung ist jedoch in der Praxis nicht immer erfüllt. So können z.B. Schäden in Bereichen der Natur auftreten, für die keine Eigentumsrechte definiert sind. Man spricht in der

[5]Vgl. z.B. S. Tsuru, H. Weidner (Eds.), (1989).

umweltpolitischen Diskussion in diesem Zusammenhang von „Ökoschäden".[6]

Ein verwandtes Problem tritt auf, wenn der Schaden zwar bei Individuen anfällt, die unmittelbar in ihren Rechten getroffen werden und daher Schadensersatzansprüche geltend machen könnten, darauf aber verzichten, weil die Transaktionskosten der Schadensersatzforderung über den erwarteten Kompensationszahlungen liegen.[7] Damit ist gerade bei Umweltschäden zu rechnen, bei denen sich der Schaden häufig auf viele Betroffene verteilt. Der Charakter einer Schadensersatzforderung im Umweltbereich als öffentliches Gut erhöht die Transaktionskosten und erschwert damit die Wahrnehmung von Schadensersatzansprüchen.

c) Monetarisierungsprobleme

Neben der Schwierigkeit, für manche Schäden ein anspruchsberechtigtes Opfer zu finden, erschweren Probleme der Monetarisierbarkeit von Schäden ihre Ersetzung über das Haftungsrecht. So ist es z.B. denkbar, daß kein endlicher Geldbetrag existiert, der ein bestimmtes Opfer für eine schwere Krankheit als Folge einer Umweltkatastrophe oder eines Verkehrsunfalls vollständig kompensiert. In diesem Fall ist auch der Erwartungswert des Schadens nicht als endlich großer Geldbetrag ausdrückbar.

Außerdem führt die Anwendung verschiedener Methoden bei der monetären Bewertung von Schäden auf unterschiedliche Ergebnisse.[8]

Selbst wenn wir von diesen schwierigen Problemen abstrahieren, verbleibt für die Ersetzung von Gesundheitsschäden und anderen immateriellen Schäden über das Haftungsrecht in Form von

[6]Vgl. z.B. M. Kloepfer (1988), S. 250 f.

[7]Vgl. z. B. D. Cansier (1975), S. Shavell (1987). Bei den in diesem Buch erörterten Modellen wird allerdings - wenn nicht etwas Abweichendes gesondert gesagt wird - unterstellt, daß keine Transaktionskosten entstehen.

[8]Vgl. z.B. A. Endres (1981/82), M. A. Freeman (1979), (1982), P. O. Johannsson (1987).

Geldäquivalenten das Problem, daß das Ausmaß eines immateriellen Schadens, der von ein und demselben Niveau einer bestimmten schädigenden Aktivität verursacht wird, von verschiedenen Individuen völlig verschieden empfunden werden kann.[9] Für die Gerichte, die über die Höhe von Kompensationszahlungen entscheiden müssen, ist es in diesen Fällen besonders schwer, die tatsächlich vom jeweiligen Opfer empfundene Schadenshöhe korrekt einzuschätzen. Versucht das Gericht nämlich, die Schadensersatzzahlung der subjektiv vom Opfer empfundenen Schadenshöhe anzugleichen, wie sie von ihm (dem Gericht) gesehen wird, so erwächst daraus ein Anreiz für das Opfer, den Schaden vor Gericht als möglichst hoch erscheinen zu lassen. Im Bereich immaterieller Schäden sind die Möglichkeiten der Gerichte, eine derartige gezielte Übertreibung aufzudecken, im allgemeinen geringer als bei materiellen Schäden.

Um den damit angesprochenen Problemen des strategischen Verhaltens zu entgehen, werden daher häufig von den Gerichten Gesundheitsschäden als Folgen von Unfällen durch Pauschalwerte angesetzt. Der Preis, der für die Vermeidung dieser Probleme gezahlt wird, liegt natürlich darin, daß sich die tatsächlich vorhandenen Unterschiede in der Schadensbewertung durch verschiedene Individuen bei Anwendung des Pauschalierungsverfahrens nicht in entsprechend verschiedenen Schadensersatzzahlungen niederschlagen. Die Probleme der Monetarisierung führen also hier notwendig zu Abweichungen zwischen Schadensersatz und Schaden.

Besonders kraß ist diese Abweichung, wenn die geltende Rechtsordnung die Kompensation bestimmter Schadensarten nicht vorsieht.[10]

---

[9] Zur ökonomischen Analyse des Schmerzensgeldes als Beispiel für die Kompensation eines immateriellen Schadens vgl. C. Ott, H.-B. Schäfer (1990).

[10] Dies ist gegenwärtig bei bestimmten Vermögensschäden und bei bestimmten immateriellen Schäden der Fall (vgl. z.B. A. B. Schäfer, C. Ott (1986), S. 107 f.).

d) Haftungsbegrenzungen

Eine weitere Abweichung vom Prinzip der Vollkompensation ergibt sich, wenn in den die Haftung regelnden Bestimmungen ein Höchstbetrag für die zu zahlende Kompensation festgelegt ist. Liegt der Schaden über diesem Höchstbetrag, so weicht die erwartete Kompensationszahlung vom erwarteten Schaden ab.[11] Eine derartige Haftungsobergrenze findet sich etwa im deutschen Umwelthaftungsrecht oder Gentechnikrecht.[12]
Eine Haftungsobergrenze ergibt sich abgesehen von den die Haftpflicht regelnden Gesetzen stets daraus, daß das haftende Vermögen des verletzenden Unternehmens (je nach Rechtsform auf unterschiedliche Weise) begrenzt ist. Da die mit einer Haftungsbegrenzung verbundene Diskontierung den Unternehmen Vorteile bringt, liegt es nahe, zu vermuten, daß sie auch selbst aktiv Umstände herbeiführen, die eine Diskontierung ermöglichen. So gibt es Anhaltspunkte dafür, daß Unternehmen zur Durchführung gefährlicher Teile ihrer wirtschaftlichen Aktivität kleine rechtlich selbständige Firmen gegründet haben. Diese haben dann bei mit großer zeitlicher Verzögerung eintretenden Schäden zwischen Verursachung und Manifestierung des Schadens den Geschäftsbetrieb eingestellt, bzw. waren wegen zu geringen haftenden Kapitals nicht in der Lage, von den Opfern eingeklagte Schadensersatzzahlungen zu leisten. Eine empirische Analyse ergab, daß die Gründung kleiner selbständiger Firmen in für Dritte gefährlichen Bereichen mit der Verschärfung haftungsrechtlicher Bestimmungen stark zugenommen hat.[13]

Eine Abweichung zwischen erwartetem Schaden und erwarteter Schadensersatzzahlung, wie sie aus den oben in den Punkten (a) bis (d) erörterten Gründen auftreten kann, wirkt unmittelbar auf die Entscheidung der Beteiligten bezüglich ihrer Sorgfaltsgleichgewichte

---

[11] S. Shavell (1986).
[12] Vgl. auch die bei H.-B. Schäfer, C. Ott (1986) gegebenen Beispiele.
[13] Vgl. A. H. Ringleb, S. N. Wiggins (1990).

und auf die Optimalität dieser Gleichgewichte zurück. Qualität und Ausmaß dieser Rückwirkung werden im folgenden erörtert und für verschiedene Haftungsregeln miteinander verglichen.
Es wird sich dabei als sinnvoll erweisen, Abweichungen zwischen Schadensersatz und Schaden, die durch eine Haftungsbegrenzung verursacht werden, getrennt von Abweichungen zu behandeln, die von den anderen oben aufgeführten Gründen verursacht werden. Weil die auf letztere Gründe zurückgehende Abweichung unabhängig von den gewählten Sorgfaltsniveaus über den gesamten Definitionsbereich von x bzw. y besteht, sprechen wir hier von „vollständiger Abweichung". Da die Haftungsbegrenzung nur in den Bereichen der Sorgfaltsniveaus zur Abweichung führt, für die der Schaden über der Haftungshöchstgrenze liegt, sprechen wir in diesem Fall von „teilweiser Abweichung".

Der besseren Übersichtlichkeit halber sollen die folgenden Erörterungen jeweils zunächst für den Fall unilateraler Schäden vorgenommen werden. Dies vereinfacht die Analyse, weil sie sich in diesem Fall ausschließlich auf die Seite des potentiellen Verletzers konzentrieren kann. Anschließend werden jeweils analoge Erörterungen für den Fall bilateraler Schäden vorgetragen, bei denen die Aktivitäten von Verletzer und Opfer simultan betrachtet werden müssen.

2. Vollständige Abweichung zwischen erwartetem Schaden und erwarteter Schadensersatzzahlung

Wir betrachten zunächst den Fall, in dem die erwartete Schadensersatzzahlung (ESZ) über dem gesamten Definitionsbereich jeder Sorgfaltsaktivität vom erwarteten Schaden (ES) abweicht. Wir können uns dazu z.B. vorstellen, Verletzer und Opfer erwarteten, daß die für eine Haftung notwendige Feststellung der Kausalität der Verletzeraktivität für den Schaden nicht bei allen Schadensfälle möglich sei. Beide setzen dann bei ihren Überlegungen zum

Gleichgewichtssorgfaltsniveau nur einen Teil des zu erwartenden Schadens als zu erwartende Kompensationszahlung an. Das Ausmaß der Diskontierung wird dabei als vom Niveau der Sorgfaltsaktivitäten unabhängig angenommen. Ein anderes Beispiel für eine vollständige Schadensdiskontierung (mit einem von den Sorgfaltsniveaus unabhängigem Diskontfaktor) ergäbe sich, wenn die immateriellen Schäden einen konstanten Anteil an den insgesamt verursachten Schäden hätten, und diese nach den geltenden haftungsrechtlichen Bestimmungen nicht ersetzt würden.
Wenn auch über das Vorzeichen einer Abweichung zwischen erwartetem Schaden und erwarteter Schadensersatzzahlung im allgemeinen nichts ausgesagt werden kann, beschränken wir uns aus Platzgründen doch auf den Fall einer unter dem Schaden liegenden Schadensersatzzahlung.

a) Unilaterale Schäden

aa) Sorgfaltsgleichgewichte bei Gefährdungshaftung

Leistet der Verletzer im Haftungsfall Schadensersatzzahlungen, die nur einen Teil a (mit $0 < a < 1$) der Schäden erfassen, so kalkuliert er ex ante

$$\begin{aligned} K_A^{Gl} &= K_A(x) + ESZ(x) \\ &= K_A(x) + aES(x) = \min! \end{aligned}$$

Die Bedingung 1. Ordnung lautet

$$\partial K_A / \partial x + a\partial ES / \partial x = 0$$

Gleichgewichtig ist demnach ein Wert x', der unter dem pareto-optimalen Sorgfaltsniveau x* liegt.[14]

---

[14]Um das Vorzeichen in

Abb. C.1. illustriert das Problem für zwei unterschiedliche Grade der Diskontierung. In der Abb. orientiert sich der Verletzer wegen der Diskontierung nicht an der gesamten Kostenkurve K_A^G, sondern an der abgesenkten Kurve K_A^{GI}. Jede diskontierte Kurve erreicht ihr Minimum „früher" als die Kurve der gesamten Kosten. Jede Diskontierung führt also zur Fehlallokation. Ihr Ausmaß steigt mit der Stärke der Diskontierung.

$$x^* \begin{Bmatrix} < \\ = \\ > \end{Bmatrix} x'$$

zu bestimmen, betrachten wir eine Kostenfunktion $K_A^{GI} = K_A(x) + a\ ES(x)$, wobei $a > 0$. Dabei gibt a den konstanten Faktor an, um den sich die erwarteten Schadensersatzzahlungen von den erwarteten Schäden unterscheiden. Für $a < 1$ wird der Schaden, wie oben im Text unterstellt, diskontiert, für $a = 1$ entspricht der erwartete Schaden der erwarteten Schadensersatzzahlung, wie im einfachen Grundmodell, für $a > 1$ wird der Schaden überhöht.

Das Minimum der Kurve K_A^{GI} mit $a = 1$ liege bei x^*, das Minimum der Kurve K_A^{GI} mit $a < 1$ liege bei x'. Die Bedingung 1. Ordnung für das Minimum jeder dieser Kurven lautet:

$$\partial K_A^{GI}/\partial x = \partial K_A/\partial x + a \cdot \partial ES/\partial x = 0, \text{ wobei } \partial^2 K_A^{GI}/\partial x^2 > 0.$$

Um die Reaktion des K_A^{GI} minimierenden Wertes von x auf Änderungen von a zu erhalten, differenzieren wir die Bedingung 1. Ordnung für ein Kostenminimum total und setzen das totale Differential = 0:

$$d(\partial K_A^{GI}/\partial x) = (\partial^2 K_A/\partial x^2 + a\partial^2 ES/\partial x^2) \cdot dx + \partial ES/\partial x \cdot da = 0$$

$$\rightarrow dx/da = -(\partial ES/\partial x)/[(\partial^2 K_A/\partial x^2) + a \cdot (\partial^2 ES/\partial x^2)] \ .$$

Aus der Bedingung 2. Ordnung für ein Kostenminimum und der Definition von x als schadenssenkende Aktivität folgt unmittelbar:

$$dx/da > 0$$

Da für $a = 1$ der Gleichgewichtswert x^* gilt, folgt daraus, daß der bei $a < 1$ ($a > 1$) geltende Gleichgewichtswert x' unter (über) x^* liegt. Wir haben damit gezeigt, daß das Minimum einer Gesamtkostenkurve für A mit diskontierten erwarteten Schäden stets „früher" erreicht wird, als das Minimum einer Gesamtkostenkurve mit tatsächlich zu erwartenden Schäden und dieses wieder früher als das Minimum einer Kostenkurve mit inflationierten Schäden. Es soll hervorgehoben werden, daß dieses Ergebnis unter der Annahme eines konstanten Diskontfaktors (a) erzielt wurde. Hängt dagegen der Diskontfaktor vom Sorgfaltsniveau ab, so ist es nicht ausgeschlossen, daß sich die „Reihenfolge" der Minima verändert.

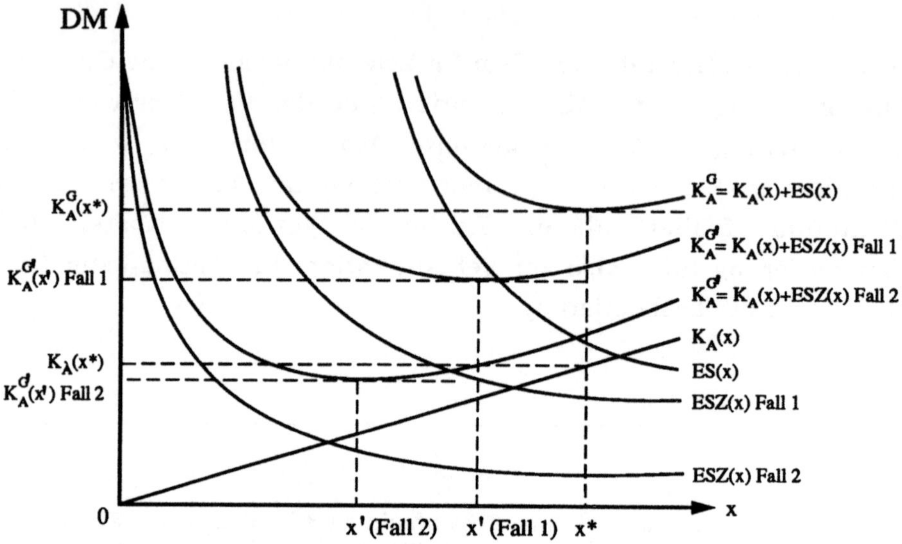

Abb. C.1.

ab) Sorgfaltsgleichgewichte bei Verschuldenshaftung

Unter der Verschuldenshaftung betragen die Kosten des Verletzers bei Standardeinhaltung - wie im Fall der Vollkompensation - $K_A(x^*)$.
Mißachtet A jedoch den Standard, so liegen seine erwarteten Kosten günstigstenfalls bei $K_A^{G'} = K_A(x') + aES(x')$,
wobei $x' = \arg\min K_A^{G'}$.
Ob A den Standard einhält, hängt demnach davon ab, ob $K_A(x^*)$ unter $K_A^{G'}(x')$ liegt. Je stärker die Diskontierung erfolgt, d.h. je kleiner a ausfällt, desto wahrscheinlicher ist es, daß A sich entschließt, den Sorgfaltsstandard zu verletzen.
Abb. C.2. zeigt mit $K_A^{G'}$ (Fall 1) eine Konstellation, in der das Minimum der diskontierten Gesamtkostenkurve über den bei Standardeinhaltung zu tragenden Sorgfaltskosten liegt. Hier hält A also den Standard ein, d.h. die Diskontierung ist nicht stark genug, um eine Fehlallokation zu verursachen.
Mit $K_A^{G'}$ (Fall 2) wird dagegen eine Diskontierung illustriert, bei der das Minimum der Kurve $K_A^{G'}$ unter $K_A(x^*)$ liegt. Hier steht sich A bes-

ser, wenn er den Standard verletzt und die Sorgfaltsmaßnahme auf dem Niveau x' (Fall 2) durchführt, für das die diskontierten Gesamtkosten minimal werden. Hier führt die Diskontierung also zu einer Abweichung von Sorgfaltsgleichgewicht und Sorgfaltsoptimum.

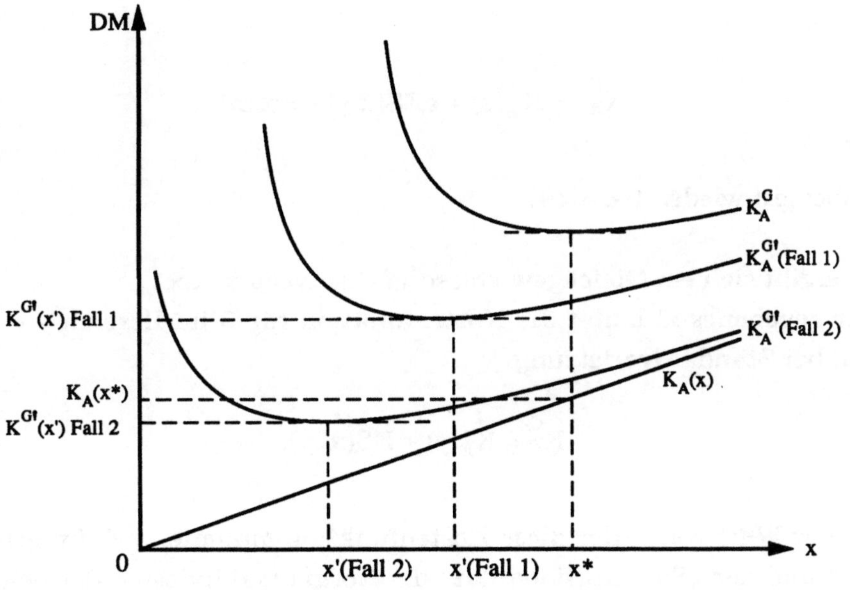

Abb. C.2.

Der Vergleich der Analyse der beiden Haftungsregeln bei unilateralen Unfällen zeigt, daß die Gefährdungshaftung empfindlicher auf das Problem der Diskontierung reagiert als die Verschuldenshaftung. Bei ersterer Haftungsregel führt jede (noch so schwache) Diskontierung dazu, daß der potentielle Verletzer seine Sorgfaltsaktivität im Gleichgewicht auf zu geringem Niveau durchführt. Bei der Verschuldenshaftung stellt sich dieses Ergebnis nur bei genügend starker Diskontierung ein.[15]

[15]Vgl. A. Endres (1989a), S. 121 f.

b) Bilaterale Schäden

ba)Sorgfaltsgleichgewichte bei Gefährdungshaftung mit Mitverschuldensklausel

Hält B den Mitverschuldensstandard y* ein, so lautet das Problem für A

$$K_A^{Gl} = K_A(x) + aES(x,y^*) = \min!$$

Dabei gilt wieder $0 < a < 1$.

Es ergibt sich ein Gleichgewichtssorgfaltsniveau x' < x*.
Für gegebenes x' lautet die Kostenfunktion für B im Bereich y < y*, d.h. bei Standardverletzung

$$K_B^G = K_B(y) + ES(x',y).$$

Da der Wert von y, der diese Kostenfunktion minimiert, y', (wegen x' < x* und der „Substitutionalität" der Sorgfaltsaktivitäten der beiden Beteiligten) über dem pareto-optimalen Wert y* liegt , verläuft die Funktion K_B^{Gl} im Bereich zwischen y = 0 und y* monoton fallend, d.h. ihr Minimum liegt bei $y^* - \varepsilon$.
Hält B den Standard dagegen ein, so haftet A. Im Gegensatz zum einfachen Grundmodell kann B jedoch in diesem Fall nicht mit einer Vollkompensation durch A rechnen. Er kalkuliert vielmehr infolge der Diskontierung lediglich den Ersatz des a-ten Teils des Schadens ein. Sein Gleichgewichtssorgfaltsniveau wird also unter der Voraussetzung gewählt, daß er den (1-a)-ten Teil des Schadens selbst trägt.
Ab y* lautet die Kostenfunktion für B daher
$K_B^{Gl} = K_B(y) + (1 - a)\, ES(x',y)$. Diese Funktion liegt stets unterhalb der oben angegebenen Funktion. B kann sich also besser stellen, wenn er von $y^*-\varepsilon$ und einer Kostenbelastung von $K_B(y^*-\varepsilon) + ES(x',y^*-\varepsilon)$ auf y*

und die damit verbundene Kostenbelastung $K_B(y^*) + (1-a)ES(x',y^*)$ übergeht. Er wird also sein Gleichgewicht im Bereich $y \geq y^*$ aufsuchen. Liegt der Wert y", der die zuletztgenannte Funktion minimiert,

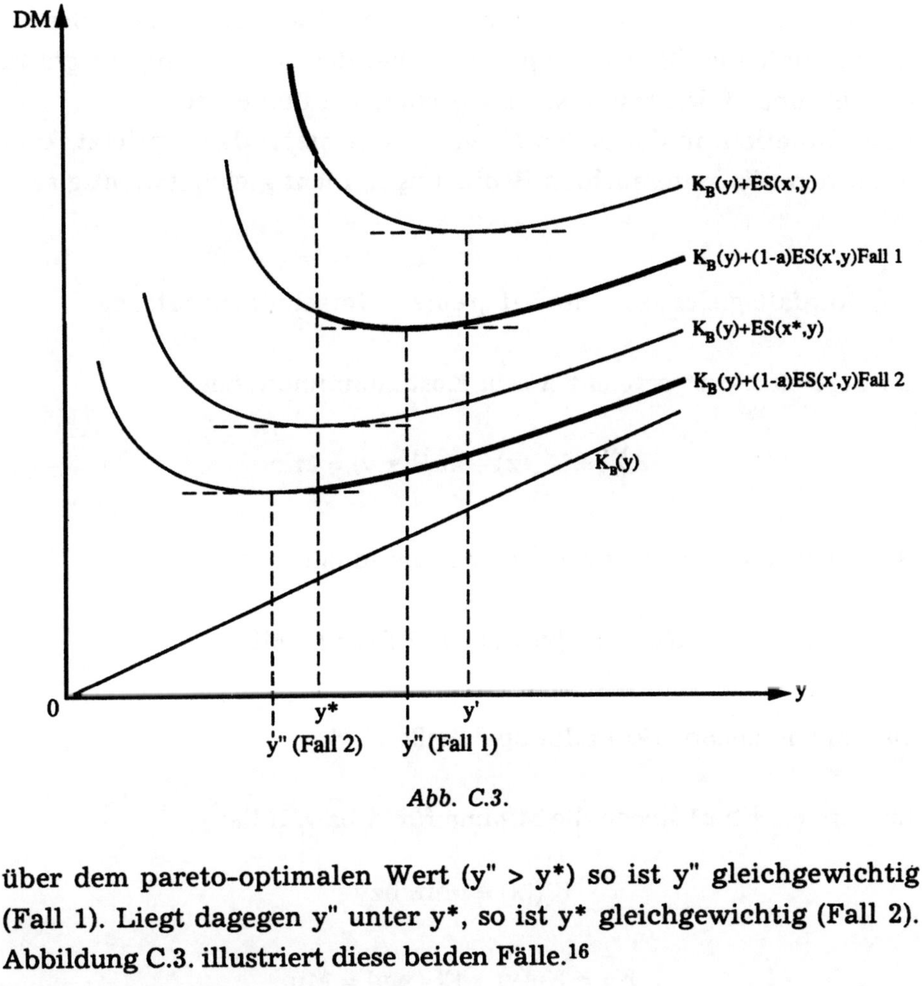

Abb. C.3.

über dem pareto-optimalen Wert (y" > y*) so ist y" gleichgewichtig (Fall 1). Liegt dagegen y" unter y*, so ist y* gleichgewichtig (Fall 2). Abbildung C.3. illustriert diese beiden Fälle.[16]

---

[16] y* minimiert $K_B^G = K_B(y) + ES(x^*,y)$.

y" minimiert $K_B^{G\prime} = K_B(y) + (1-a)ES(x',y)$.

$K_B^{G\prime}$ unterscheidet sich von K_B^G durch das zu geringe Sorgfaltsniveau von A und durch die Tatsache, daß B nur einen Teil des Schadens trägt.

Das zu geringe Sorgfaltsniveau von A wirkt mit $dy/dx < 0$ tendenziell in Richtung einer Steigerung des $K_B^{G\prime}$ minimierenden Sorgfaltsniveaus y" über

Insgesamt führt die Diskontierung bei der Gefährdungshaftung mit Mitverschuldensklausel also entweder auf ein ineffizientes Gleichgewichtssorgfaltstupel x',y*, bei dem A zu wenig Sorgfalt walten läßt und B den Mitverschuldensstandard gerade einhält oder auf ein ineffizientes Sorgfaltstupel x',y", bei dem A zu wenig sorgfältig handelt und B den Mitverschuldensstandard übererfüllt.
Eine Situation, in der B den Mitverschuldensstandard verletzt, kann unter den hier untersuchten Bedingungen nicht gleichgewichtig sein.

bb) Sorgfaltsgleichgewichte bei „reiner" Verschuldenshaftung

Im Bereich $x < x^*$ erreicht A sein Kostenminimum bei

$$K_A^{Gl} = K_A(x) + aES(x,y) = Min.$$

B erreicht mit $x < x^*$ sein Kostenminimum bei

$$K_B^{Gl} = K_B(y) + (1 - a)\,ES(x,y) = Min.$$

Das entsprechende Sorgfaltstupel heiße x",y".

Im Bereich $x \geq x^*$ liegen die Minima für A bzw. B bei

$$K_A(x) = Min. \text{ bzw.}$$

$$K_B^G = K_B(y) + ES(x,y) = Min.$$

---

das pareto-optimale Niveau y* hinaus. Die Diskontierung wirkt dagegen mit $dy/d(1-a) > 0$ in Richtung einer Senkung von y" unter y*. (Der Beweis für $dy/d(1-a) > 0$ kann analog zu Fußnote 14 geführt werden).
Ob y" über oder unter y* liegt, hängt davon ab, welche dieser beiden gegenläufigen Tendenzen überwiegt.

Das zugehörige Sorgfaltstupel heißt x*, y*.

Dieses pareto-optimale Sorgfaltstupel ist gleichgewichtig, wenn gilt

$$K_A(x^*) < K_A(x'') + aES(x'',y'').$$

Dann ist es für A nämlich am günstigsten, den pareto-optimalen Standard einzuhalten. B trägt den Schaden allein und paßt sich durch die Wahl seines pareto-optimalen Sorgfaltsniveaus optimal an. Hier führt die Diskontierung also nicht zur Fehlallokation.
Gilt dagegen in der obigen Ungleichung das „>"-Zeichen, so ist das suboptimale Sorgfaltstupel x", y" gleichgewichtig. Abbildung C.4. veranschaulicht diese beiden Fälle für den potentiellen Verletzer.

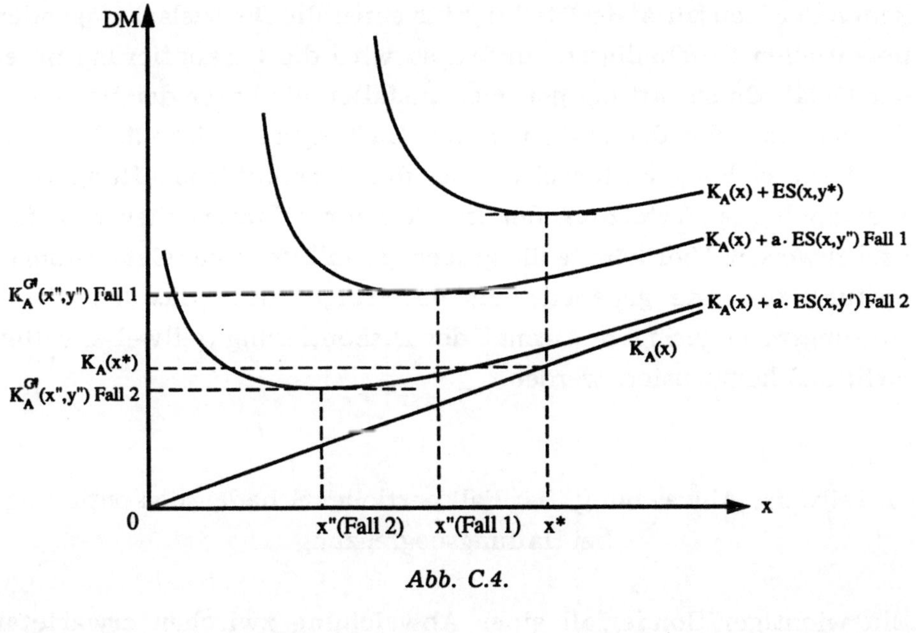

Abb. C.4.

Wie im Fall unilateraler Schäden zeigt sich also bei bilateralen Schäden, daß die Gefährdungshaftung (ceteris paribus) empfindlicher auf Probleme der Diskontierung reagiert als die Verschuldenshaftung. Erstere Haftungsregel bringt bei der

Diskontierung stets ineffiziente Gleichgewichte hervor, während bei letzterer effiziente Gleichgewichte immerhin möglich sind.
Es muß allerdings betont werden, daß dieses Ergebnis (wie im Fall unilateraler Schäden) unter der Annahme zustandegekommen ist, daß das Ausmaß der Diskontierung nicht von der Haftungsregel abhängt. Bei bestimmten Gründen für die Diskontierung mag diese ceteris paribus-Annahme die in der Realität bestehenden Verhältnisse in hinreichendem Maße widerspiegeln. Wird z.B. die Diskontierung vorgenommen, weil ein bestimmter Teil des Schadens bei einer natürlichen Ressource entsteht, an der keine privaten Eigentumsrechte existieren, so ist es plausibel, anzunehmen, daß dieser Teil von der Haftungsregel unabhängig ist. Andere Gründe für eine Diskontierung sind dagegen für unterschiedliche Haftungsregeln in unterschiedlichem Maße relevant. Geht etwa die Diskontierung auf Schwierigkeiten der Kausalitätsfeststellung für einen die Beweislast tragenden potentiellen Geschädigten zurück, so wird die Diskontierung unter der Gefährdungshaftung geringer ausfallen als unter der Verschuldenshaftung. Bei der erstgenannten Haftungsregel ist nämlich nur die Verursachung zu beweisen, bei der Verschuldenshaftung wäre zusätzlich die Verletzung der im Verkehr erforderlichen Sorgfalt nachzuweisen. Hier könnte die größere Anfälligkeit der Gefährdungshaftung für eine gegebene Diskontierung durch das bei dieser Haftungsregel geringere Ausmaß der Diskontierung (teilweise, völlig, mehr als) kompensiert werden.

3. Teilweise Abweichung: Der Fall partieller Schadensdiskontierung bei Haftungsbegrenzung

Ein wichtiger Sonderfall einer Abweichung zwischen erwarteter Schadensersatzzahlung und erwartetem Schaden wird durch die „Haftungsbegrenzung" begründet.
Allerdings lassen sich die allokativen Wirkungen der Haftungsbegrenzung nicht mit der oben gegebenen Darstellung einer vollständigen (d.h. für jedes Niveau der Sorgfaltsaktivität durchgeführten)

„Diskontierung" des erwarteten Schadens durch den Verletzer erfassen. Im Gegensatz zu der obigen Darstellung weicht nämlich hier die erwartete Schadensersatzzahlung nicht vom erwarteten Schaden ab, bis die Haftungshöchstgrenze erreicht ist.[17] Ist die Haftungshöchstgrenze dagegen überschritten, d.h. übersteigt der Schaden den für eine Entschädigung vorgesehenen Höchstbetrag, so ist die erwartete Schadensersatzzahlung von der Höhe des erwarteten Schadens entkoppelt. Die Diskontierung wird also nur für einen Teil des möglichen Sorgfaltsniveaus durchgeführt. Dieser Umstand erfordert eine gesonderte Darstellung.[18] Wir geben sie zunächst für unilaterale, dann für bilaterale Unfälle.

a) Unilaterale Schäden

aa) Ein einfaches Modell der allokativen Wirkungen von Haftungsobergrenzen

Betrachten wir zur Vereinfachung zunächst den Spezialfall, in dem die Sorgfaltsvorkehrungen des Verletzers den erwarteten Schaden $ES = w \cdot S$ senken, indem sie das Ausmaß des Schadens (S), nicht aber die Wahrscheinlichkeit des Schadenseintritts (w) herabsetzen. Hier ist die erwartete Schadensersatzzahlung $ESZ = w \cdot SZ$ konstant, sobald der Schaden über der durch die Haftungsbegrenzung definierten maximalen Schadensersatzzahlung (SZ^{Max}) liegt. Sie beträgt in diesem Bereich $w \cdot SZ^{Max}$. Beide Faktoren hängen nicht von x ab.

aaα) Sorgfaltsgleichgewichte unter Gefährdungshaftung

Anhand von Abb. C.5.a. betrachten wir zunächst die Wirkung der Gefährdungshaftung bei unilateralen Schäden:

---

[17] Die oben schon besprochenen Gründe für eine Abweichung werden bei der folgenden Analyse der Haftungsbegrenzung außer acht gelassen.

[18] Vgl. das interessante (wenn auch nicht ganz unproblematische) Modell von S. Utzig (1988), insbesondere S. 407 ff.

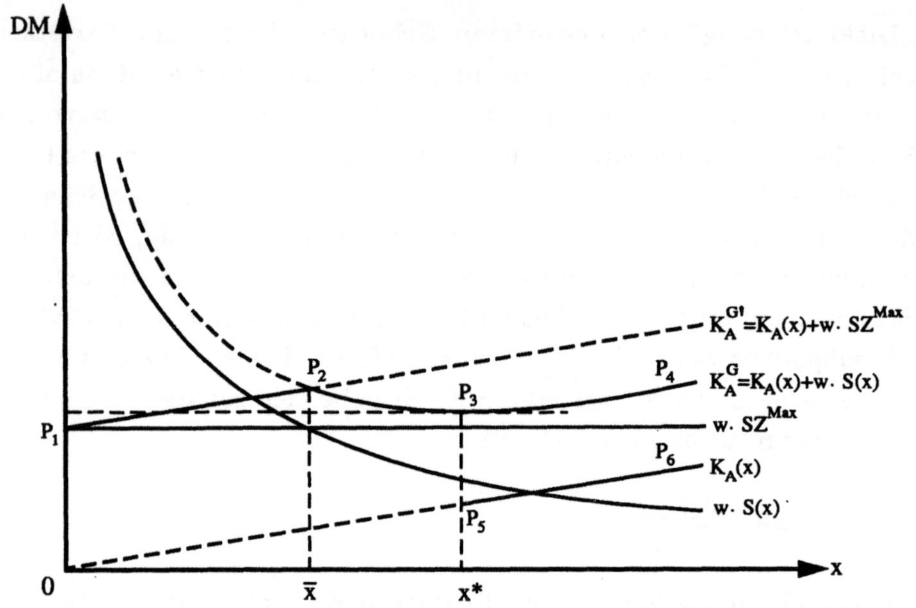

Abb. C.5.a.

Hier liegt der vom Verletzer zu berücksichtigende Aufwand (Vorsorgekosten + erwartete Schadensersatzzahlung) im Bereich zwischen einem Vorsorgeniveau von 0 und $\bar{x}$ bei $K_A^{G!} = K_A(x) + w \cdot SZ^{Max}$. $\bar{x}$ gibt dabei gerade das Vorsorgeniveau an, bei dem der Schaden der maximalen Schadensersatzzahlung entspricht (und damit auch $K_A(x) + w \cdot S(x) = K_A(x) + w \cdot SZ^{Max}$ gilt). Im Bereich zwischen 0 und $\bar{x}$ ist die Haftungsbegrenzung wirksam. Für Vorsorgeniveaus über $\bar{x}$ ist die Haftungsbegrenzung dagegen irrelevant, weil der Schaden unter der maximalen Schadensersatzzahlung liegt. A orientiert sich also im Bereich $x > \bar{x}$ an der Kurve K_A^G. Die für A relevanten Kosten setzen sich also in der beschriebenen Weise aus den beiden genannten Teilkostenfunktionen zusammen und sind in Abb. C.5.a. entlang der Punkte P_1, P_2, P_3, P_4 abzulesen.

Die zusammengesetzte Kostenfunktion weist in P_1 und P_3 zwei lokale Minima ($K_A^{G!}(x=0)$ und $K_A^G(x^*)$) auf. In Abb. C.5.a. gilt $K_A^{G!}(x=0) < K_A^G(x^*)$, d.h., es ist unter diesen Umständen für A am besten, auf jegliche Vorsichtsmaßnahmen zu verzichten. Er spart dann die entsprechenden Vorsorgekosten und ist vor den (möglichen) Folgen seines Tuns

durch die Haftungsbegrenzung wirksam geschützt. Die Haftungsbegrenzung führt in diesem Fall also zu einem Verfehlen des optimalen Vorsorgeniveaus.
Liegt die Haftungsbeschränkung entsprechend höher als in Abb. C.5.a. eingetragen, kann sich natürlich $K_A^{GI}(x=0) > K_A^G(x^*)$ einstellen. In diesem Fall wäre die Haftungsbegrenzung allokativ bedeutungslos. Der Verletzer würde das optimale Vorsorgeniveau x^* wählen.[19]

aaβ) Sorgfaltsgleichgewichte unter Verschuldenshaftung

Betrachten wir noch kurz die Wirkungen der Haftungsbegrenzung unter den Bedingungen der Verschuldenshaftung.[20] Wie bei der oben behandelten „vollständigen Schadensdiskontierung" zeigt sich auch im Fall der bei einer Haftungsbegrenzung entstehenden „teilweisen Schadensdiskontierung", daß die Anreizwirkung der Verschuldenshaftung robuster bezüglich der Störung durch Abweichungen von erwartetem Schaden und erwarteter Schadensersatzzahlung ist als die Anreizwirkung der Gefährdungshaftung.
Unter der Verschuldenshaftung springt die von A kalkulierte Kostenfunktion (aus den oben schon erwähnten Gründen) im Minimum der K_A^G-Kurve auf die Kurve der Vorsichtsaufwendungen $K_A(x)$. Der für die Sorgfaltsmaßnahmen des Verletzers relevante Kurvenverlauf führt also in Abb. C.5.a. über die Punkte P_1, P_2, P_3, P_5, P_6. Die beiden lokalen Minima der zusammengesetzten Kostenfunktion liegen bei P_1 und P_5 also bei $K_A^{GI}(x-0)$ und $K_A(x^*)$. Je nachdem, welches dieser Minima global ist, wird A also auf Sorgfaltsvorkehrungen vollständig verzichten oder das optimale Niveau der Sorgfaltsvorkehrungen durchführen.

---

[19]Liegt der Schnittpunkt von K_A^G und K_A^{GI} (P_2) - anders als in Abb. C.5.a eingetragen - rechts vom Minimum von K_A^G (P_3), gilt also $\bar{x} > x^*$, so ist $x = 0$ stets kostenminimal.

[20]Wenn im folgenden die Auswirkungen einer Haftungsbegrenzung bei Verschuldens- und Gefährdungshaftung verglichen werden, wird - wie schon bei der obigen Erörterung der „vollständigen" Diskontierung - unter der „ceteris paribus"-Bedingung argumentiert: Es wird vorausgesetzt, daß das Niveau der Haftungsobergrenze nicht von der Haftungsregel abhängt.

Bei den in Abb. C.5.a. eingetragenen Verhältnissen, die bei der Gefährdungshaftung schon zum völligen Verzicht auf Sorgfaltsmaßnahmen des Verletzers führen, gilt $K_A^{GI}(x=0) > K_A(x^*)$. Demnach wird der Verletzer unter der Verschuldenshaftung sich trotz der Haftungsbegrenzung dafür entscheiden, optimale Sorgfaltsmaßnahmen zu ergreifen. Erst wenn die Haftungsgrenze so niedrig gesetzt ist, daß $K_A^{GI}(x=0) < K_A(x^*)$ gilt, wird er sich zur Aufgabe der Vorsicht verleiten lassen. Dieser Fall ist in Abb. C.5.b. illustriert (vgl. dort die Lage von P_1 und P_5).

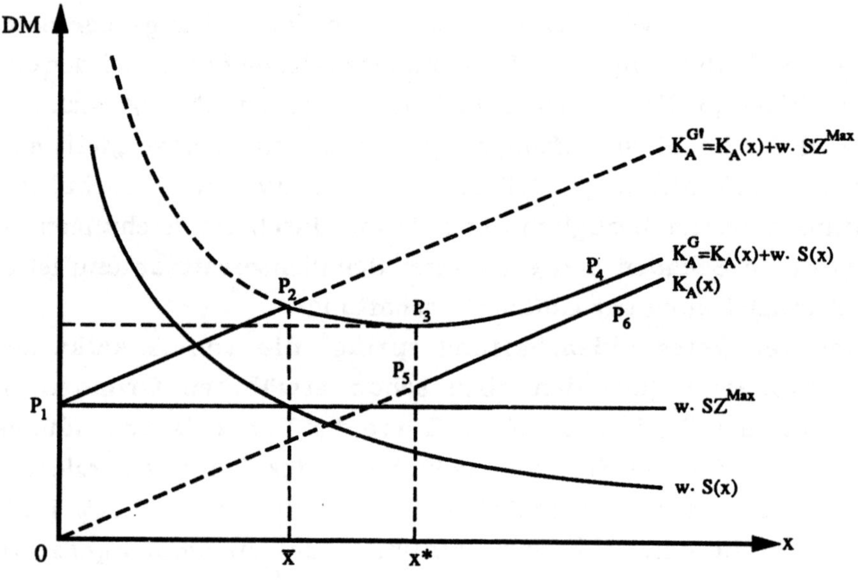

Abb. C.5.b.

ab) Ein allgemeineres Modell der allokativen Wirkungen von Haftungsobergrenzen

Oben war zur Vereinfachung unterstellt, daß mit der Sorgfaltsaktivität nur das Schadensausmaß S, nicht aber die Schadenseintrittswahrscheinlichkeit w gesenkt werden könne. Die Konsequenzen der Aufhebung dieser speziellen Annahme sollen kurz dargelegt werden.

Die nun eingeführte Verallgemeinerung bewirkt, daß die erwartete maximale Schadensersatzzahlung $w \cdot SZ^{Max}$ nicht mehr konstant ist, sondern (wegen $\partial w/\partial x < 0$) mit zunehmenden Sorgfaltsniveau abnimmt. Damit verläuft die Funktion der unter Berücksichtigung der maximalen Schadensersatzzahlung geltenden erwarteten Kosten $K_A^{G'} = K_A(x) + w(x) \cdot SZ^{Max}$ nicht mehr in x monoton wachsend, wie in Abb. C.5.a. bzw. C.5.b. illustriert, sondern u-förmig.

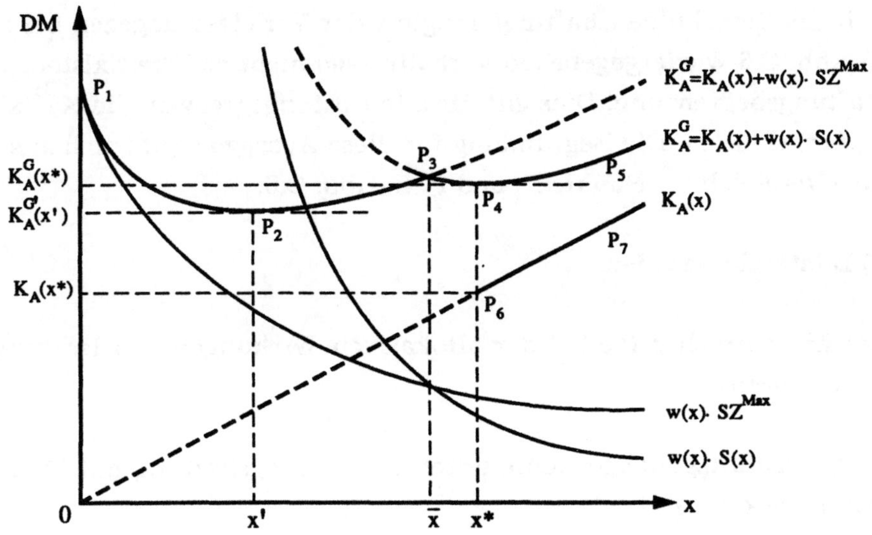

Abb. C.6.

abα) Sorgfaltsgleichgewichte bei Gefährdungshaftung

Wieder ergibt sich die für A's Entscheidung über das Sorgfaltsniveau relevante Kostenfunktion bei der Gefährdungshaftung als unterer Rand der Funktionen K_A^G und $K_A^{G'}$ (vgl. den Kurvenverlauf entlang P_1 bis P_5 in Abb. C.6.). Das Minimum von K_A^G wird bei x*, das von $K_A^{G'}$ bei x' erreicht. Im Gegensatz zu dem restriktiveren anhand von Abb. C.5. erklärten Modell liegt hier keines der beiden lokalen Minima der zusammengesetzten Kostenfunktion am Rand (d.h. bei x=0).

Bei den in Abb. C.6. wiedergegebenen Verhältnissen ist die Haftungsbegrenzung niedrig genug, um den potentiellen Verletzer im

Gleichgewicht zu einer Absenkung der Vorsichtsaktivität vom pareto-optimalen Niveau x* auf das suboptimale Niveau x' zu veranlassen (vgl. die Lage von P_2 und P_4 in dieser Abb.).
Eine derartige suboptimale Entscheidung wird unter der Gefährdungshaftung stets herbeigeführt, wenn $K_A^G(x^*) > K_A^{GI}(x')$ gilt.[21]

abβ) Sorgfaltsgleichgewichte bei Verschuldenshaftung

Gilt die Verschuldenshaftung, reagiert der Verletzer dagegen bei den in Abb. C.6 wiedergegebenen Verhältnissen nicht auf die Existenz der Haftungsbegrenzung. Dies gilt für alle Haftungsgrenzen, die $K_A^{GI}(x') > K_A(x^*)$ erfüllen. Die Begründung für diese Aussage ergibt sich aus einem Vergleich der Punkte P_2 und P_6 in Abb. C.6.

b) Bilaterale Schäden

ba) Ein einfaches Modell der allokativen Wirkungen von Haftungsobergrenzen

baα) Sorgfaltsgleichgewichte unter Gefährdungshaftung mit Mitverschuldensklausel

Die von A zu tragenden Kosten sind

$$K_A^G = \begin{cases} K_A(x) + w \cdot SZ^{Max} & \text{für } x \le \bar{x} \quad \text{(1a)} \\ K_A(x) + w \cdot S(x,y) & \text{für } x \ge \bar{x}. \quad \text{(1b)} \end{cases}$$

Für A geht es nun darum, aus den in (1a) bzw. (1b) enthaltenen lokalen Kostenminima das globale auszuwählen. Zur genaueren Beschreibung von A's Verhalten betrachten wir die Lage der Minima näher. Zur Vereinfachung der Analyse unterstellen wir dabei zunächst wieder, daß A (und auch B) mit seinen

[21] Fußnote 19 gilt analog: Gilt $\bar{x} > x^*$, so ist x' stets kostenminimal.

Sorgfaltsmaßnahmen nur das Ausmaß des Schadens S, nicht aber die Eintrittswahrscheinlichkeit w beeinflussen kann.
In diesem Spezialfall ist die von A erwartete Kompensationszahlung im Bereich $0 \le x \le \bar{x}$ konstant bei $w \cdot SZ^{Max}$ (vgl. Gleichung (1a)).

Da $K_A(x)$ monoton in x wächst, weist (1a) ein Minimum an der Stelle $x = 0$ auf. Hier verzichtet A vollständig auf den Einsatz seiner Sorgfaltsaktivität und kalkuliert Schadenskosten in Höhe von $w \cdot SZ^{Max}$.

Betrachten wir nun die Funktion (1b). Sie ist für $x \ge \bar{x}$ Kostenfunktion des potentiellen Verletzers.
Zur Charakterisierung des Minimums von (1b) in diesem kostenrelevanten Bereich nehmen wir an, daß der Parameter y den (unten noch näher zu erörternden) Gleichgewichtswert der Sorgfaltsaktivität des Opfers annehme.
Dann sei x^0 derjenige Wert der Sorgfaltsaktivität des Verletzers, für den (1b) ohne Beschränkung des Definitionsbereichs (auf $x \ge \bar{x}$) minimal wird.
Die Lage des Minimums von (1b) im kostenrelevanten Bereich $x \ge \bar{x}$ hängt damit davon ab, welches Vorzeichen in

$$x^0 \begin{Bmatrix} < \\ = \\ > \end{Bmatrix} \bar{x}$$

gilt:

Fall α): Die Haftungsbegrenzung bindet bei x^0 nicht, d.h. $x^0 > \bar{x}$.

In diesem Fall liegt die Haftungsobergrenze an der Stelle x^0 schon über dem Schaden. Hier ist das Minimum von (1b) im kostenrelevanten Bereich mit dem Minimum dieser Gleichung ohne Beschränkung des Definitionsbereichs identisch bei x^0.

Ob das Minimum von Gleichung (1a) oder das Minimum von Gleichung (1b) im Fall α) global ist, hängt (bei gegebener Unfallwahrscheinlichkeit w) vom Niveau der Haftungsobergrenze ab. Liegt der Erwartungswert der maximalen Schadensersatzzahlung $w \cdot SZ^{Max}$ unterhalb des Minimums der Kostenkurve, so ist $x = 0$ die global kostenminimale Situation. Von diesem Fall gehen wir im folgenden aus.

Fall β): Die Haftungsbegrenzung bindet bei x^0, d.h. $x^0 < \bar{x}$.
Hier erreicht (1b) im Bereich $x \geq \bar{x}$ ein (Rand-)Minimum bei $\bar{x}$. Das globale Minimum aus (1a) und (1b) liegt im Fall ß) stets bei $x = 0$.

Es ergibt sich also unter den hier getroffenen Annahmen stets (d.h. unabhängig davon, ob Fall α) oder Fall ß) eintritt), daß A im Gleichgewicht auf Vorsorgemaßnahmen völlig verzichtet.
Der von B zu erwartende Schaden beträgt daher SZ^{Max} $(x = 0, y)$. B erhält allerdings eine Kompensation von A, wenn er den Mitverschuldensstandard y^* einhält, d.h., wenn $y \geq y^*$ gilt. Die Kompensation, die B erwarten darf, beträgt SZ^{Max}. Die Differenz ist der von B letztlich selbst zu tragende Schaden.
Hält B den Mitverschuldensstandard nicht ein, erhält er keine Kompensation, d.h., er muß den Schaden allein tragen.
Für B lauten also die erwarteten Kosten

$$K_B^G = \begin{cases} K_B(y) + w \cdot (S(x{=}0,y) - SZ^{Max}) & \text{für } y \geq y^* \quad (2a) \\ K_B(y) + w \cdot S(x{=}0,y) & \text{für } y < y^* \,. \quad (2b) \end{cases}$$

Da SZ^{Max} konstant ist, erreichen (2a) und (2b) ihr jeweiliges Minimum für denselben Wert von y, den wir mit y^0 bezeichnen. y^0 minimiert die Kosten für B wenn A auf die Durchführung von Sorgfaltsaktivitäten verzichtet, d.h., für $x = 0$. y^* minimiert dagegen die Kosten bei gegebenem optimalen Sorgfaltsniveau des A, d.h., für $x = x^*$. Da $x^* > 0$ und die Sorgfaltsvorkehrungen x und y der beiden Beteiligten substitutiv sind, gilt $y^0 > y^*$.[22] Der oben bei der

[22] Vgl. A. Endres (19901b).

Erörterung von (1b) noch unspezifizierte Parameter nimmt demnach den Wert y^0 an.
Insgesamt wird also im Gleichgewicht das Sorgfaltsniveau-Tupel $x = 0, y^0$ realisiert. Die in dieser Situation von beiden Beteiligten erwarteten Kosten sind

$$K_A^G\,(x=0,y^0) = w \cdot SZ^{Max} \quad \text{bzw.}$$

$$K_B^G\,(x=0,y^0) = K_B(y^0) + w(S(x=0,y^0)-SZ^{Max}).$$

Die beiden folgenden Abbildungen veranschaulichen die bisher vorgetragene Argumentation.
Betrachten wir zunächst in Abb. C.7.a. die Situation des Verletzers. Dabei wird die oben als Fall α) bezeichnete Konstellation $x^0 > \bar{x}$ (für $y = y^0$) abgebildet.

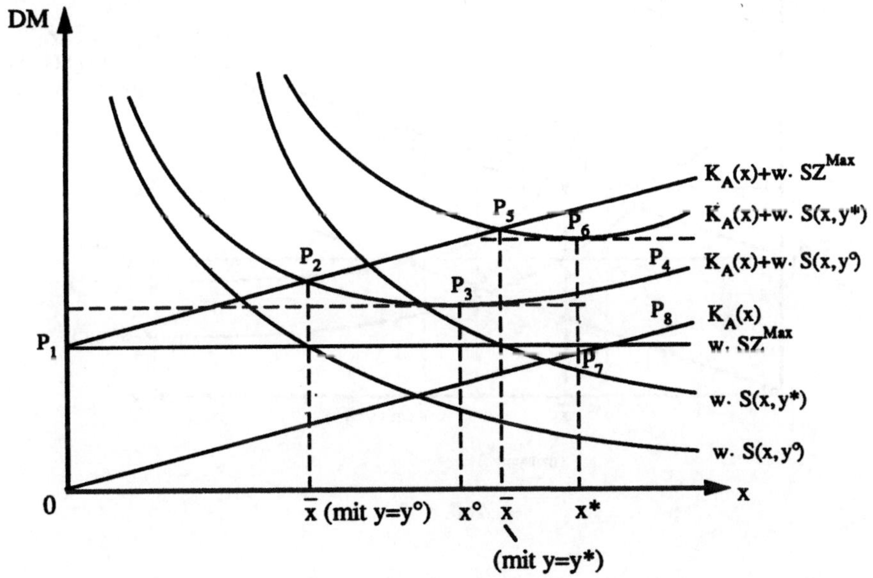

Abb. C.7.a.

Für Vorsorgeniveaus zwischen 0 und $\bar{x}$ orientiert sich der Verletzer an der Summe aus Vorsorgekosten und der mit der Schadens-

Eintrittswahrscheinlichkeit multiplizierten maximalen Kompensationszahlung, wie sie durch die Haftungsobergrenze definiert ist. In diesem Bereich verläuft die für A relevante Kostenkurve zwischen den Punkten P_1 und P_2 in Abb. C.7.a. Für Vorsorgeniveaus ab $\bar{x}$ ist der erwartete Schaden jedoch geringer als die erwartete maximale Kompensationszahlung, d.h., die Haftungsbegrenzung bindet nicht mehr. In diesem Bereich orientiert sich der Verletzer also an der Summe aus Vorsorgekosten und erwartetem Schaden, d.h., die relevante Kostenkurve verläuft entlang P_2, P_3, P_4 in Abb. C.7.a. Die für A relevante Kostenfunktion wird also insgesamt durch den unteren Rand der beiden Kostenfunktionen $K_A + wSZ^{Max}$ und $K_A + wS$ gebildet. Die lokalen Minima dieses Randes liegen in P_1 und P_3, wobei P_1 global ist.

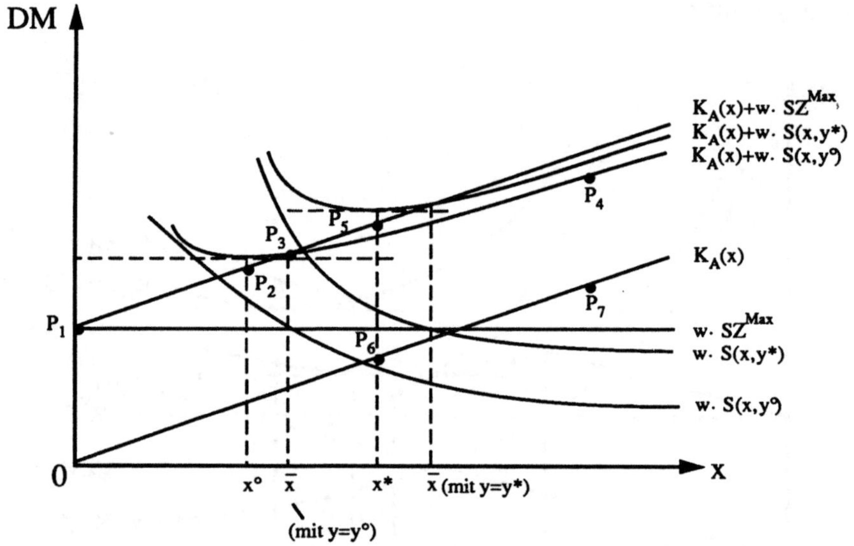

Abb. C.7.b.

Abb. C.7.b. zeigt die Situation des Verletzers in der entgegengesetzten, oben als Fall ß) bezeichneten Situation $x^0 < \bar{x}$ (für $y = y^0$). Die relevante Kostenkurve verläuft über die Punkte P_1, P_2, P_3, P_4. Das Gleichgewicht liegt bei P_1.

Wegen der Analogie zu der bei Abb. C.7.a. gegebenen Erläuterung für den Fall $x^0 > \bar{x}$ wird auf eine besondere Erklärung verzichtet.

Betrachten wir nun die Situation des Opfers. Abb. C.8. illustriert, wie sich das potentielle Opfer am besten auf den Vorsorge-Verzicht des potentiellen Verletzers einstellt.

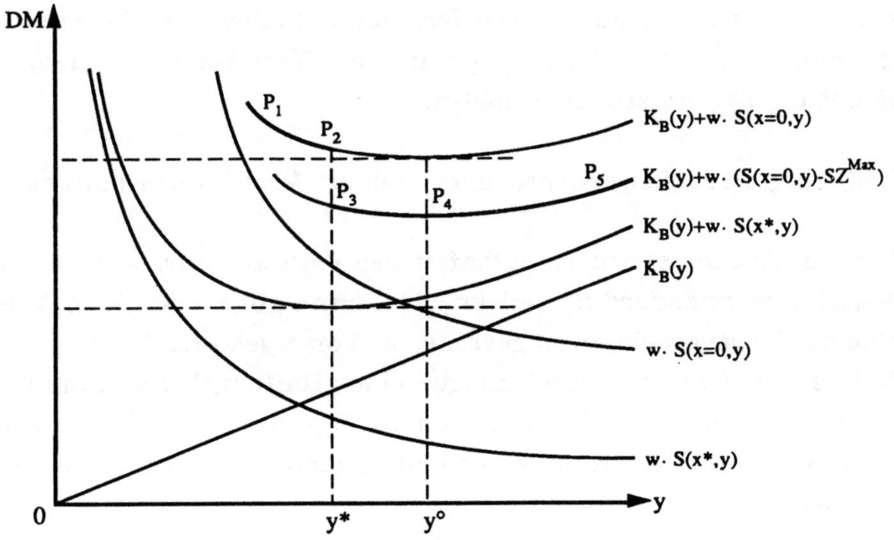

Abb. C.8.

In Abb. C.8. liegt $w \cdot S(x{=}0,y)$ für jedes gegebene y über $w \cdot S(x^*,y)$ und damit liegt auch $K_B(y) + w \cdot S(x{=}0,y)$ über $K_B(y) + w \cdot S(x^*,y)$.

Für $y < y^*$ muß B wegen der Mitverschuldensklausel damit rechnen, den gesamten (bei vorgegebenem $x = 0$) zu erwartenden Schaden zu tragen. Seine relevante Kostenkurve verläuft also in Abb. C.8. in diesem Bereich durch P_1 und P_2. Hält B dagegen den Mitverschuldens-Standard ein, d.h., gilt $y \geq y^*$, erhält er von A eine Ausgleichszahlung. Wegen der für $x = 0$ bindenden Haftungsbegrenzung deckt diese allerdings nicht den gesamten Schaden ab, sondern beträgt nur SZ^{Max} Folglich springt die für B relevante Kostenkurve ab y^* auf $K_B(y) + w$

$\cdot$ (S(x=0,y)-SZ^{Max}), verläuft also entlang P_3, P_4, P_5. Das Minimum der Kurve liegt in P_4, d.h., B steht am besten, wenn er seine Vorsorgeaktivität auf dem Niveau y^0 durchführt. (Dementsprechend wurden in den Abb. C.7.a. und C.7.b. für die Situation des Verletzers die Kurvenverläufe unter der Bedingung betrachtet, daß der Parameter y den Wert y^0 annimmt.)
Im Gleichgewicht ist das Opfer also sorgfältiger als in der pareto-optimalen Situation. Es kompensiert damit tendenziell die von der gleichgewichtigen Fahrlässigkeit des Verletzers verursachte Erhöhung der erwarteten Schäden.

baβ) Sorgfaltsgleichgewichte unter „reiner" Verschuldenshaftung

Bei der Verschuldenshaftung haftet der Verletzer nur, wenn er den Verschuldensstandard x^* verletzt, d.h., wenn gilt $x < x^*$. Hält A den Standard dagegen ein, so trägt er nur die Vorsorgekosten $K_A(x)$.
Bei der Analyse der Auswirkungen einer Haftungsbegrenzung muß differenziert werden, ob die Haftungsobergrenze bei Einhaltung des Standards bindet. Es muß also unterschieden werden, welches Zeichen in

$$x^* \begin{Bmatrix} < \\ = \\ > \end{Bmatrix} \bar{x}$$

gilt, d.h., wie sich das durch den Verschuldensstandard festgelegte Vorsorgeniveau zu dem Vorsorgeniveau verhält, bei dem der erwartete Schaden gleich dem Erwartungswert der (durch die Haftungsobergrenze definierten) maximalen Kompensationssumme ist.

Fall a): Die Haftungsobergrenze bindet im Optimum. Gilt $\bar{x} > x^*$, so lauten die erwarteten Kosten des potentiellen Verletzers

$$K_A^G = \begin{cases} K_A(x) + w \cdot SZ^{Max} & \text{für } x < x^* \quad (3a) \\ K_A(x) & \text{für } x \geq x^* . \quad (3b) \end{cases}$$

Gleichung (3a) weist ein Minimum für $x = 0$ auf, die entsprechende erwartete Kostenbelastung beträgt $w \cdot SZ^{Max}$.
(3b) ist minimal für x^*, die entsprechende erwartete Kostenbelastung beträgt $K_A(x^*)$.
Welches der beiden lokalen Minima global ist, hängt von der Höhe der Haftungsobergrenze ab. Je nach ihrer Höhe ist es also für A optimal, auf Sorgfaltsvorkehrungen völlig zu verzichten und die Haftung (unter dem Schutz einer niedrigen Haftungsobergrenze) auf sich zu nehmen oder die Vorsorgemaßnahme auf dem pareto-optimalen Niveau durchzuführen und damit die Haftung auszuschließen. Falls x^* gleichgewichtig ist, erhält das Opfer keine Kompensation. Es paßt sich in seinem Gleichgewicht an x^* mit dem optimalen Vorsorgeniveau y^* an. Ist dagegen $x = 0$ gleichgewichtig, wird das Opfer - analog zu dem oben für die Gefährdungshaftung ausgeführten - zum Teil kompensiert. Seine optimale „Reaktion" besteht in der Realisierung von y^0, wobei y^0 die erwarteten Kosten $K_B(y) + w (S(x{=}0,y)-SZ^{Max})$ minimiert.
Zur Veranschaulichung kann wieder Abb. C.7.b. verwendet werden. Sie zeigt den Fall, in dem es für A optimal ist, den Verschuldensstandard einzuhalten. Hier müssen also die für A relevanten Kurven unter der Bedingung betrachtet werden, daß der Parameter für das Sorgfaltsniveau von B den Wert y^* annimmt. Dann gibt die Verbindung zwischen P_1, P_5, P_6, P_7, den für A relevanten Kostenverlauf an. Dabei liegt P_6 niedriger als P_1 ($K_A(x^*) < w \cdot SZ^{Max}$).

Fall b): Die Haftungsobergrenze bindet im Optimum nicht.

Gilt $\bar{x} < x^*$, so lauten die erwarteten Kosten des Verletzers

$$K_A^G = \begin{cases} K_A(x) + w \cdot SZ^{Max} & \text{für } x \le \bar{x} \quad \text{(4a)} \\ K_A(x) + w \cdot S(x,y) & \text{für } \bar{x} \le x < x^* \quad \text{(4b)} \\ K_A(x) & \text{für } x \ge x^* \quad \text{(4c)} \end{cases}$$

(4a) ist minimal bei $x = 0$, (4b) bei x^*[23], (4c) ebenfalls bei x^*.
Der im Minimum von (4b) entstehende Kostenbetrag liegt stets über dem im Minimum von (4c) entstehenden Betrag. Je nach Höhe der Haftungsobergrenze liegt das globale Minimum also - wie im Fall a) - bei $x = 0$ (aus (4a)) oder bei x^* (aus (4c)).
In der oben schon verwendeten Abb. C.7.a. ist der letztere Fall illustriert. (In den relevanten Kurven für A muß der Parameter also wieder den Wert y^* annehmen.) Die für den potentiellen Verletzer relevante Kostenkurve verläuft über P_1, P_5, P_6, P_7, P_8. Die beiden lokalen Minima sind P_1 und P_7. Da P_7 niedriger liegt als P_1 ($K_A(x^*) < w \cdot SZ^{Max}$) ist es für A optimal, den Standard einzuhalten. Für die gleichgewichtige Situation des Opfers gilt das unter Abschnitt a) gesagte entsprechend.

Am Beispiel von Abb. C.7.a. läßt sich auch demonstrieren, daß die Anreizstruktur der Gefährdungshaftung anfälliger für die von einer Haftungsobergrenze verursachten Störungen ist, als die der Verschuldenshaftung.

Wie oben ausgeführt, sind die Verhältnisse in Abb. C.7.a. so beschaffen, daß die Haftungsbegrenzung nicht niedrig genug ist, den Verletzer unter der Verschuldenshaftung im Gleichgewicht von der Einhaltung des pareto-optimalen Vorsorgeniveaus x^* abzubringen. Unter einer Gefährdungshaftung entscheidet sich der Verletzer dagegen bei den in Abb. C.7.a. wiedergegebenen Verhältnissen dafür, völlig auf Sorgfaltsaktivitäten zu verzichten. Ein und dieselbe Haftungs-

---

[23]Streng genommen liegt das Minimum natürlich bei $x^* - \varepsilon$, wobei ε beliebig klein ist, weil x^* nicht mehr zum Definitionsbereich von (4b) gehört.

begrenzung SZ^{Max} stört also die Anreizwirkung der Gefährdungshaftung, läßt aber die der Verschuldenshaftung intakt.

bb)Ein allgemeineres Modell der allokativen Wirkungen von Haftungsobergrenzen

bbα) Sorgfaltsgleichgewichte unter Gefährdungshaftung mit Mitverschuldensklausel

Oben war zur Vereinfachung unterstellt, daß mit der Vorsorgeaktivität nur das Schadensausmaß, nicht aber die Schadenseintrittswahrscheinlichkeit begrenzt werden kann. Die Konsequenzen einer Aufhebung dieser speziellen Annahme sollen im folgenden kurz dargestellt werden. Die nun eingeführte Verallgemeinerung bewirkt, daß die erwartete maximale Schadensersatzzahlung $w \cdot SZ^{Max}$ nicht mehr konstant ist, sondern (wegen $\partial w/\partial x < 0$) mit zunehmendem Sorgfaltsniveau des potentiellen Verletzers absinkt.[24] Damit verläuft die Funktion der unter Berücksichtigung der maximalen Schadensersatzzahlung geltenden Kosten $K_A^{Gl} = K_A(x) + w(x) \cdot SZ^{Max}$ nicht mehr in x monoton wachsend. In Übereinstimmung mit den üblichen Annahmen über die Kurve der gesamten Kosten gehen wir im folgenden von einem u-förmigen Verlauf aus.
Die Kosten des Verletzers betragen also

$$K_A^{Gl} = \begin{cases} K_A(x) + w(x) \cdot SZ^{Max} & \text{für } x \leq \bar{x} & \text{(1a)'} \\ K_A(x) + w(x) \cdot S(x,y) & \text{für } x \geq \bar{x}. & \text{(1b)'} \end{cases}$$

(1a)' wird minimal für x', (1b)' für x".

[24]Eine entsprechende Verallgemeinerung ist natürlich auch für das potentielle Opfer möglich, womit dann $w = w(x,y)$ gelten würde. Auf eine Ausführung dieser Analogie wird hier aus Platzgründen verzichtet.

Das im Gleichgewicht von A realisierte Vorsorgeniveau hängt nun davon ab, welches der beiden lokalen Minima global ist. Gilt $\bar{x} > x''$, so liegt das globale Minimum stets bei x'. Wir konzentrieren uns daher im folgenden daher auf den Fall $\bar{x} < x''$.
Analog zu unserer in Abschnitt ba) für das einfache Modell getroffenen Annahme unterstellen wir im folgenden, daß das Minimum Minimorum im Bereich von (1a)' liegt. Es ist also hier für A am günstigsten, sein Vorsorgeniveau „unter dem Schutz der Haftungsbegrenzung" auf x' abzusenken. Die optimale „Reaktion" von B auf diese Absenkung besteht in der Ausweitung seines Vorsorgeniveaus auf y'(x'). Hier führt die Haftungsbegrenzung also zu einer Abweichung von der pareto-optimalen Allokation.
Dieser Fall ist in Abb. C.9. für die Seite des potentiellen Verletzers dargestellt.

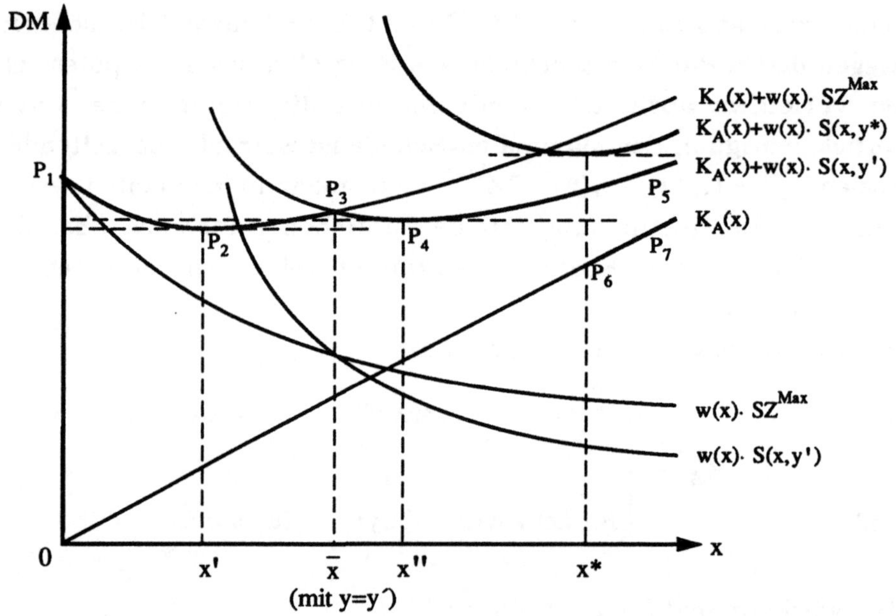

Abb. C.9.

Analog zum in Abschnitt ba) behandelten Spezialfall ergibt sich bei der Gefährdungshaftung die für A's Entscheidung über das

Gleichgewichtsvorsorgeniveau relevante Kostenkurve als unterer Rand der Kostenkurven $K_A^{Gl} = K_A(x) + w(x)\ SZ^{Max}$ und $K_A^G = K_A(x) + w(x) \cdot S(x,y)$. In der zuletzt genannten Funktion nimmt der Parameter y den Gleichgewichtswert y' an. Die relevante Kostenfunktion verläuft also entlang P_1 bis P_5 in Abb. C.9. Im Gegensatz zum oben behandelten Spezialfall liegt jedoch im allgemeinen keines der beiden lokalen Minima x', x" dieser zusammengesetzten Kostenfunktion am Rand (d.h., bei x = 0).
Bei den in der Abbildung wiedergegebenen Verhältnissen liegt das Gleichgewichtsvorsorgeniveau des potentiellen Verletzers bei x'.

bbβ) Sorgfaltsgleichgewichte unter „reiner" Verschuldenshaftung

Bei der Verschuldenshaftung ist für den Verletzer wieder der Vergleich zwischen seinen Kosten bei Standardeinhaltung ($K_A(x^*)$) und der bei Standardverletzung günstigstenfalls erreichbaren Situation (Min { $K_A^G(x^*\text{-}\varepsilon)$, $K_A^{Gl}(x')$}) maßgebend.
Im Fall $K_A^G(x^*\text{-}\varepsilon) < K_A^{Gl}(x')$ ist die Haftungsbegrenzung offensichtlich irrelevant. Gilt dagegen vorstehend das „>"-Zeichen, so ist jedes der Zeichen in

$$K_A^{Gl}(x') \begin{Bmatrix} < \\ = \\ > \end{Bmatrix} K_A(x^*)$$

möglich.
Gilt im zuletztgenannten Ausdruck das „<"-Zeichen, so ist es für A am günstigsten, den Standard unter Inkaufnahme der Haftungsverpflichtung zu verletzen und x' zu realisieren. Gilt dagegen das „>"-Zeichen, so hält A den Standard x* im Gleichgewicht ein.

Letzterer Fall ist in Abb. C.9. erfaßt: P_6 liegt niedriger als P_2, d.h., auch die Existenz einer Haftungsbegrenzung macht eine Standardverletzung für A nicht attraktiv. Für B ist es in dieser Situation effizient, sein pareto-optimales Sorgfaltsniveau y* zu realisieren.

Hier zeigt sich, daß die für den in Abschnitt 2., oben, behandelten Spezialfall (unter ceteris paribus Bedingungen) festgestellte größere Empfindlichkeit der Gefährdungshaftung gegenüber der Verschuldenshaftung bezüglich der Anreizstörungen durch die Haftungsobergrenze auch im hier erörterten allgemeinen Fall erhalten bleibt: Die in Abb. C.9. gezeigte Haftungsbegrenzung ist niedrig genug, um A unter der Gefährdungshaftung zu einer Abweichung vom pareto-optimalen Sorgfaltsniveau zu veranlassen. Unter der Verschuldenshaftung reicht die Verführungskunst derselben Haftungsbegrenzung dagegen dazu nicht aus.

c) Fazit

Wie wir oben gesehen haben, hängt die Wirkung von Haftungsbegrenzungen auf die allokativen Auswirkungen des Haftungsrechts insbesondere von der Ausgestaltung der Haftungsregel, der Höhe der Haftungsbegrenzung und von den Möglichkeiten der Beteiligten, den erwarteten Schaden zu senken, ab. Können die Beteiligten mit ihren Sorgfaltsvorkehrungen nur das Ausmaß der erwarteten Schäden beeinflussen, nicht aber die Wahrscheinlichkeit ihres Eintritts, so entscheidet sich der potentielle Verletzer unter den hier getroffenen Annahmen entweder für das pareto-optimale Sorgfaltsniveau oder für den völligen Verzicht auf Sorgfaltsmaßnahmen. Je niedriger die Haftungsobergrenze angesetzt ist, desto wahrscheinlicher ist es, daß das Vorsorgegleichgewicht am Rand liegt. Unter der Verschuldenshaftung ist eine einschneidendere Haftungsbegrenzung nötig, um dieses Ergebnis herbeizuführen, als bei der Gefährdungshaftung.

Im allgemeineren Fall, in dem die Beteiligten mit ihren Sorgfaltsvorkehrungen den Erwartungswert der Schäden über das Schadensausmaß *und* die Schadens-Eintrittswahrscheinlichkeit steuern können, kommt es dagegen im allgemeinen nicht zu einer „Alles oder Nichts"-Entscheidung. Vielmehr passen sich die

Beteiligten an verschiedene Niveaus von Haftungsobergrenzen differenziert abgestuft mit ihren Gleichgewichts-Vorsorgeniveaus an. Wieder gilt allerdings, daß potentielle Verletzer unter der Gefährdungshaftung schon mit der Absenkung ihrer Sorgfaltsniveaus auf die Existenz von Haftungsgrenzen reagieren, die so hoch liegen, daß sie unter der Verschuldenshaftung allokativ irrelevant sind.

Wir haben bei der obigen Erörterung stets unterstellt, daß Sorgfaltsgleichgewichte für den potentiellen Verletzer und das potentielle Opfer bei Haftungsbegrenzung existieren.
Wir können uns anhand von Abb. C.10. klarmachen, daß dies bei bilateralen Schäden nicht immer der Fall sein muß.

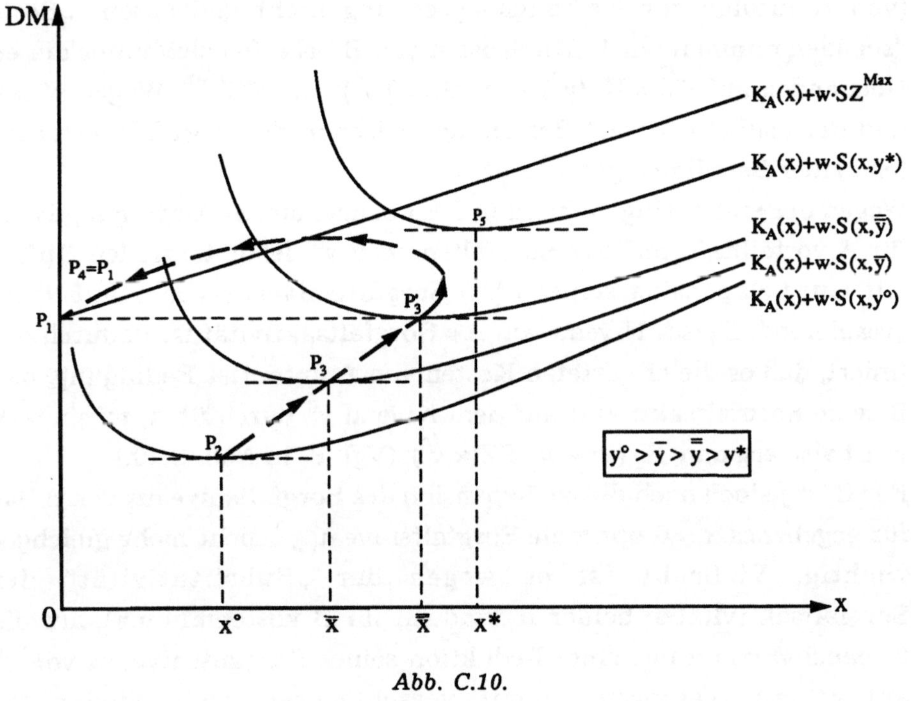

Abb. C.10.

Abb. C.10. wiederholt die Kurven $K_A(x) + w \cdot S(x,y^*)$ und $K_A(x) + w \cdot S(x,y^0)$ aus Abb. C.7.a. Die Haftungsobergrenze ist dagegen höher

angesetzt: $w \cdot SZ^{Max}$ liegt in C.10. zwischen den Minima der beiden eben genannten Kurven, d.h. es gilt
$K_A(x^0) + w \cdot S(x^0,y^0) < w \cdot SZ^{Max} < K_A(x^*) + w \cdot S(x^*,y^*)$. (Vgl. Lage von P_2, P_1 und P_5 in Abb. C.10.)
Betrachten wir nun das Verhalten von Verletzer und Opfer bei Gefährdungshaftung mit Mitverschuldensklausel. Wir verwenden dazu wieder die Methode der „pseudo-dynamischen Ungleichgewichtsanalyse".[25]
Gehen wir zunächst davon aus, A entscheide sich dafür, unter dem Schutz der Haftungsbegrenzung auf die Durchführung von Sorgfaltsmaßnahmen völlig zu verzichten (x=0). Seine Kosten betragen dann $K_A(x=0) = w \cdot SZ^{Max}$ (vgl. Punkt P_1 in Abb. C.10.). Für B ist es unter diesen Umständen optimal, dasjenige Sorgfaltsniveau y^0 zu wählen, für das die Summe aus Sorgfaltskosten und den erwarteten (von A infolge der Haftungsbegrenzung nicht gedeckten) „Rest-"schäden minimal wird. Die Kosten von B belaufen sich unter diesen Umständen auf $K_B^G = K_B(y^0) + w \cdot S(x=0,y^0) - w \cdot SZ^{Max}$. Wegen $x^* > 0$ und der „substitutiven" Beziehung zwischen den Sorgfaltsaktivitäten beider Beteiligten gilt $y^0 > y^*$.
Wegen der ersten Ungleichung in der obengenannten Bedingung ist es für A vorteilhaft, auf das Sorgfaltsniveau y^0 des potentiellen Opfers mit einer Expansion seines (A's) Sorgfaltsniveaus von 0 auf x^0 zu „reagieren". Dieses Niveau von A's Sorgfaltsaktivität ist dadurch definiert, daß es die erwarteten Kosten von A unter der Bedingung, daß B seine Sorgfaltsaktivität auf dem Niveau y^0 durchführt, minimiert. x^0 ist also arg min, $K_A(x) + w \cdot SZ(x,y^0)$. (Vgl. P_2 in Abb. C.10.).
Für B ist jedoch nach dieser Expansion des Sorgfaltsniveaus von A das für gegebenes x = 0 optimale Sorgfaltsniveau y^0 nicht mehr gleichgewichtig. Vielmehr ist es wegen der „Substitutivität" der Sorgfaltsaktivitäten beider Individuen für B kostenminimal, auf die Expansion von x mit einer Reduktion seines Sorgfaltsniveaus von y^0 auf $y^{0'}$ zu reagieren. Damit verschlechtert sich wieder die

---

[25]So R.R. Russell, M. Wilkinson (1979), S. 282.

Kostensituation für A und er müßte seinerseits sein Gleichgewichtssorgfaltsniveau nach oben korrigieren.

In der Abb. C.10. wirkt sich dies so aus, daß mit jeder Absenkung des Sorgfaltsniveaus von B die Kostenfunktion von A nach oben verschoben wird. Die optimale Reaktion auf die Absenkung des Sorgfaltsniveaus y durch A besteht dann darin, daß A sein Sorgfaltsniveau derart ausweitet, daß er stets das Minimum der jeweils verschobenen Kostenkurve erreicht (vgl. etwa den Übergang von P_2 nach P_3 in Abb. C.10.)

Von der oben zunächst angenommenen Ausgangslage $x = 0 < x^*$ und $y^0 > y^*$ kommt also ein „Prozeß" der Erhöhung von x und der Senkung von y in Gang. Man könnte nun erwarten, daß diese zum Pareto-Optimum hinstrebenden Anpassungen der Entscheidungsträger letztlich in einem pareto-optimalen Gleichgewicht x^*, y^* enden. Dies ist jedoch bei der hier angenommenen Lage der Haftungsbegrenzung nicht der Fall.

Ehe der Anpassungsprozeß zu einer pareto-optimalen Allokation führen kann, wird wegen der 2. Ungleichung in der oben angegebenen Bedingung eine Allokation $\bar{\bar{x}}$, $\bar{\bar{y}}$ erreicht, für die gilt $w \cdot SZ^{Max} = K_A(\bar{\bar{x}}) + w \cdot S(\bar{\bar{x}}\ \bar{\bar{y}})$. (Vgl. P'_3 in Abb. C.10.) Sobald die Kosten für A im Zuge des Anpassungsprozesses auf dem Wege zur pareto-optimalen Allokation infinitesimal über $K_A(\bar{\bar{x}}) + w \cdot S(\bar{\bar{x}}, \bar{\bar{y}})$ liegen, ist es für A kostenminimal, auf eine weitere Absenkung des Sorgfaltsniveaus des potentiellen Opfers nicht mehr mit einer Ausweitung seiner Sorgfaltsaktivität x zu reagieren, sondern mit dem völligen Verzicht auf die Ausübung dieser Aktivität (x=0).

Damit hat dann der wechselseitige Anpassungsprozeß der beiden Individuen zur Ausgangslage zurückgeführt, ohne ein (pareto-optimales oder sonstiges) Gleichgewicht erreicht zu haben.

II. Abweichungen zwischen (subjektiv) erwartetem Schaden und (objektiv) zu erwartendem Schaden

1. Abweichungsgründe

In der obigen Darstellung wurde nicht zwischen den „objektiv", d.h. auf der Grundlage der relevanten Funktionen $K_A(x)$, $K_B(y)$ und ES(x,y) zu erwartenden Kosten und den von den Beteiligten „subjektiv" erwarteten Kosten unterschieden. Da das einfache Grundmodell voraussetzt, daß die Beteiligten alle relevanten Informationen besitzen (vgl. Kapitel B.I.), existiert kein Unterschied zwischen diesen beiden Kostenbegriffen. Besonders die Unterstellung, die Beteiligten schätzten die Zusammenhänge zwischen ihren Sorgfaltsaktivitäten und den erwarteten Schäden korrekt ein, ist jedoch restriktiv. Kann ein gut informiertes Unternehmen noch den Zusammenhang zwischen Unfallwahrscheinlichkeit und Niveau der Vorsorgeaktivitäten einigermaßen einschätzen, so ist dies bei der Veranschlagung der mit einem Unfall verbundenen Schäden doch schwieriger. Die Zusammenhänge zwischen Belastung von Lebewesen und Material mit bestimmten Schadstoffen und den dadurch eintretenden physischen Folgen ist häufig nicht einmal von der naturwissenschaftlichen Wirkungsforschung geklärt.[26] Die Erwartungsbildung bezüglich der Höhe der Schäden wird für den Verletzer zusätzlich dadurch erschwert, daß ihr Ausmaß auch vom Niveau der Sorgfaltsaktivität des Opfers abhängt. Der Verletzer muß also dieses Ausmaß und seine Auswirkungen auf das Niveau des Schadens beurteilen. Aus Gründen, die den hier für den Verletzer vorgetragenen Überlegungen entsprechen, ist die Voraussetzung vollständiger Information bezüglich der Funktion des erwarteten Schadens im idealtypischen Modell auch für das potentielle Opfer restriktiv.

---

[26] Näheres zum Problem der Unsicherheit bei H.-J. Ewers (1984) und H.-J. Ewers (1988).

Darüber hinaus ist es für beide Seiten häufig schwer vorauszusehen, inwieweit physische Effekte (Verletzungen von Rechtsgütern) bei Schadensersatzforderungen von den Gerichten in monetäre Werte übersetzt werden. Die Probleme werden verschärft, wenn nicht absehbar ist, inwieweit die Einhaltung von Auflagen nach dem öffentlichen Recht die Verletzer vor privatrechtlich begründeten Haftungsansprüchen schützt.

Im allgemeinen läßt sich nicht sagen, in welche Richtung die von den Beteiligten kalkulierten Schadensersatzzahlungen von den tatsächlich zu erwartenden Schäden infolge der hier angesprochenen Informationsprobleme abweichen. Sowohl Schadensunter- als auch Schadensüberschätzung sind denkbar.
In diesem Abschnitt soll untersucht werden, wie Fehleinschätzungen von potentiellem Verletzer und potentiellem Opfer bezüglich der erwarteten Schäden Lage und Optimalität der Sorgfaltsgleichgewichte beeinflußen.[27] Dabei wird der von A erwartete Schaden als ${}^{(A)}ES$ bezeichnet. Die von A im Fall der Haftung erwarteten Gesamtkosten heißen ${}^{(A)}K_A^G = K_A(x) + {}^{(A)}ES(x,y)$. Die entsprechenden Symbole für B lauten ${}^{(B)}ES$ und ${}^{(B)}K_B^G = K_B(y) + {}^{(B)}ES(x,y)$.
Die hier angesprochene mangelnde Transparenz von Entscheidungsfolgen für die Entscheidungsträger läßt bezüglich der Optimalität der getroffenen Entscheidungen nichts Gutes hoffen. Allerdings kann man erwarten, daß sich bei klarer Formulierung des Haftungsrechts und seiner Anwendung über eine längere Zeit die Informationsbedingungen für die Beteiligten verbessern. Die Gefahr, für Schäden zu haften, bildet selbst einen Anreiz für die potentiellen Verletzer, sich über das Ausmaß von Schäden und die Möglichkeiten ihrer Vermeidung zu informieren. Durch gerichtliche Entscheidungen geschaffene Präzedenzfälle erleichtern auf die Dauer die Erwartungsbildung bezüglich der Bedingungen unter denen Schadensersatzzahlungen zu leisten sind und bezüglich der Höhe dieser Zahlung.

---

[27] Vgl. auch A. Endres (1989b).

Neben den hier erörterten Problemen auf der Ebene der Information der potentiellen Verletzer (und Opfer) treten insbesondere bei der Verschuldenshaftung (aber in etwas anderer Form auch bei der Gefährdungshaftung) Probleme auf, die aus der mangelnden Informiertheit staatlicher Instanzen entstehen. Hier führen Informationsdefizite der staatlichen Stellen dazu, daß bei der Definition der im Verkehr erforderlichen Sorgfalt (d.h. des Verschuldensstandards bei der Verschuldenshaftung bzw. des Mitverschuldensstandards bei der Gefährdungshaftung mit Mitverschuldensklausel) das pareto-optimale Sorgfaltsniveau (des potentiellen Verletzers bei der Verschuldenshaftung bzw. des potentiellen Opfers bei der Gefährdungshaftung mit Mitverschuldensklausel) verfehlt wird. Dieses Problem wird im folgenden Kapitel (C.III.) behandelt. In diesem Kapitel (C.II.) wird es ausgeklammert. Wir gehen also davon aus, daß die staatliche Instanz die zur Festlegung paretooptimaler Sorgfaltsstandards notwendigen Informationen auch dann besitzt, wenn die beteiligten Individuen diesbezüglich Fehleinschätzungen unterliegen.

2. Unilaterale Schäden

a) Sorgfaltsgleichgewichte unter Gefährdungshaftung

Bei unilateralen Unfällen entsprechen die allokativen Auswirkungen einer Fehleinschätzung der erwarteten Schäden durch den potentiellen Verletzer den oben diskutierten Konsequenzen einer Abweichung zwischen erwartetem Schaden und erwarteter Schadensersatzzahlung:

Ob der Verletzer eine unter den tatsächlich zu erwartenden Schäden liegende Kompensationszahlung kalkuliert, weil er den Schaden unterschätzt oder weil er nur einen bestimmten Teil des von ihm korrekt eingeschätzten Schadens in seine Berechnung einbezieht, ist allokativ irrelevant.

Eine entsprechende Analogie besteht zwischen der Schadensüberhöhung im Sinne von Kapitel C.I. und einer Schadensüberschätzung durch den Verletzer.
Eine Fehleinschätzung des Opfers bezüglich der erwarteten Schäden ist für unilaterale Unfälle per definitionem allokativ irrelevant.
Aus diesen Gründen werden die allokativen Konsequenzen einer Schadensunterschätzung bei unilateralen Unfällen im folgenden nur kurz und unter Verweis auf das oben zur Schadensdiskontierung Gesagte dargestellt.
Da die Schadensüberhöhung in Kapitel C.I. nur erwähnt wurde, wird die analoge Schadensüberschätzung unten etwas ausführlicher behandelt.
Die Modellbildung wird im folgenden durch die Annahme erleichtert, daß das Ausmaß der Fehleinschätzung der Schäden durch die Beteiligten nicht vom Niveau der Sorgfaltsaktivität abhängt.

Wir betrachten im folgenden die Institution der „reinen" Gefährdungshaftung, da das Konzept der Mitverschuldensklausel für unilaterale Schäden nicht definiert ist.

aa) Schadensunterschätzung

Für das volkswirtschaftlich optimale Sorgfaltsniveau x* ist der Verlauf der Kurve des erwarteten Schadens ES(x) neben dem Verlauf der Sorgfaltskostenkurve $K_A(x)$ maßgebend. Wie oben ausgeführt, liegt es im Minimum x* der Gesamtkostenkurve $K_A^G = K_A + ES$. Für die einzelwirtschaftliche Optimierung des Verletzers kommt es dagegen unter der Gefährdungshaftung auf die Summe von Sorgfaltskosten ($K_A(x)$) und von A subjektiv erwarteten Schäden ($^{(A)}ES(x)$) an. Das für den potentiellen Verletzer gleichgewichtige Vorsorgeniveau x' ist dadurch definiert, daß es die Summe aus von ihm erwartetem Schaden und Vorsorgekosten minimiert. Es liegt also im Minimum der Kurve $^{(A)}K_A^G = K_A + {}^{(A)}ES$. Die Abweichung zwischen subjektiv erwartetem Schaden und objektiv zu erwartendem Schaden führt also bei der Gefährdungshaftung im allgemeinen auf

ein suboptimales Gleichgewichtsvorsorgeniveau. Im hier zunächst erörterten Fall der Schadensunterschätzung liegt das Gleichgewichtsvorsorgeniveau x' unter dem pareto-optimalen Niveau x*.[28]
Graphisch kann die Argumentation mit Hilfe der oben für Abweichungen zwischen erwartetem Schaden und erwarteter Schadensersatzzahlung gegebenen Abbildung C.1. veranschaulicht werden. Dabei wäre die Funktion K_A^{GI} in Abb. C.1. durch ${}^{(A)}K_A^G$ zu ersetzen.

ab) Schadensüberschätzung

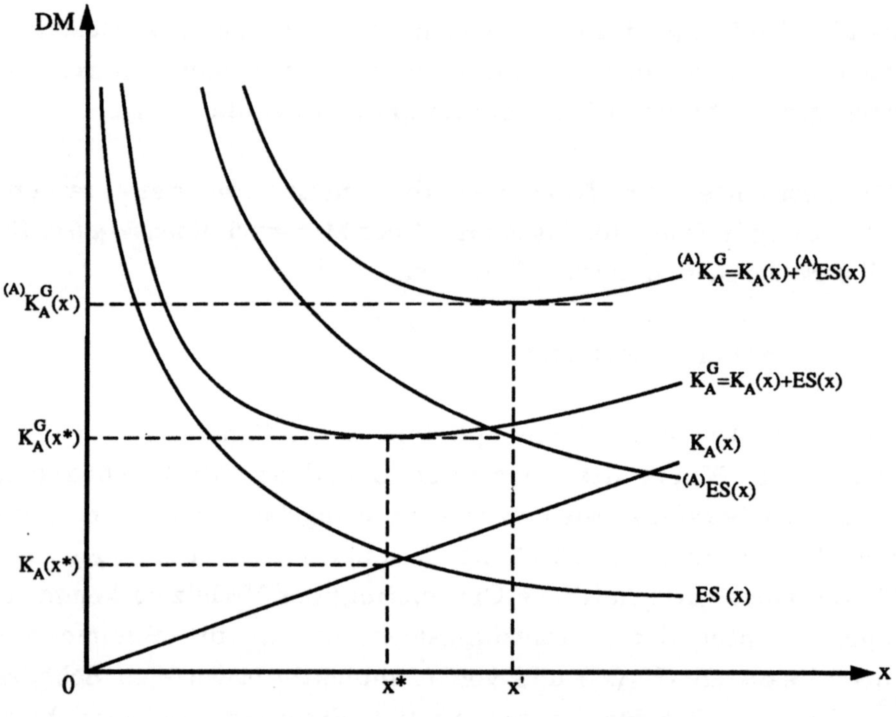

Abb. C.11.

Die Wirkung einer Schadensüberschätzung auf das Gleichgewichtssorgfaltsniveau des Verletzers können in Analogie zu dem oben

[28]Fußnote 14 gilt analog.

für die Schadensdiskontierung bzw. Schadensunterschätzungen ausgeführte an Abb. C.11. abgelesen werden. Die Schadensüberschätzung führt zu einem suboptimalen, über dem Pareto-Optimum x* liegenden Gleichgewichtssorgfaltsniveau x' des Verletzers.

b) Sorgfaltsgleichgewichte unter Verschuldenshaftung

ba) Schadensunterschätzung

Während bei der Gefährdungshaftung wie oben gezeigt eine Unterschätzung des erwarteten Schadens durch den Verletzer unter den hier getroffenen Annahmen stets zu einer Absenkung des Gleichgewichtssorgfaltsniveaus unter das pareto-optimale Sorgfaltsniveau führt, sind die Auswirkung der Schadensunterschätzung bei der Verschuldenshaftung nicht eindeutig. Hier führt entsprechend dem oben für Abweichungen zwischen erwarteter Schadensersatzzahlung und erwartetem Schaden gesagten erst eine „bedeutende" Unterschätzung dazu, daß das Gleichgewichtssorgfaltsniveau unter das pareto-optimale Niveau absinkt:
Der Verletzer muß bei der Verschuldenshaftung im Gleichgewicht bei Einhaltung des Standards nicht mit der erwarteten Schadensersatzzahlung kalkulieren, sondern er wird lediglich mit den Kosten der Vorsorgeaktivität auf dem Niveau x* belastet. Daher „reagiert" er auf eine Unterschätzung des Schadens erst dann mit einer Absenkung seines Gleichgewichtsvorsorgeniveaus, wenn die Unterschätzung so groß ist, daß die bei Standardverletzung bestenfalls erreichbare Situation ihm infolge seiner Fehleinschätzung kostengünstiger erscheint als die Aufwendung der zur Erfüllung des Verschuldensstandard notwendigen Vorsorgekosten. Die bei Standardverletzung bestenfalls erreichbare Situation wird durch das Niveau der Vorsorgemaßnahme definiert, für das die Summe aus Vorsorgekosten und von A subjektiv erwarteten Schäden minimal ist. Zur graphischen Illustration kann wieder Abbildung C.1. dienen. Dabei würde K_A^{GI} durch ${}^{(A)}K_A^G$ und K_A^{GII} durch ${}^{(AI)}K_A^G$ ersetzt.

bb) Schadensüberschätzung

Bei der Gefährdungshaftung führte die Kalkulation des Verursachers mit einem über dem objektiv zu erwartenden Schaden liegenden subjektiv erwarteten Schaden zu einer „übervorsichtigen" Durchführung der risikobehafteten Aktivität durch den Verletzer. Hier unterscheidet sich die Verschuldenshaftung fundamental von der Gefährdungshaftung. Bei der Verschuldenshaftung ist der Verletzer bei Einhaltung des hier als pareto-optimal gesetzt unterstellten Standards x^* von der Haftung befreit. So hoch seine Erwartung des bei einem Unfall eintretenden Schadens auch immer sein mag, zu einem über x^* liegenden Gleichgewichtsniveau der Sorgfaltsaktivität kann sie ihn nicht veranlassen, weil schon die Realisierung des Niveaus x^* für A garantiert, daß er den Schaden nicht ersetzen muß.

Abbildung C.11. veranschaulicht dieses Argument.
Die von A im günstigsten Fall zu tragenden Kosten liegen unter dieser Haftungsregel stets bei $K_A(x^*)$, ganz gleich, ob das Minimum der Gesamtkostenfunktion bei $K_A^G(x^*)$ oder darüber (z.B. bei ${}^{(A)}K_A^G(x')$) liegt.

3. Bilaterale Schäden

Die Analyse der allokativen Konsequenzen von Fehleinschätzungen durch die beteiligten Entscheidungsträger wird komplizierter, wenn potentiellem Verletzer *und* potentiellem Opfer wirtschaftliche Sorgfaltsmaßnahmen zur Verfügung stehen. Im Gegensatz zum Fall unilateraler Schäden sind hier Schadensunterschätzung und Schadensdiskontierung bzw. Schadensüberschätzung und Schadensüberhöhung nicht mehr äquivalent.
Betrachten wir das erstgenannte Begriffspaar: Der potentielle Verletzer diskontiere den erwarteten Schaden, weil er weiß, daß nur

ein bestimmter Teil des Schadens ersatzpflichtig ist. In dieser Situation geht das potentielle Opfer davon aus, bei einem Unfall ohne Haftpflicht des Verletzers den vollen Schaden tragen zu müssen und im Haftungsfall lediglich eine Teilkompensation zu erhalten. Dieser Umstand hat Auswirkungen auf das Gleichgewichtssorgfaltsniveau des Opfers, die auf die Situation des Verletzers zurückwirken. Unterschätzen dagegen Verletzer und Opfer den Schaden, so kalkulieren sie zwar per definitionem objektiv zu geringe Kompensationszahlungen. Das Opfer geht jedoch anders als im Fall der Diskontierung davon aus, bei einem Unfall ohne Haftpflicht des Verletzers einen Schaden tragen zu müssen, der niedriger angesetzt ist, als er tatsächlich ausfällt. Für den Haftungsfall erwartet das Opfer (im Gegensatz zum Modell mit Diskontierung) eine Vollkompensation. Aus diesen Überlegungen ergeben sich andere Konsequenzen für das Gleichgewichtssorgfaltsniveau des Opfers als bei der Diskontierung. Unterschiede im Gleichgewichtssorgfaltsniveau des Opfers wirken auf die Situation des Verletzers zurück.

Wir untersuchen im folgenden für unterschiedliche Haftungsregeln jeweils zunächst die allokativen Konsequenzen einer Schadensunterschätzung durch beide beteiligten Individuen (${}^{(A)}ES$, ${}^{(B)}ES < ES$). Dann wird unterstellt, die Entscheidungsträger überschätzen den Schaden (${}^{(A)}ES$, ${}^{(B)}ES > ES$). Abschließend wird nach Lage und Optimalität der Sorgfaltsgleichgewichte gefragt, wenn einer der Beteiligten den Schaden über - der andere den Schaden unterschätzt (${}^{(A)}ES < ES < {}^{(B)}ES$, ${}^{(A)}ES > ES > {}^{(B)}ES$).

a) Sorgfaltsgleichgewichte unter Gefährdungshaftung mit Mitverschuldensklausel

aa) Schadensunterschätzung (${}^{(A)}ES$, ${}^{(B)}ES < ES$)

- „Schwache“ Unterschätzungswirkung

Gehen wir einmal davon aus, B halte den an ihn adressierten pareto-optimal gesetzten Mitverschuldensstandard y* ein. Unter dieser Bedingung lautet das Problem des potentiellen Verletzers

$$^{(A)}K_A^G = K_A(x) + {}^{(A)}ES(x,y^*) = \min!$$

Dabei gibt $^{(A)}ES$ den von A subjektiv erwarteten Schaden an. Das zugehörige Gleichgewichtssorgfaltsniveau x' liegt unter dem pareto-optimalen Niveau x*.

Bei vorgegebenem x' ist es für B gleichgewichtig, den Standard y* einzuhalten, wenn gilt

$$(5) \qquad K_B(y^*) < K_B(y') + {}^{(B)}ES(x',y'),$$

mit $y' = \arg\min K_B(y) + {}^{(B)}ES(x',y)$.
Dabei gibt $^{(B)}ES$ den von B subjektiv erwarteten Schaden an. Würde $^{(B)}ES$ nicht von ES abweichen, so wäre Gleichung (5) stets erfüllt. Dann wäre nämlich wegen x' < x* und dy/dx < 0 notwendig y' > y*. Damit wäre das „<"-Zeichen in Ungleichung (5) gewährleistet, weil schon der erste Summand auf der rechten Seite von (5) größer wäre als die linke Seite. Der zweite Summand auf der rechten Seite ist positiv.
Für den hier untersuchten Fall $^{(B)}ES < ES$ ist dagegen nicht mehr eindeutig, ob y' über oder unter y* liegt. Hier wirken zwei gegenläufige Kräfte auf die Lage von y' zu y*:
Die von B vorgenommene Schadensunterschätzung senkt das die gesamten erwarteten Kosten (K_B + $^{(B)}ES$) minimierende Vorsorgeniveau y' tendenziell gegenüber dem pareto-optimalen Niveau y* ab. Von der Tatsache, daß der Verletzer seine Sorgfaltsaktivität auf einem (verglichen mit dem Pareto-Optimum x*) zu geringem Niveau x' ausübt, geht dagegen - wie vorstehend ausgeführt - eine Tendenz zur Ausweitung des die

gesamten erwarteten Kosten minimierenden Sorgfaltsniveaus des Opfers y' über das pareto-optimale Niveau y* aus.
Den erstgenannten Effekt können wir als „direkten Effekt" der Schadensunterschätzung bezeichnen, weil hier die von B vorgenommene Unterschätzung unmittelbar auf das Sorgfaltsniveau y' wirkt. Beim zweitgenannten Effekt handelt es sich dagegen um eine „indirekte Wirkung" der Unterschätzung. Hier wirkt die Abweichung des Gleichgewichtssorgfaltsniveaus von A vom pareto-optimalen Sorgfaltsniveau von A auf das die Gesamtkosten minimierende Niveau von B. Die Abweichung zwischen Gleichgewicht und Optimum auf seiten des Verletzers wird ihrerseits durch die vom Verletzer vorgenommene Unterschätzung verursacht.
Ist der direkte Unterschätzungseffekt schwächer als der indirekte, so gilt y' > y* und Bedingung (5) gilt zweifelsfrei. Überkompensiert dagegen der direkte Unterschätzungseffekt den indirekten, so gilt y' < y*. Unter dieser Bedingung ist es denkbar, daß sich das Vorzeichen der Ungleichung (5) umdreht.
In allen Fällen, in denen in (5) das „<"-Zeichen hält, sprechen wir im folgenden von „schwacher" Unterschätzungswirkung. Die Gesamtwirkung der Unterschätzung von Verletzer und Opfer ist hier nicht stark genug, um B zur Verletzung des Sorgfaltsstandards y* zu veranlassen. Es ergibt sich ein (suboptimales) Sorgfaltstupel x', y*.
Die Argumentation wird durch Abbildung C.12. veranschaulicht.
Diese Abbildung zeigt die Situation des potentiellen Opfers für zwei Fälle, in denen Ungleichung (5) erfüllt ist. Im Fall 1 gilt y' > y*, im Fall 2 y' < y*. Im Fall 1 ist der direkte Unterschätzungseffekt also schwächer als der indirekte, im Fall 2 ist er „etwas" stärker aber nicht stark genug um das Ungleichheitszeichen in (5) umzukehren.

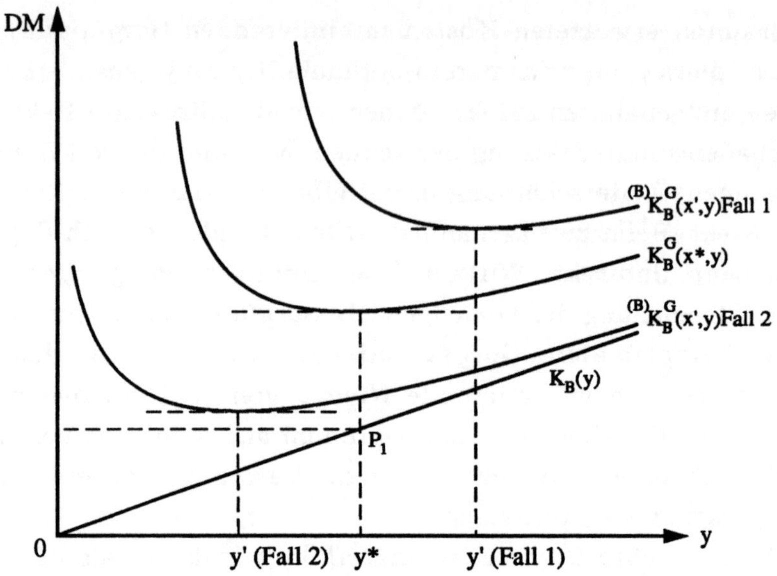

Abb. C.12.

Abbildung C.13. zeigt die Situation des potentiellen Verletzers:

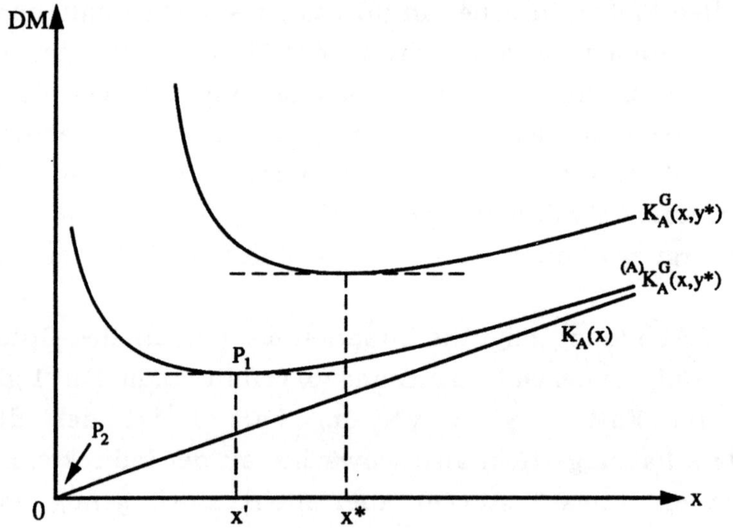

Abb. C.13.

Geht der potentielle Verletzer davon aus, daß B den Standard y^* einhält, so ist es für ihn am besten, das Minimum der Kurve $^{(A)}K_A^G = K_A(x) + {}^{(A)}ES(x,y^*)$ im Punkt P_1 in Abbildung C.13. aufzusuchen, d.h. das Gleichgewichtssorgfaltsniveau x' zu realisieren. Bei gegebenem x' ist es für das potentielle Opfer am besten, y^* aufzusuchen und damit P_1 in Abbildung C.12. zu realisieren. Dieses Ergebnis ist unabhängig davon, welcher der beiden in Abbildung C.12. eingetragenen Fälle eintritt.
Die Abbildungen C.12. und C.13. veranschaulichen also das (suboptimale) Gleichgewichtssorgfaltstupel x',y^* bei „schwacher Unterschätzungswirkung" mit den erwarteten Kostenbelastungen $^{(A)}K_A^G(x',y^*)$ für den Verletzer und $K_B(y^*)$ für das Opfer.

„Starke" Unterschätzungswirkung

Nehmen wir an, B realisiere ein Sorgfaltsniveau y^0 ($< y^*$), das die von B erwarteten Kosten unter der Bedingung minimiert, daß A auf die Durchführung von Sorgfaltsmaßnahmen völlig verzichtet. y^0 ist also arg min $K_B(y) + {}^{(B)}ES(x=0,y)$. In dieser Situation ist A von der Haftpflicht befreit, d.h. er minimiert $K_A(x)$ und realisiert damit $x = 0$.
y^0 ist dann B's Sorgfaltsgleichgewicht, wenn gilt

$$(6) \qquad K_B(y^*) > K_B(y^0) + {}^{(B)}ES(x=0,y^0).$$

Bei korrekter Schadenseinschätzung durch B ($^{(B)}ES=ES$) würde (wegen $x=0<x^*$ und $dy/dx < 0$) stets $y^0 > y^*$ gelten. In diesem Fall könnte die Bedingung (6) also nicht gelten. In dem hier behandelten Fall $^{(B)}ES < ES$ ist es dagegen möglich, daß die direkte Wirkung der Schadensunterschätzung des Opfers auf sein Gleichgewichtsvorsorgeniveau die indirekte (über das Sorgfaltsgleichgewichtsniveau von A wirkende) Unterschätzungswirkung überkompensiert, so daß $y^0 < y^*$ gilt. Hier ist es nicht ausgeschlossen, daß Ungleichung (6) gilt.

Dann ist die Wirkung der Gesamtheit der Schadensunterschätzung durch A und B „stark" genug, um B zur Mißachtung des Sorgfaltsstandards y* zu veranlassen. Hier ergibt sich also ein (suboptimales) Gleichgewichtssorgfaltstupel x = 0, y^0. Abbildung C.14. illustriert die Argumentation zusammen mit Abbildung C.13.

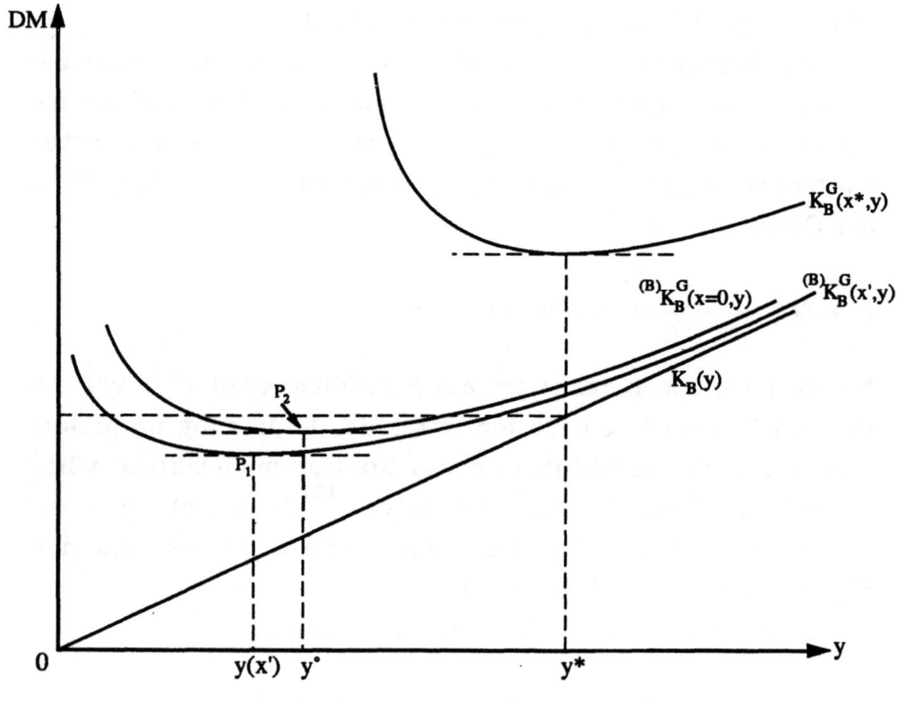

Abb. C.14.

Realisiert B den Standard y*, so wählt A das Sorgfaltsniveau x' und sucht damit Punkt P_1 in Abbildung C.13. auf.

Für gegebenes x' wählt B das Sorgfaltsniveau y(x') und sucht damit Punkt P_1 in Abbildung C.14. auf.

Für y(x') ist A von der Haftung befreit, d.h. er realisiert im Gleichgewicht x = 0 (P_2 in Abb. C.13.).

Bei x = 0 wählt B das Niveau y^0 (Punkt P_2 in Abb. C.14.).

Bei $y = y^0$ verbleibt A bei $x = 0$, d.h. die Punkte P_2, Abbildung C.13. und Punkt P_2, Abbildung C.14. illustrieren die Sorgfaltsgleichgewichte.

- „Mittlere" Unterschätzungswirkung

Oben haben wir über die Ungleichungen (5) bzw. (6) Sorgfaltsgleichgewichte für „schwache" bzw. „starke" Unterschätzungswirkungen charakterisiert. Es ist allerdings denkbar, daß weder (5) noch (6) gelten, sondern vielmehr

(5)' $$K_B(y^*) > K_B(y') + {}^{(B)}ES(x',y')$$

und

(6)' $$K_B(y^*) < K_B(y^0) + {}^{(B)}ES(x=0,y^0).$$

Bei dieser Konstellation sprechen wir von „mittlerer" Unterschätzungswirkung.[29] Wenn sich A bei dieser Konstellation darauf einstellt, daß B den Standard y^* einhält und deshalb x' realisiert, so ist es für B (wegen (5)') gleichgewichtig, den Standard zu verletzen und $y' < y^*$ zu realisieren. Wenn A nun davon ausgeht, daß B den Standard verletzt und $x = 0$ realisiert, so ist es für B wegen (6)') gleichgewichtig, den Standard y^* einzuhalten. Bei „mittlerer" Schadensdiskontierung existiert demnach kein Cournot-Nash Sorgfaltsgleichgewicht.
Abbildung C.15. illustriert diesen Fall gemeinsam mit Abbildung C.13.
Hält B den Standard y^* ein, so ist es für A am günstigsten mit dem Niveau x' Punkt P_1 in Abbildung C.13. aufzusuchen.
Bei gegebenem x' ist es für B am besten über das Sorgfaltsniveau y' den Punkt P_1 in Abbildung C.15. zu realisieren.
Gegeben y', wird A im Gleichgewicht $x = 0$ realisieren und damit P_2 in Abbildung C.13. aufsuchen.

[29] Der Fall, daß sowohl (5) als auch (6) gelten, kann wegen $x' > 0$ ausgeschlossen werden.

Auf x = 0 reagiert B mit y* und erreicht damit P_3 in Abbildung C.15.

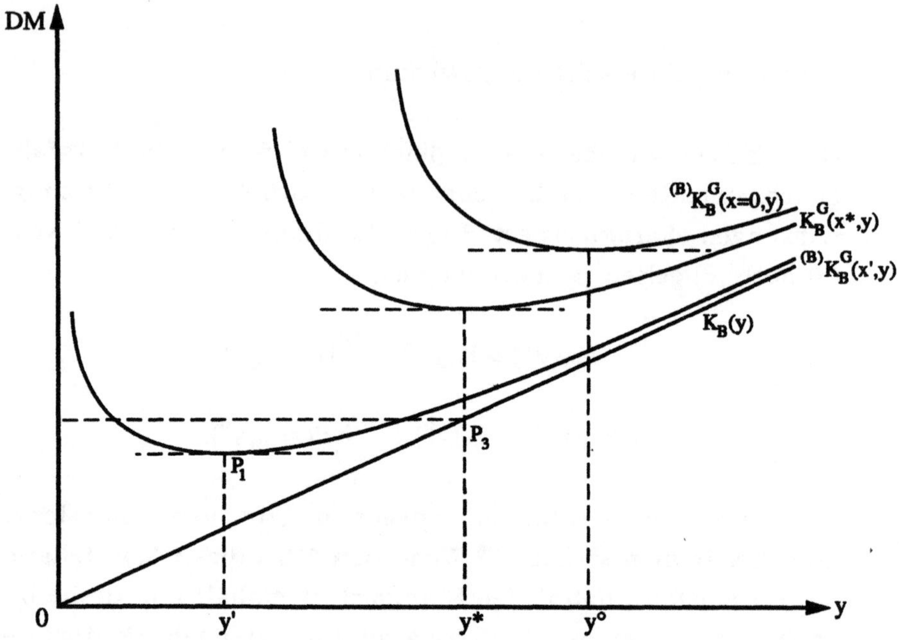

Abb. C.15.

Damit ist die Ausgangssituation wiederhergestellt und der iterative Anpassungsprozeß würde bei Beibehaltung der Cournot-Nash Annahme von vorne beginnen.

Für diese Konstellation ohne Cournot-Nash Gleichgewicht prüfen wir, welche Konsequenzen sich ergeben, wenn die Beteiligten vom Cournot-Nash Verhalten abweichen und stattdessen eine Minimax-Strategie wählen.
Die Entscheidungssituation der beiden ist in folgendem Tableau veranschaulicht. Dabei sind die in Klammern angegebenen Zahlenwerte lediglich zur leichteren Orientierung eingetragen. Sie geben die Rangordnung bezüglich der Höhe der verschiedenen Kostenbeträge richtig wieder, sind aber ansonsten willkürlich.

B \ A	x=0	x'
y*	(2) ${}^{(A)}K_A^G(x=0,y^*)$ (100) $K_B(y^*)$ (20)	(1) ${}^{(A)}K_A^G(x',y^*)$ (50) $K_B(y^*)$ (20)
y'	(3) $K_A(x=0)=0$ ${}^{(B)}K_B^G(x=0,y')$ (100)	(4) $K_A(x')$ (20) ${}^{(B)}K_B^G(x',y')$ (70)

Tabelle C.1.

Für A liegt das minimale Kostenmaximum im Feld 1 bei ${}^{(A)}K_A^G(x',y^*)$ oder 50. A wird also x' wählen.
Für B liegt das minimale Kostenmaximum im Feld 1 und 2 bei $K_B(y^*)$ oder 20. B wird also y* wählen.

Insgesamt ergibt sich demnach ein (suboptimales) Minimax-Gleichgewicht x', y* für den Fall „mittlerer" Unterschätzungswirkung.

ab) Schadensüberschätzung (${}^{(A)}ES$, ${}^{(B)}ES > ES$)

Probleme von über den tatsächlich zu erwartenden Schäden liegenden erwarteten Schäden sollen hier wegen der weitgehenden Analogie zur oben diskutierten Schadensunterschätzung nur kurz besprochen werden.
Hält B den Standard ein, so wählt A einen Gleichgewichtswert $x' > x^*$.
Bei gegebenem x' ist es für B gleichgewichtig den Standard einzuhalten, wenn die Bedingung (5) aus dem vorigen Abschnitt erfüllt ist, wobei hier ${}^{(B)}ES > ES$ gilt.

Der Fall, daß eine Standardverletzung für B gleichgewichtig ist, kann bei einer Schadensüberschätzung im Gegensatz zur Schadensunterschätzung nicht auftreten.
Wegen $K_B(y^*) < K_B(y^*) + ES(x^*,y^*) < K_B(y^0) + {}^{(B)}ES(x=0,y^0)$ ist die für ein Gleichgewicht bei Standardverletzung geltende Bedingung (6) für eine Schadensüberschätzung nicht erfüllbar.
Allerdings ist es möglich, daß weder (5) noch (6) gelten und damit kein Cournot-Nash Gleichgewicht existiert.

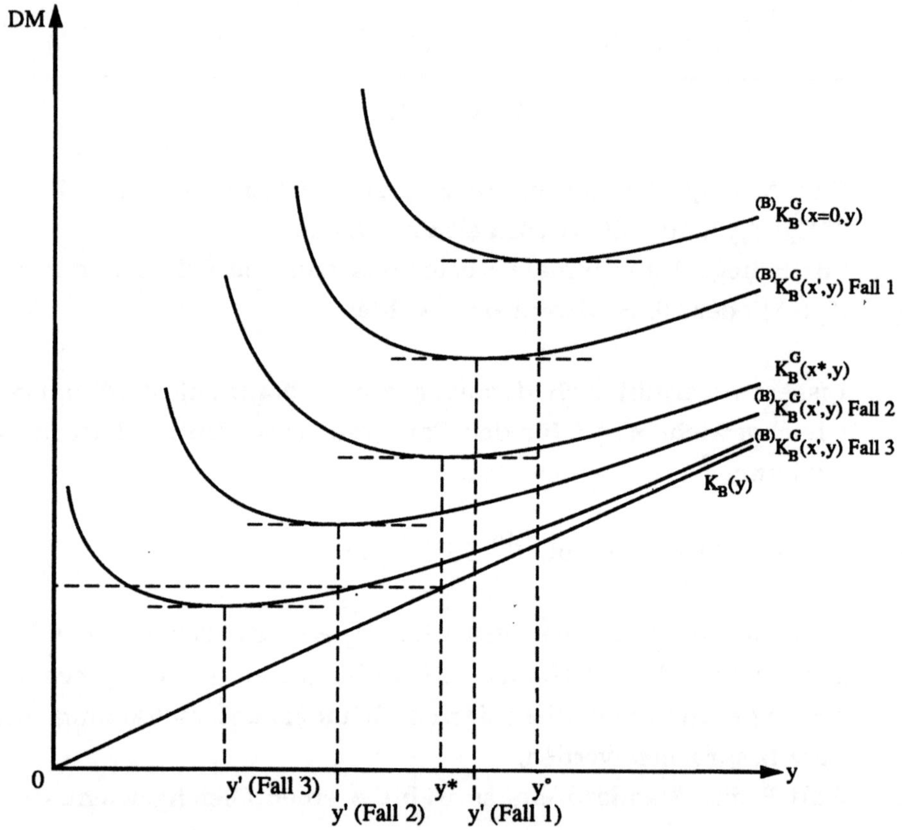

Abb. C.16.

Abbildung C.16. zeigt mit Fall 1 und Fall 2 zwei Konstellationen, bei denen B im Gleichgewicht den Standard einhält und A das „übervorsichtige“ Sorgfaltsniveau x' realisiert.

Gilt dagegen der Kurvenverlauf von Fall 3, so „antwortet“ B auf x' mit der Standardverletzung y' (Fall 3). A reagiert mit x = 0, weil er bei y' nicht haftet. Da Min $^{(B)}K_B^G(x=0,y)$ über $K_B(y^*)$ liegt, reagiert B auf x = 0 mit y* usw., d.h., es existiert kein Cournot-Nash Gleichgewicht.

ac) Mischformen ($^{(A)}ES < ES < {}^{(B)}ES$ oder $^{(A)}ES > ES > {}^{(B)}ES$)

Eine Komplikation der bisher durchgeführten Analyse entstand dadurch, daß angenommen wurde, daß die Abweichung zwischen subjektiv erwartetem Schaden und objektiv zu erwartendem Schaden für beide Beteiligten dasselbe Vorzeichen aufweise. Hieraus ergaben sich für jeden Entscheidungsträger zwei einander entgegenlaufende Tendenzen für die Lage des Sorgfaltsgleichgewichts. So wirkt etwa für das Opfer die eigene Unterschätzung des Schadens ceteris paribus in Richtung auf eine Absenkung des Gleichgewichtssorgfaltsniveaus. Andererseits entsteht aber aus der Tendenz des Verletzers, auf seine Unterschätzung mit einer Absenkung seines Sorgfaltsniveaus zu reagieren für das Opfer ein Anlaß, die Sorgfaltsanstrengungen zu steigern.

Diese Komplikation entfällt, wenn der potentielle Verletzer den Schaden unterschätzt (überschätzt) während das Opfer ihn überschätzt (unterschätzt). Kalkuliert B mit einem unter dem zu erwartenden Schaden liegenden erwarteten Schaden, so wird er eher als bei korrekter Kalkulation dazu neigen, einen pareto-optimalen Sorgfaltsstandard zu verletzen. Diese Neigung wird verstärkt, wenn A infolge eines (im Vergleich mit den in Wahrheit zu erwartenden Schäden) überhöhten Ansatzes der erwarteten Schäden ein über dem pareto-optimalen Niveau liegendes Sorgfaltsniveau realisiert.

Umgekehrt wird ein zu hoher Ansatz in der Kalkulation des Opfers seine Neigung, den Standard einzuhalten, erhöhen. Darin würde er bestärkt, wenn A infolge eines zu geringen

Ansatzes das Ausmaß seiner Sorgfaltsaktivität unter das pareto-optimale Niveau absenken würde.

b) Sorgfaltsgleichgewichte bei „reiner“ Verschuldenshaftung

ba) Schadensunterschätzung ($^{(A)}ES$, $^{(B)}ES < ES$)

Wegen der Analogie zur Gefährdungshaftung mit Mitverschuldensklausel fassen wir uns im folgenden kurz.

Hält A den pareto-optimal gesetzten Sorgfaltsstandard x* ein, so wählt B ein y' mit y' < y*.
Für gegebenes y' ist es für A gleichgewichtig, den Standard einzuhalten, wenn gilt

$$(7) \qquad K_A(x^*) < K_A(x') + {}^{(A)}ES(x',y'),$$

wobei x' = arg min

$$^{(A)}K_A^G(x,y') = K_A(x) + {}^{(A)}ES(x,y').$$[30]

Mit (7) ergibt sich also ein Sorgfaltsgleichgewichtstupel x*,y'.

- Verletzt A den Standard, so verzichtet B vollständig auf die Durchführung seiner Sorgfaltsaktivität. Wegen der hier unterstellten, von B erwarteten Vollkompensation wären sämtliche für die Sorgfaltsaktivität aufgewendeten Mittel aus der Sicht von B verschwendet.
Für y = 0 ist es für A gleichgewichtig, den Standard zu verletzen, wenn gilt

$$(8) \qquad K_A(x^*) > K_A(x^0) + {}^{(A)}ES(x^0,y=0),$$

[30] Für x' > x* ist (7) stets erfüllt.

wobei $x^0 = \arg\min {}^{(A)}K_A^G(x,y=0)$.

Gilt (8), so ergibt sich demnach ein Sorgfaltsgleichgewichtstupel $x^0, y=0$.

- Ein Cournot-Nash Gleichgewicht existiert dagegen nicht, wenn statt (7) oder (8) gilt

$$K_A(x')+{}^{(A)}ES(x',y')<K_A(x^*)<K_A(x^0)+{}^{(A)}ES(x^0,y=0).$$

bb) Schadensüberschätzung (${}^{(A)}ES$, ${}^{(B)}ES > ES$)

- Hält A den Standard ein, wählt B ein y' mit $y' > y^*$.
  Die Standardeinhaltung ist für A unter dieser Bedingung gleichgewichtig, wenn (7) mit ${}^{(A)}ES > ES$ gilt. Dann ergibt sich ein Sorgfaltsgleichgewicht x^*, y'.
- Gleichung (8), oben, ist im Fall der Schadensüberschätzung wegen

$$K_A(x^*) < K_A(x^*) + ES(x^*,y^*) < K_A(x^0) + ES(x^0,y=0)$$
$$< K_A(x^0) + {}^{(A)}ES(x^0,y=0)$$

  ausgeschlossen, d.h. hier kann eine Situation, in der A den Standard verletzt, nicht gleichgewichtig sein.
- Kein Gleichgewicht im Cournot-Nash Sinne existiert dagegen, wenn (7) mit umgedrehtem Vorzeichen gilt.

bc) Mischformen (${}^{(A)}ES < ES < {}^{(B)}ES$ oder ${}^{(A)}ES > ES > {}^{(B)}ES$)

Überschätzt A den Schaden, so wird dies seine Neigung, den Sorgfaltsstandard einzuhalten, erhöhen. Diese Tendenz wird verstärkt, wenn B seinerseits von einer Schadens-

unterschätzung dazu angereizt wird, seine Sorgfaltsaktivitäten auf einem zu geringen Niveau durchzuführen.
Kalkuliert dagegen A zu niedrig und B zu hoch, so verstärken sich diese beiden Abweichungen in ihrer die Attraktivität einer Standardverletzung für A erhöhenden Wirkung.

III. Suboptimale Sorgfaltsstandards

1. Einführung

Bei der obigen Analyse war vorausgesetzt, daß die Gerichte, die bei einem Unfall über die Haftung zu entscheiden haben, die pareto-optimalen Niveaus der Aktivitäten von Verletzer bzw. Opfer (x^*,y^*) kennen und bei ihrer Beurteilung des Verhaltens der Beteiligten zum Maßstab für die im Verkehr erforderliche Sorgfalt machen. Diese Voraussetzung erlaubt es, die Kostenfunktionen der Beteiligten so zu fassen, daß der Verletzer bei der Verschuldenshaftung nur haftet, wenn er das optimale Sorgfaltsniveau unterschreitet $(x < x^*)$. Bei der Gefährdungshaftung befreit die Verletzung des optimalen Sorgfaltsniveaus des Opfers $(y < y^*)$ den Verletzer von der Haftung (effiziente Mitverschuldensklausel).

Natürlich erfordert die Annahme, daß die Gerichte die pareto-optimalen Werte der Variablen als Referenzniveaus bei ihrer Entscheidung über die Haftung verwenden können, extrem hohe Informationsvoraussetzungen:

Das Gericht muß bei allen Aktivitäten von Verletzer und Opfer Ausmaß, Qualität und Eintrittswahrscheinlichkeit der mit ihnen verbundenen Unfälle kennen. Außerdem müssen ihm die Auswirkungen von Niveauveränderungen aller betrieblichen Aktivitäten auf diese Werte bekannt sein. Ferner muß das Gericht die Kosten aller Maßnahmen von Verletzer und Opfer kennen, die die erwarteten Schäden senken und es muß in der Lage sein, alle Schäden monetär zu bewerten. Natürlich müssen die aufgrund dieser Überlegungen zustandekommenden Referenzwerte stets an Änderungen der Rahmenbedingungen angepaßt werden. Die zur Deckung dieser Annahmen notwendigen Informationsvoraussetzungen sind bei verschiedenen Typen von Unfällen verschieden hoch. So ist z.B. bei Verkehrs- oder Arbeitsunfällen die Identifizierung der Beteiligten wesentlich leichter als bei betrieblichen Störfällen mit

weit streuender Umwelteinwirkung. Im Allgemeinen darf man jedoch die Annahme, das Gericht kenne die pareto-optimalen Aktivitätsniveaus der Beteiligten, als heroisch bezeichnen.[31]
Dieselbe Kritik gilt natürlich für jede andere staatliche Institution, die Normen für „im Verkehr erforderliche Sorgfalt" festlegt.
Auch die bisweilen versuchte Verwendung von „marktüblichen" Aktivitätsniveaus als Näherungsgrößen für die pareto-optimalen Aktivitätsniveaus weist aus ökonomischer Sicht keinen Ausweg:
In der Literatur wird der Fall eines bei einem Unfall beschädigten besonders seltenen und teuren Kfz berichtet. Die besonders lange Ersatzteillieferungszeit für dieses Modell führte dazu, daß der Geschädigte sich für zwei Monate ein besonders teures Ersatz-Kfz mietete. Das Gericht gab seiner Klage auf Erstattung der Mietwagenkosten durch den Verletzer nur zur Hälfte statt. Dieser Fall wird als Beispiel dafür angeführt, daß Gerichte sich bei ihrer Entscheidung über die Haftung an effizienten Referenzniveaus orientieren.[32] Die durchschnittliche Ersatzteillieferungszeit bei marktüblichen Kfz sei nämlich eine gute Näherungsgröße für die pareto-optimale Ersatzteillieferungszeit. Wenn sich das Opfer einen Wagen zulegte, für den die Ersatzteillieferungszeit erheblich höher sei, hätte es damit das pareto-optimale Vorsichtsniveau unterschritten und müsse daher billigerweise einen Teil der Mietwagenkosten selbst tragen. (Im oben dargestellten Modell der idealtypischen Gefährdungshaftung mit Mitverschuldensklausel verlöre es sogar den gesamten Haftungsanspruch).
Diese Argumentation ist jedoch nicht überzeugend. Aus der obigen Analyse (vgl. Teil B.II.) ist ersichtlich, daß das pareto-optimale Vorsichtsniveau von der Sorgfaltskosten-Funktion des Verletzers, von der Sorgfaltskosten-Funktion des Opfers sowie der Schadensfunktion bestimmt wird. (Wenn die Beteiligten Haushalte sind, sind bei der Ableitung der Pareto-Bedingungen entsprechend ihre Nutzenfunktionen (bzw. Zahlungsbereitschaften) zu berücksichtigen). Senkt das

---

[31] Auf diesen (in der Literatur meist übersehenen) Umstand hat J. Finsinger schon in (1986) hingewiesen.
[32] Vgl. M. Adams (1985), S. 202 f.

Opfer den bei ihm auftretenden erwarteten Schaden durch Vorsichtsmaßnahmen, so erzeugt es damit ein privates Gut, für das sich bekanntlich für verschiedene Individuen verschiedene pareto-optimale Werte ergeben. Verwechselt man das marktübliche Aktivitätsniveau mit einem für alle Individuen einheitlichen pareto-optimalen Niveau und definiert Abweichungen davon als schuldhaft, so bestraft man Konsumenten dafür, daß ihre Präferenzen nicht den „durchschnittlichen Präferenzen" entsprechen.

Das hier am Beispiel der Verwendung von marktüblichen Werten als Verhaltensnormen aufgezeigte Problem tritt stets auf, wenn für verschiedene Individuen derselbe Sorgfaltsmaßstab angewendet wird. Ein einheitlicher Sorgfaltsmaßstab ist stets für die vom Durchschnitt abweichenden Beteiligten ineffizient, weil die pareto-optimalen Sorgfaltsniveaus individuell auf der Grundlage der für die einzelnen beteiligten Individuen verschiedenen Kostenverläufe definiert sind. Die Ineffizienz wird besonders kraß sein, wenn das Verschulden (bzw. bei der Gefährdungshaftung das Mitverschulden) anhand „objektiver" Kriterien festgelegt wird.[33] Aber selbst wenn der Versuch unternommen wird, individuellen Gegebenheiten Rechnung zu tragen,[34] werden sich Pauschalierungen nicht vermeiden lassen. Außerdem können hier Probleme durch „strategisches Verhalten" bei den Auskünften, die die Betroffenen der Regulierungsinstanz über ihre Sorgfaltskosten und insbesondere die Schadenshöhe machen, auftreten. Den Möglichkeiten, pareto-optimale Sorgfaltsniveaus durch Sachverständige oder durch Rede und Gegenrede der beteiligten Parteien vor Gericht zu erfahren, sind Grenzen gesetzt. Schließlich wird die Lage der optimalen Sorgfaltsniveaus (gerade wenn Haushalte beteiligt sind) durch subjektive Präferenzen bestimmt, die sich der Beobachtung wenigstens teilweise entziehen. Ein (den Verhältnissen auf Märkten mit ihrer Einheit von „Bewerter", „Entscheider" und „Zahler" entsprechender) Anreiz zur Präferenzoffenbarung besteht nicht.

---

[33]So H.-B. Schäfer, C. Ott (1986), S. 96, 144 f., 208 f.
[34]Vgl. P. Hartmann (1986), S. 143 f.

Da die Verantwortlichen die „richtigen“ Referenzniveaus für die Entscheidung über den Haftungstatbestand also im allgemeinen nicht kennen können, müssen bei der ökonomischen Analyse die allokativen Konsequenzen suboptimaler Sorgfaltsstandards untersucht werden. Diese Analyse ist außerdem angezeigt, weil die Verantwortlichen die betreffenden Standards möglicherweise nach anderen als Effizienzkriterien festsetzen.

2. Sorgfaltsgleichgewichte bei „reiner“ Verschuldenshaftung

a) Unilaterale Schäden

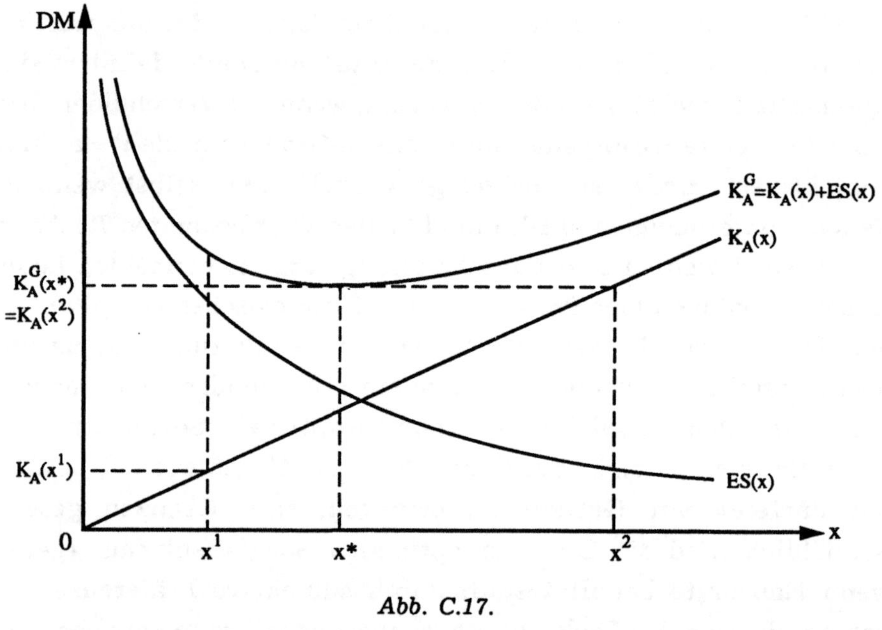

Abb. C.17.

Wir betrachten die Situation des potentiellen Verletzers bei der Verschuldenshaftung. Die Anreizwirkung suboptimaler Verschuldensstandards kann am einfachsten anhand von Abb. C.17. erläutert werden.[35]

Wir betrachten zwei suboptimale Standards x^1 bzw. x^2 unter- bzw. oberhalb des pareto-optimalen Standards x^*.

Gilt der zu niedrig gesetzte Standard x^1, so ist es unmittelbar einsichtig, daß es für den Verletzer am günstigsten ist, ihn einzuhalten. Er ist dann lediglich mit Vorsorgekosten $K_A(x^1)$ belastet. Würde er den Standard (marginal) verletzen, so müßte er höhere Kosten von $K_A(x^1 - \varepsilon) + ES(x^1 - \varepsilon)$ tragen. Die Kosten steigen monoton mit dem Ausmaß der Standardverletzung. Ein Anreiz zu über x^1 hinausgehender (womöglich sogar optimaler) Vorsorge besteht nicht. Würde er den Standard (marginal) übererfüllen, so stiegen seine Kosten auf $K_A(x^1 + \varepsilon)$.

Liegt der geltende Standard dagegen über x^*, wird die Entscheidung für A etwas komplizierter. Es ist nicht mehr trivial, ob es für A besser ist, den „zu restriktiven" Standard einzuhalten und damit „überhöhte" Vorsorgeaufwendungen in Kauf zu nehmen, oder den Standard zu verletzen und sich optimal an den dann bestehenden Tatbestand der Haftpflicht anzupassen. Eine optimale Anpassung bestünde in Abb. C.17. in der Wahl des pareto-optimalen Sorgfaltsniveaus x^*, mit dem die Summe aus Vorsorge- und Schadenskosten minimiert wird. Die optimale Strategie für A hängt bei gegebenen Kostenverläufen von der Lage des Verschuldensstandards ab:

Liegt der „zu restriktive" Standard in Abb. C.17. zwischen x^* und x^2, so fällt die Abwägung des Verletzers zugunsten der Einhaltung des Standards aus. x^2 ist dabei dadurch definiert, daß die Kostenbelastung von A bei Einhaltung des Standards ($K_A(x^2)$) gerade gleich ist mit der Kostenbelastung von A bei Standardverletzung und optimaler Anpassung an den Haftungstatbestand ($K_A^G(x^*)$). Bei Standards x^- zwischen x^* und x^2 gilt deswegen $K_A(x^-) < K_A^G(x^*)$, d.h. es ist für A am günstigsten, den Standard im Gleichgewicht einzuhalten und damit vom pareto-optimalen Vorsorgeniveau abzuweichen. Standards, die

[35]Eine ausführliche modelltheoretische Behandlung findet sich bei A. Endres (1989b).

dieses Kriterium erfüllen, werden in diesem Buch als „moderat ineffizient" bezeichnet.

Bei Standards x^+ jenseits von x^2 gilt dagegen $K_A(x^+) > K_A^G(x^*)$, d.h. A steht besser, wenn er die Standardverletzung und damit das Risiko der Haftung bewußt auf sich nimmt, indem er x^* ($< x^+$) realisiert. Standards, für die diese Aussage zutrifft, werden als „exzessiv ineffizient" bezeichnet. Bei exzessiv ineffizientem Standard wird also - im hier zunächst behandelten Spezialfall unilateraler Schäden - eine insgesamt pareto-optimale Situation erreicht. Ein exzessiv ineffizienter Standard führt zum (allokativ und distributiv) selben Ergebnis, wie eine reine Gefährdungshaftung. Im Fall unilateraler Schäden (und nur in diesem Fall) werden die externen Effekte durch das Haftungsrecht internalisiert.[36]

Standarderhöhungen können nach dem gesagten zu „paradox" erscheinenden Reaktionen der regulierten Entscheidungsträger führen: Wird der Verschuldensstandard von einem unter x^2 liegenden Niveau aus angehoben, so wird der Verletzer zunächst mit steigenden Sorgfaltsmaßnahmen reagieren. Steigt der Standard dann über x^2 hinaus, so reagiert der Betroffene auf die Steigerung der an ihn gerichteten Anforderungen mit einem Rückgang seiner Anstrengungen.

b) Bilaterale Schäden

Die Unterscheidung zwischen moderat und exzessiv ineffizienten Standards ist im Fall bilateraler Unfälle etwas komplizierter als bei den oben besprochenen unilateralen Unfällen. Bei ersteren muß nämlich die Reaktion des potentiellen Opfers auf die Einhaltung bzw. Verletzung eines Standards durch den Verursacher berücksichtigt werden.

So ist eine Standardverletzung für A nur dann gleichgewichtig, wenn die Kosten der Einhaltung dieses Standards noch höher liegen als die Kosten, die A günstigstenfalls realisieren kann, wenn B auf die

[36]Bei dieser Aussage werden natürlich alle in diesem Buch besprochenen Komplikationen außer den suboptimal gesetzten Standards ignoriert.

Durchführung von Sorgfaltsmaßnahmen völlig verzichtet. Ignoriert nämlich A den Standard, so haftet er, d.h. B wird (vollständig) kompensiert und wählt daher im Gleichgewicht den Wert y=0. Formal lautet daher die Bedingung für einen exzessiv ineffizienten Standard $\bar{x}$

$$K_A(\bar{x}) > K_A^G(x^0, y=0),$$

wobei x^0 wieder arg min $K_A^G(x,y=0)$ darstellt.

Entsprechend ist bei der Definition der moderaten Ineffizienz eines Standards vorzugehen:

Hält A einen moderat ineffizienten Standard $\bar{x}$ ein, so reagiert B mit der Wahl eines Sorgfaltsniveaus $\bar{y}$, das (im allgemeinen) zwischen 0 und y* liegt. Die Einhaltung von $\bar{x}$ ist für A genau dann gleichgewichtig, wenn die entsprechenden Sorgfaltskosten ($K_A(\bar{x})$) geringer sind, als die für A bei gegebenem $\bar{y}$ und einer Verletzung des Standards günstigstenfalls erreichbaren Summe aus Sorgfaltskosten und erwarteten Schäden.

Formal lautet die Bedingung für moderate Ineffizienz eines Standards $\bar{x}$ demnach

$$K_A(\bar{x}) < K_A^G(x(\bar{y}),\bar{y}).$$

Natürlich ist es möglich, daß das Niveau eines an A adressierten Sorgfaltsstandards $\bar{x}$ so gesetzt wird, daß es keine der beiden obigen Bedingungen erfüllt. Hier gilt also

$$K_A^G(x(\bar{y}),\bar{y}) < K_A(\bar{x}) < K_A^G(x^0, y=0).$$

Hier existiert kein Gleichgewicht im Cournot-Nash Sinn.

Abb. C.18. illustriert diese Argumentation:

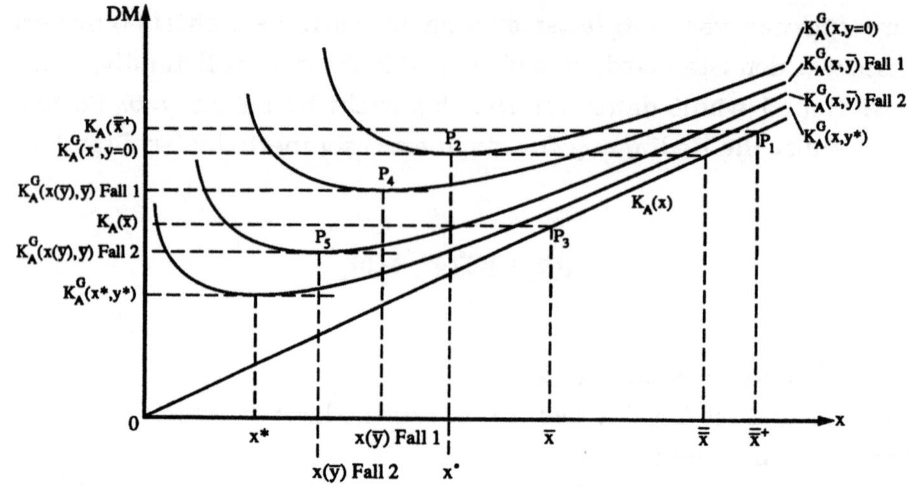

Abb. C.18.

Alle Standards jenseits von $\bar{\bar{x}}$ sind exzessiv ineffizient. Gilt z.B. der Standard $\bar{\bar{x}}^+$, so würde der potentielle Verletzer den Punkt P_1 in Abb. C.18. realisieren, wenn er ihn einhielte. Verletzt er dagegen den Standard, so setzt er sich dem Risiko aus, den B, der seinerseits völlig auf die Durchführung von Sorgfaltsmaßnahmen verzichtet, vollständig kompensieren zu müssen. Bei optimaler Anpassung an diese Verhältnisse kann er P_2 in Abb. C.18. erreichen. P_2 ist kostengünstiger als P_1, daher ist die zugehörige Allokation x^0, y=0 gleichgewichtig. Dagegen ist der in Abb. C.18. eingetragene Standard $\bar{x}$ moderat ineffizient, wenn die Summe aus Sorgfaltskosten und erwarteten Schäden durch die Kurve $K_A^G(x,\bar{y})$ Fall 1 repräsentiert wird. Bei Einhaltung von $\bar{x}$ realisiert A nämlich den Punkt P_3 in Abb. C.18. Verletzt er dagegen den Standard kann er günstigstenfalls P_4 erreichen.[37] P_3 ist kostengünstiger und deshalb gleichgewichtig.

[37]Für diese und die folgende Argumentation ist die oben getroffene Annahme entscheidend, daß sich die Beteiligten gemäß der Cournot-Nash-Hypothese verhalten. In dem im Text behandelten Zusammenhang bedeutet dies, daß A bei seiner Überlegung, den Standard $\bar{x}$ zu verletzen, nicht berücksichtigt, daß B auf dieser Verletzung mit dem Übergang von $\bar{y}$ auf y = 0 reagieren würde. In Abb. C.18. sucht A demnach die günstigste für ihn erreichbare Situation im Minimum der $\bar{y}$ als Parameter enthaltenden
Gesamtkostenkurve $K_A^G(x,\bar{y})$ Fall 1, d.h: in P_4 auf.

Repräsentiert dagegen die Kurve $K_A^G(x,\bar{y})$ Fall 2 die Summe aus Sorgfaltskosten und erwarteten Schäden, so existiert für den Standard $\bar{x}$ kein Sorgfaltsgleichgewicht:
Hält A den Standard ein, realisiert er die Position P_3. Verletzt er dagegen den Standard und paßt sich optimal an die Haftpflicht an, realisiert er P_5. Da P_5 kostengünstiger liegt, entscheidet er sich für die zuletztgenannte Alternative und übt seine Sorgfaltsaktivität auf dem Niveau $x(\bar{y})$ Fall 2 aus. In dieser Situation ist A haftpflichtig und B wird vollständig kompensiert. B verzichtet daher vollständig auf seine Sorgfaltsaktivität, d.h. er reduziert ihr Niveau von $\bar{y}$ auf $y=0$. Unter diesen Umständen kann A bestenfalls P_2 realisieren, indem er seine Sorgfaltsaktivität auf dem Niveau x^0 durchführt. P_2 ist aber ungünstiger als P_3, d.h. A wird sich dafür entscheiden, den Standard einzuhalten und damit die (als instabil erwiesene) Ausgangssituation unserer Erörterung wiederherstellen.

3. Sorgfaltsgleichgewichte bei Gefährdungshaftung mit Mitverschuldensklausel

a) Unilaterale Schäden

Im hier erörterten Zusammenhang suboptimaler Sorgfaltsstandards brauchen Sorgfaltsgleichgewichte bei Gefährdungshaftung mit Mitverschuldensklausel für den Fall unilateraler Unfälle lediglich der Vollständigkeit halber erwähnt zu werden. Eine nähere Erörterung erscheint nicht ergiebig:
Sind die Schäden in dem oben eingeführten Sinn unilateral, daß nur der potentielle Verletzer wirtschaftliche Maßnahmen zur Senkung zur Senkung des erwarteten Schadens ergreifen kann, so ist die Definition einer Mitverschuldensklausel sinnlos.
Immerhin denkbar (wenn auch vermutlich empirisch weniger bedeutend) wären unilaterale Schäden in denen das potentielle Opfer, nicht aber der potentielle Verletzer effiziente Sorgfaltsmaßnahmen ergreifen kann.

In diesem Fall können moderat bzw. exzessiv ineffiziente Mitverschuldensstandards für das potentielle Opfer ebenso definiert werden, wie dies oben bei der Behandlung unilateraler Schäden unter Verschuldenshaftung für an den Verletzer adressierte Standards geschehen ist.
Die Bedingung für einen moderat ineffizienten Mitverschuldensstandard $\bar{y}$ lautet

$$K_B(\bar{y}) < K_B(y^*) + ES(y^*).$$

$\bar{y}$ ist dagegen exzessiv ineffizient, wenn in der obigen Ungleichung das „>"-Zeichen gilt.

b) Bilaterale Schäden

ba) Cournot-Nash Gleichgewichte

Zunächst wollen wir die Analyse unter der traditionellen Annahme durchführen, daß jeder Entscheidungsträger das Verhalten des anderen bei seiner Optimierung als gegeben hinnimmt. Anschließend sollen die Konsequenzen der Verwendung eines anderen Gleichgewichtskonzepts dargestellt werden.
Ob B einen über dem pareto-optimalen Niveau y* liegenden Mitverschuldensstandard $\bar{y}$ einhält, hängt von folgenden Überlegungen ab:
Entschließt sich B, $\bar{y}$ zu mißachten, so haftet A nicht. Dann ist es für den potentiellen Verletzer kostenminimal, auf die Durchführung seiner Sorgfaltsaktivität vollständig zu verzichten (x=0).
Unter diesen Umständen ist die kostenminimale Situation für B durch $K_B^G = K_B(y(x{=}0)) + ES(y(x{=}0), x{=}0)$ definiert, wobei y(x=0) arg min $K_B(y) + ES(y, x{=}0)$ darstellt. Liegt dieses Kostenminimum unter den für B bei Einhaltung des Sorgfaltsstandards entstehenden Kosten $K_B(\bar{y})$ so entschließt sich B, den Standard im Gleichgewicht zu mißachten. Der Standard ist dann exzessiv ineffizient. Formal lautet die Bedingung für exzessive Ineffizienz demnach

$$K_B(\bar{y}) > K_B(y(x=0)) + ES(y(x=0),x=0).$$

Wenn B den Standard $\bar{y}$ dagegen einhält, so haftet A. Für A ist es unter dieser Bedingung optimal, ein Sorgfaltsniveau $\bar{x}$ zu realisieren, für das $K_A(x) + ES(x,\bar{y})$ minimal wird. Entschließt sich B unter dieser Bedingung den Standard zu verletzen, so kann er bestenfalls ein $y(\bar{x})$ realisieren, für das $K_B(y) + ES(y,\bar{x})$ minimal wird. B entschließt sich im Gleichgewicht, den Standard einzuhalten, wenn die in diesem Kostenminimum entstehenden Kosten über den mit der Standardeinhaltung verbundenen bloßen Sorgfaltskosten liegen. Formal lautet also die Bedingung für die moderate Ineffizienz eines Standards

$$K_B(\bar{y}) < K_B(y(\bar{x})) + ES(y\,(\bar{x}), \bar{x}).$$

Natürlich kann auch hier - entsprechend dem oben für die Verschuldenshaftung gesagten - der Fall auftreten, daß ein Mitverschuldensstandard $\bar{y}$ unter der Gefährdungshaftung weder die Bedingung für exzessive noch die Bedingung für moderate Ineffizienz erfüllt. In diesem Fall existiert kein Cournot-Nash Gleichgewicht in reinen Strategien. Auf eine ausführlichere Darstellung wird wegen der Analogie zu den obigen Ausführungen verzichtet.

Wir konzentrieren uns hier vielmehr auf den Fall des moderat ineffizienten Standards. Gilt ein solcher Standard, wählt B im Gleichgewicht $y=\bar{y}$ d.h., er entscheidet sich für die Einhaltung des Standards. A wählt unter dieser Bedingung das Niveau $\bar{x}$, für das die Summe aus seinen Sorgfaltskosten und den erwarteten Schäden minimal wird. Insgesamt stellt sich also das nicht pareto-optimale Sorgfaltstupel $\bar{x},\bar{y}$ als Cournot-Nash Gleichgewicht unter einer Gefährdungshaftung mit moderat ineffizientem Mitverschuldensstandard ein.

Abb. C.19. zeigt die Entscheidungssituation des B im Vergleich der beiden Punkte P_1 und P_2.

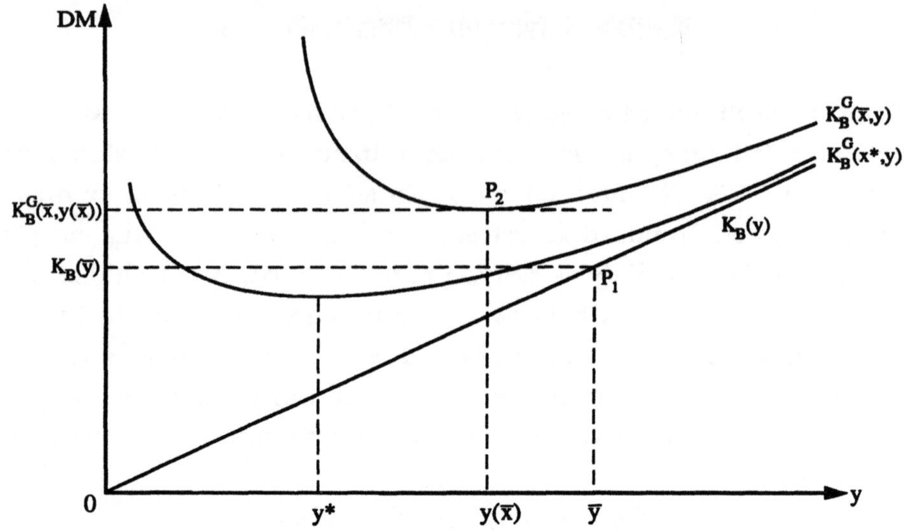

Abb. C.19.

bb) Stackelberg-Gleichgewichte

Bisher sind wir der Literaturtradition gefolgt und haben unterstellt, daß jeder Beteiligte das Verhalten des jeweils anderen Beteiligten als gegeben hinnimmt. Es liegt natürlich auf der Hand zu fragen, wie sich die Gleichgewichte ändern, wenn die Beteiligten ihre „oligopolistische Interdependenz" unter dem Recht unerlaubter Handlungen erkennen und sich entsprechend strategisch verhalten.[38] Natürlich sind viele Formen oligopolistischer Strategien denkbar. Es wäre sicher ermüdend, die gesamte Vielfalt preistheoretischer Oligopolmodelle auf unter haftungsrechtlichen Regelungen gewählte Sorgfaltsgleichgewichte zu übertragen. Statt dessen sollen die Konsequenzen vom Cournot-Nash-Verhalten abweichender Strategien an einem Beispiel illustriert werden. Wir übertragen dazu

---

[38]Die Analyse beschränkt sich hier auf den Fall der Gefährdungshaftung mit Mitverschuldensklausel. Die Aussagen über strategisches Verhalten bei suboptimalen Sorgfaltsstandards gelten analog für andere Haftungsregeln.

das klassische Stackelberg'sche Oligopolmodell[39] auf die Institutionen des Haftungsrechts.[40]
Wir unterstellen, daß der potentielle Verletzer erkennt, daß das Gleichgewichtssorgfaltsniveau des potentiellen Opfers von seinem (des Verletzers) Sorgfaltsniveau abhängt. Wir nehmen an, daß A seine Kosten unter Berücksichtigung von B's „Reaktionsfunktion" minimiert. Vom potentiellen Opfer nehmen wir dagegen an, daß es das Verhalten des Verletzers als gegeben annimmt und damit durch ein Cournot-Nash-Verhalten nach Kostenminimierung strebt. Mit dieser asymmetrischen Konstruktion nimmt A die Unabhängigkeits-(leader)Position ein, während B sich in der Abhängigkeits-(follower)Position befindet. Man könnte sich hierzu eine große Firma vorstellen, deren Unfallrisiken viele kleine Firmen bedrohen.
Die Konsequenzen dieser speziellen Form strategischen Verhaltens werden im folgenden für die Gefährdungshaftung mit Mitverschuldensklausel untersucht. Dabei wird angenommen, daß der an das potentielle Opfer adressierte Mitverschuldensstandard moderat ineffizient ist.

Die rechte Seite der oben aufgeführten Definitions-Ungleichung für die moderate Ineffizienz von $\bar{y}$ sinkt monoton in x. Es existiere ein „kritisches" Sorgfaltsniveau des potentiellen Verletzers $\hat{x} > \bar{x}$, bei dem das mit einem Unfall verbundene Risiko so weit gesunken ist, daß das potentielle Opfer indifferent zwischen der Einhaltung und Verletzung von $\bar{y}$ ist. Das kritische Sorgfaltsniveau $\hat{x}$ ist demnach definiert durch

$$K_B(\bar{y}) = K_B(y(\hat{x})) + ES(\hat{x},y(\hat{x})),$$

wobei $y(\hat{x}) = \arg\min K_B(y) + ES(\hat{x}, y)$.
Zur Vereinfachung der Notation wird $y(\hat{x})$ als $\hat{y}$ bezeichnet.

---

[39] H. von Stackelberg (1934). Stackelberg's Modell wird in jüngster Zeit wieder stark diskutiert. Vgl. z.B. S. V. Berg (1988), D. Levin (1988), A. J. Robson (1990).
[40] Vgl. zum folgenden A. Endres (1991a).

Wegen des monoton in x fallenden Verlaufs der rechten Seite der obigen Bedingung folgt, daß für $x > \hat{x}$ das „≥"-Zeichen in der Bedingung gilt.

Für $x \geq \hat{x}$ entschließt sich B also den Sorgfaltsstandard $\bar{y}$ zu mißachten und seine Sorgfaltsaktivität auf dem Niveau y(x) auszuüben[41] wobei y(x) die gesamten erwarteten Kosten $K_B(y) + ES(x,y)$ minimiere.[42] y(x) ist daher B's Reaktionsfunktion für den Bereich $x \geq \hat{x}$.

Betrachten wir nun die Situation des potentiellen Verletzers. A muß sich fragen, ob es lohnend ist, den B durch die Wahl eines $x \geq \hat{x}$ zur Verletzung des Standards $\bar{y}$ zu veranlassen. Der Nachteil dieser Maßnahme besteht für A in den mit der Ausweitung von x (von $\bar{x}$ nach $\hat{x}$) verbundenen zusätzlichen Sorgfaltskosten, ihr Vorteil besteht im Wegfall der Haftung. Die Ausweitung lohnt sich für A, wenn gilt

$K_A(\bar{x}) + ES(\bar{x}, \bar{y}) > K_A(\hat{x})$.

Die linke Seite der obigen Ungleichung gibt die Kosten von A an, wenn B den Standard $\bar{y}$ einhält. Dann haftet A nämlich und $\bar{x}$ ist das Niveau der Sorgfaltsaktivität, das die Summe aus Sorgfaltskosten und erwarteten Schäden unter dieser Bedingung minimiert. Die rechte Seite der obigen Ungleichung gibt dagegen A's Kosten für den Fall an, in dem B wegen des von A gewählten höheren Sorgfaltsniveaus $\hat{x}$ den Mitverschuldensstandard $\bar{y}$ verletzt, und A daher lediglich die Sorgfaltskosten tragen muß.[43]

---

[41] Natürlich ist B indifferent zwischen der Einhaltung und der Verletzung des Standards, wenn x gerade den Wert $\hat{x}$ annimmt. Oben im Text wird angenommen, daß B in diesem Grenzfall den Standard verletzt. Möchte man dagegen annehmen, daß B den Standard im Grenzfall einhält, so gelten die im Text getroffenen Aussagen statt für $x \geq \hat{x}$ für $x > \hat{x}$.

[42] Wegen der „Substitutivität der Sorgfaltsmaßnahmen der beiden Individuen gilt wieder, daß das Niveau der Sorgfaltsmaßnahme des einen Entscheidungsträgers im Gleichgewicht invers mit dem Niveau der Sorgfaltsmaßnahme des anderen Entscheidungsträgers verbunden ist (es gilt also $dy(x)/dx < 0$ sowie $dx(y)/dy < 0$.

[43] $K_A(x)$ steigt monoton in x. Entschließt sich A, den B durch Erhöhung seines Sorgfaltsniveaus zur Verletzung des Standards $\bar{y}$ zu veranlassen, so wird er dies daher stets tun, indem er sein Sorgfaltsniveau genau auf $\hat{x}$ festlegt (und nicht etwa ein $x > \hat{x}$ wählt).

Gilt die obige Bedingung, so ergibt sich ein vom Cournot-Nash Gleichgewicht verschiedenes Stackelberg-Gleichgewichte $\hat{x}$, $\hat{y}$.[44]

Die wohlfahrtsökonomische Beurteilung eines Übergangs vom Cournot-Nash Gleichgewicht zum Stackelberg-Gleichgewicht kann wie folgt vorgenommen werden.
Addieren wir die linken bzw. die rechten Seiten der beiden obigen Ungleichungen, mit denen das kritische Sorgfaltsniveau $\hat{x}$ bzw. die „Rentabilitätsschwelle" für die Wahl von $\hat{x}$ definiert wurden, so ergibt sich

$$K_A(\bar{x}) + K_B(\bar{y}) + ES(\bar{x}, \bar{y}) > K_A(\hat{x}) + K_B(\hat{y}) + ES(\hat{x}, \hat{y}).$$

Die linke Seite dieser Ungleichung zeigt die volkswirtschaftlichen Kosten im Cournot-Nash Gleichgewicht, die rechte Seite die volkswirtschaftlichen Kosten im Stackelberg-Gleichgewicht $\hat{x}$, $\hat{y}$ ist

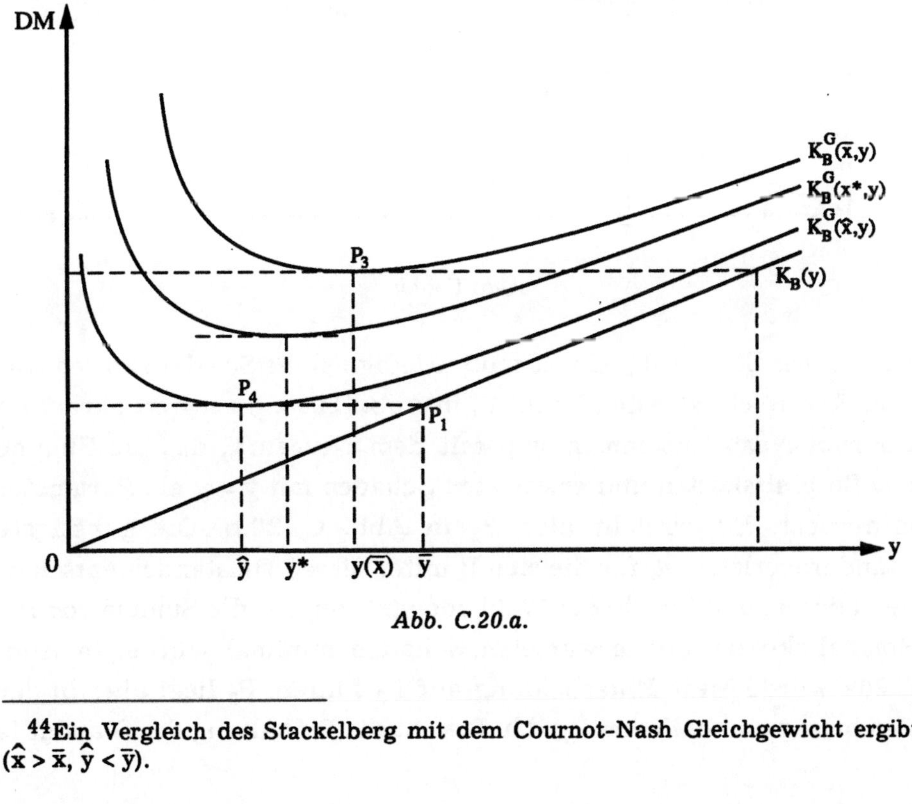

Abb. C.20.a.

[44]Ein Vergleich des Stackelberg mit dem Cournot-Nash Gleichgewicht ergibt ($\hat{x} > \bar{x}$, $\hat{y} < \bar{y}$).

damit $\bar{x}$, $\bar{y}$ pareto-überlegen. Wenn A sich unter den genannten Bedingungen dafür entscheidet, sich im Stackelberg'schen Sinne strategisch zu verhalten, so erhöht er damit die Wohlfahrt,indem er B veranlaßt, sein im Cournot-Nash Gleichgewicht „überzogenes“ Sorgfaltsniveau ($\bar{y}$) zu senken. Abb. 20.a., b. illustrieren das Stackelberg-Gleichgewicht im Vergleich zum Cournot-Nash-Gleichgewicht.

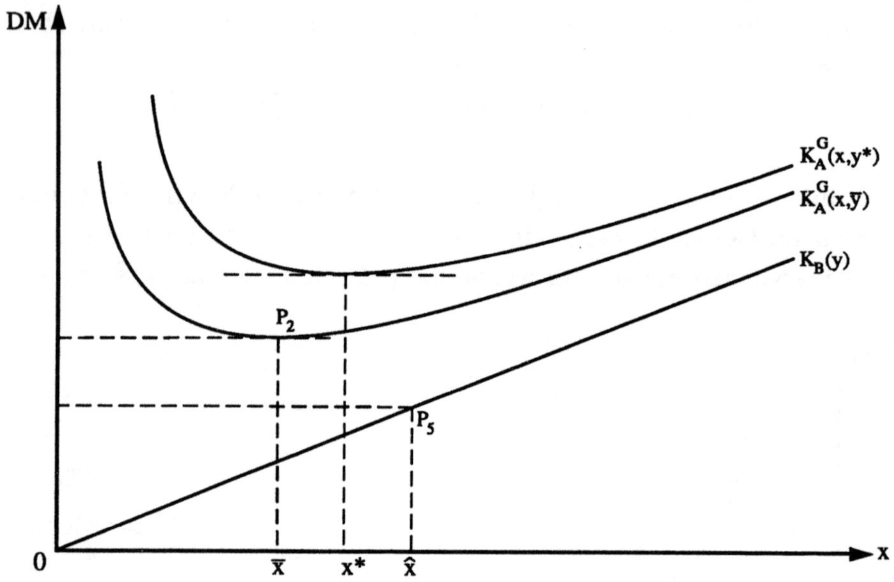

Abb. C.20.b.

Hält B den Standard $\bar{y}$ ein, so muß er lediglich die Sorgfaltskosten tragen. Er erreicht also den Punkt P_1 in Abb. C.20a. A reagiert darauf im Cournot-Nash Zusammenhang mit dem Niveau $\bar{x}$, das die Summe aus Sorgfaltskosten und erwarteten Schäden mit $y = \bar{y}$ als Parameter minimiert. Er erreicht also P_2 in Abb. C. 20.b. Die günstigste Standardverletzung, für die sich B unter diesen Umständen entscheiden könnte, bestünde in der Wahl von $y(\bar{x})$, für das die Summe von B's Sorgfaltskosten und erwarteten Schäden minimal würde. In Abb. C.20a würde diese Entscheidung auf P_3 führen. P_3 liegt aber in der Zeichnung oberhalb von P_1, d.h. B zieht die Einhaltung des Standards vor. Der in der Zeichnung eingetragene Standard $\bar{y}$ ist also moderat ineffizient. Das Sorgfaltstupel $\bar{x}$, $\bar{y}$ gibt das Cournot-Nash Gleichgewicht an.

Erhöht dagegen A sein Sorgfaltsniveau von $\bar{x}$ auf $\hat{x}$, so sinkt die Gesamtkostenkurve für B entsprechend auf $K_B^G(\hat{x},y)$ ab. Wählt B die unter dieser Bedingung günstigste Standardverletzung, so übt er seine Sorgfaltsaktivität auf dem Niveau $\hat{y}$ aus und erreicht den Punkt P_4 in Abb. C.20a. Die in P_4 anfallenden Kosten sind mit den in P_1 anfallenden Kosten (wegen der Definition von $\hat{x}$) identisch. B ist also zwischen der Einhaltung des Standards (und Erreichen von P_1) und der günstigsten Situation bei Verletzung des Standards (P_4) indifferent. Wie oben angenommen, verletzt B in diesem Grenzfall den Standard und sucht P_4 auf. Damit braucht A nur die bei $\hat{x}$ anfallenden Sorgfaltskosten zu tragen, d.h. er erreicht den Punkt P_5 in Abb. C.20.b. Das Sorgfaltstupel $\hat{x}$, $\hat{y}$ illustriert somit das Stackelberg-Gleichgewicht, die Ordinatenwerte der zugehörigen Punkte P_4 und P_5 geben die Kostenbelastung der beiden Beteiligten im Gleichgewicht an. Die Paretosuperiorität des Stackelberg-Gleichgewichts gegenüber dem Cournot-Nash Gleichgewicht bei Gültigkeit der in den Abbildungen eingetragenen Kurvenverläufe ergibt sich unmittelbar daraus, daß A's Stackelberg-Punkt P_5 unterhalb von A's Cournot-Nash-Punkt P_2 liegt, A also P_5 gegenüber P_2 vorzieht, während B's Stackelberg Punkt P_4 auf derselben Höhe liegt, wie sein Cournot-Nash Punkt P_1, B also zwischen den beiden Punkten indifferent ist.

Wir haben bei der Analyse des Stackelberg-Gleichgewichts unterstellt, daß der Mitverschuldensstandard $\bar{y}$ auf moderat ineffizientem Niveau festgelegt wird. Ist der Standard dagegen pareto-optimal oder „exzessiv" ineffizient, so bestehen keine Anreize zu der hier besprochenen Form strategischen Verhaltens.

Ist der Standard pareto-optimal, so ist die Summe der erwarteten Kosten von Verletzer und Opfer per definitionem minimal. Im Cournot-Nash Gleichgewicht sichert sich das potentielle Opfer die Kompensation, indem es den Standard einhält. Von dieser Ausgangslage ausgehend, ist es für den potentiellen Verletzer unmöglich, sein

Sorgfaltsniveau mit den oben erörterten Wirkungen strategisch einzusetzen:
Um B zur Verletzung des Standards zu veranlassen, müßte A seine Sorgfaltsaktivität so ausweiten, daß B's Kosten verglichen mit der ursprünglichen pareto-optimalen Situation absinken. Dieses Verhalten wäre jedoch für A nur dann lohnend, wenn damit auch für ihn ein Absenken der Kosten verbunden wäre. Beide Erfordernisse können jedoch nicht simultan erfüllt sein, weil dies der Tatsache widersprechen würde, daß die Summe der Kosten beider Individuen in der Ausgangslage (wegen der Definition des Pareto-Optimums) minimal waren.
Ist dagegen der Mitverschuldensstandard exzessiv ineffizient gesetzt, so wird er von B ohnehin mißachtet. Es besteht also keine Notwendigkeit für A, zusätzliche Kosten auf sich zu nehmen, um B mit einer Ausweitung des Niveaus der Sorgfaltsaktivität x strategisch zur Standardverletzung zu veranlassen.

Das Stackelbergmodell der Gefährdungshaftung mit Mitverschuldensklausel kann durch ein Zahlenbeispiel weiter verdeutlicht werden:[45]
Die relevanten Funktionen sollen folgende Form annehmen:[46]

$$K_A = 0{,}0625x$$
$$K_B = 0{,}25\,y$$
$$ES = 1/((x + 1)y)$$

Vergleichen wir nun Pareto-Optimum, Cournot-Nash-Gleichgewicht und Stackelberg-Gleichgewicht, wobei wir eine Gefährdungshaftung mit Mitverschuldensklausel voraussetzen:

- Die Minimierung der Gesamtkostenfunktion

[45] Vgl. A. Endres, I. Querner (1990). Der Autor dankt Herrn Dipl.-Ing. I. Querner, MPhil, für die Berechnung des Zahlenbeispiels.
[46] Diese Funktionen weisen die oben allgemein angegebenen üblichen Eigenschaften auf.

$$K^G = 0{,}0625x + 0{,}25y + 1/((x + 1)y)$$

führt auf die pareto-optimalen Sorgfaltsniveaus $x^* = 3$, $y^* = 1$. Im Optimum betragen die gesamten Kosten $K^G(3,1) = 0{,}6875$. Betrachten wir nun die Sorgfaltsgleichgewichte unter der traditionellen Cournot-Nash Annahme. Wir unterstellen dabei, daß der Mitverschuldensstandard auf dem Niveau $\bar{y} = 2{,}25$ festgelegt ist. Hält B den Standard ein, so trägt er Sorgfaltskosten in Höhe von

$$K_B = 0{,}25 \cdot \bar{y} = 0{,}25 \cdot 2{,}25 = 0{,}56250.$$

Überlegt B, den Standard zu verletzen, so kalkuliert er die Reaktion des A auf diese Standardverletzung gemäß Cournot-Nash-Hypothese nicht ein. Er geht also bei seiner Überlegung von dem status quo ante Gleichgewichtswert der Sorgfaltsaktivität des Verletzers, $\bar{x}$, aus. Er minimiert demnach $K_B(y) + ES(\bar{x},y)$ über $\partial K_B/\partial y = - \partial ES(\bar{x},y)/\partial y$ oder

$0{,}25 = 1/(1{,}6667 \cdot y^2)$.

Dies führt auf $y(\bar{x}) = 0{,}8165$.

Setzen wir diesen Wert in B's Gesamtkostenfunktion ein, so ergibt sich

$$K_B^G = 0{,}25 \cdot 0{,}8165 + 1/(2{,}6667 \cdot 0{,}8165) = 0{,}6634.$$

B's minimale Kosten bei Standardverletzung (0,6634) liegen also über seinen Kosten bei Standardeinhaltung (0,5625). B entschließt sich also, den Standard einzuhalten.

Damit zeigt sich, daß der im numerischen Beispiel gewählte Standard $\bar{y} = 2{,}25$ moderat ineffizient ist, wie es in diesem Modell aus dem oben bei der allgemeinen Diskussion erläuterten Gründen erforderlich ist.

Da B den Standard im Gleichgewicht einhält, haftet A. Er minimiert daher

$$K_A(x) + ES(x, \bar{y}) = 0{,}0625x + 1/((x + 1) \cdot 2{,}25).$$

Die Lösung liegt bei $\bar{x} = 1{,}6667$.

Die zugehörigen Kosten für A betragen 0,2708.

Insgesamt ergibt sich also als Cournot-Nash Gleichgewicht $\bar{x} = 1{,}6667$, $\bar{y} = 2{,}25$.

Setzen wir diese Werte in die Gesamtkostenfunktion ein, so ergibt sich

$$K^G(1{,}6667;\ 2{,}25) = 0{,}8333.$$

- Betrachten wir nun den Stackelberg-Fall.
  Das Niveau von x, für das B indifferent zwischen Einhaltung und Verletzung des Standards $\bar{y} = 2{,}25$ ist, liegt bei $\hat{x} = 2{,}16049$. Gilt $\hat{x}$ und entschließt sich B demnach zur Verletzung des Standards,[47] so macht er das Beste aus dieser Situation, indem er $K_B(y) + ES(\hat{x} = 2{,}16049;\ y) = 0{,}25\ y + 1/((2{,}16049 + 1) \cdot y)$ minimiert.
  Die Lösung liegt bei $\hat{y} = 1{,}125$.
  Die zugehörigen Kosten für B liegen bei 0,5265. Dieser Wert entspricht genau B's Sorgfaltskosten bei Einhaltung des Standards.
  Die Kosten von A liegen bei $K_A(\hat{x}) = 0{,}0625 \cdot 2{,}16049 = 0{,}1350$, wenn er B dadurch zur Verletzung von $\bar{y}$ veranlaßt, daß er sein Sorgfaltsniveau auf dem Niveau $\hat{x}$ durchführt.

In unserem Zahlenbeispiel spart A im Vergleich zum Cournot-Nash Gleichgewicht beim Stackelberg-Gleichgewicht rund 50 % der Kosten. Ein Übergang zu dem entsprechenden Verhalten ist also für A zweifellos attraktiv.
Die gesamten Kosten im Stackelberg-Gleichgewicht belaufen sich auf 0,5625 + 0,1350 = 0,6975. Setzen wir die gesamten Kosten in der pareto-optimalen Situation (0,6875) auf 100 % an, dann betragen die gesamten Kosten im Stackelberg-Gleichgewicht (0,6975) 101 % und die Kosten im Cournot-Nash Gleichgewicht (0,8333) 121 %. Dies illustriert deutlich den wohlfahrtserhöhenden (wenn auch nicht wohlfahrtsmaximierenden) Effekt eines Stackelberg analogen strategischen Verhaltens in diesem numerischen Beispiel.

---

[47] Vgl. Fn. 41.

4. Sorgfaltsgleichgewichte bei Verschuldenshaftung mit Mitverschuldensklausel

In der Literatur zur Ökonomie des Rechts unerlaubter Handlungen ist die Bedeutung einer Mitverschuldensklausel für den Bereich der Gefährdungshaftung anerkannt. Wird das Opfer stets vollständig kompensiert, hat es - wie oben schon erörtert- keinen Anreiz, sich selbst um eine Senkung der erwarteten Unfallschäden zu bemühen. Im allgemeinen (d.h. außer im Spezialfall unilateraler Unfälle) ist eine ineffiziente Allokation der Vorsorgemaßnahmen die Folge. Ist der Verletzer (ganz oder teilweise) von der Haftung befreit, wenn das Opfer den Schaden „mitverschuldet" hat, so besteht dagegen ein Anreiz für das Opfer, selbst sorgfältig zu handeln. Wird das Mitverschulden des Opfers durch das Verfehlen von pareto-optimal gesetzten Verhaltensstandards definiert, führen beide Parteien ihre Vorsichtsaktivitäten im Gleichgewicht auf pareto-optimalem Niveau durch.

Im Rahmen der Verschuldenshaftung ist das Mitverschulden des Opfers dagegen in der Literatur weniger beachtet worden. Dies ist darauf zurückzuführen, daß eine Mitverschuldensklausel unter den üblichen Modellbedingungen bei der Verschuldenshaftung im Gleichgewicht bedeutungslos ist. Nach diesem Haftungsprinzip haftet der Verletzer nur, wenn er schuldhaft gehandelt hat. Wird Verschulden an einem pareto-optimalen Sorgfaltstandard gemessen, so wird der Verletzer den Standard im Gleichgewicht einhalten. Das Opfer erhält demnach im Gleichgewicht keine Kompensation. Also wird es im eigenen Interesse effiziente Vorsorgemaßnahmen durchführen. Insgesamt ergibt sich also schon ohne Mitverschuldensklausel eine effiziente Allokation bezüglich der Sorgfaltsvorkehrungen von Verletzer und Opfer.[48] Eine Mitverschuldensklausel für das Opfer ändert dieses Ergebnis nicht, sie ist also allokativ und distributiv irrelevant.[49] Ökonomische Bedeutung wurde der Mitverschuldens-

[48]Diese Aussage gilt natürlich nur im Rahmen des einfachen ökonomischen Grundmodells.

[49]Vgl. z.B. M. Adams (1985), S. 59-65 und Abschn. B.IV, oben.

klausel bisher allenfalls durch Hinzuziehung von modellexogenen Argumenten, wie den Auswirkungen auf die Prozeßkosten beigemessen.[50]

Eine wichtige Bedingung für die allokative Irrelevanz der Mitverschuldensklausel bei der Verschuldenshaftung ist die Annahme, daß die Standards für Verschulden bzw. Mitverschulden auf den pareto-optimalen Niveaus der Vorsorgeaktivitäten von Verletzer und Opfer festgesetzt werden. Im folgenden soll die ökonomische Bedeutung der Mitverschuldensklausel unter der Bedingung untersucht werden, daß die Standards für Verschulden und/oder Mitverschulden auf suboptimalen Niveaus festgesetzt werden. Die Kostenfunktionen von Verletzer bzw. Opfer K_A^G bzw. K_B^G lauten:

$$K_A^G = K_A(x) + \phi ES(x,y) \tag{9a}$$

$$K_B^G = K_B(y) + (1-\phi)\, ES(x,y), \tag{9b}$$

wobei gilt

$$\phi = \begin{cases} 1 \text{ mit } x < \bar{x},\ y \geq \bar{y} \\ 0 \text{ mit } x \geq \bar{x} \text{ oder } x < \bar{x},\ y < \bar{y} \end{cases}$$

Die oben vorgenommene Spezifizierung von ϕ bildet - wie bereits erwähnt - die Verschuldenshaftung mit Mitverschuldensklausel ab:
A haftet, wenn er seinen Standard verletzt ($x < \bar{x}$) und B seinen Standard einhält ($y \geq \bar{y}$). A haftet - unabhängig von B's Verhalten - nicht, wenn er seinen Standard erfüllt ($x \geq \bar{x}$). A haftet außerdem nicht, wenn er seinen Standard verletzt und B ebenfalls die im Verkehr erforderliche Sorgfalt mißachtet ($x < \bar{x}$, $y < \bar{y}$).

---

[50] Vgl. z.B. W. M. Landes, R. A. Posner (1987), S. 76.

Untersuchen wir nun die Auswirkungen suboptimaler Vorsorgestandards für Verletzer und/oder Opfer auf die Gleichgewichtsvorsorgeniveaus. Aus Platzgründen werden im folgenden nur Fälle behandelt, in denen der suboptimale Standard $\bar{x}$ bzw. $\bar{y}$ restriktiver ist als der pareto-optimale Standard, d.h. $\bar{x} > x^*$ bzw. $\bar{y} > y^*$. Dies ist der theoretisch interessantere Fall, - weil wie oben gezeigt - von einem „zu hohen" Standard ein Anreiz zu seiner Mißachtung durch den betroffenen Adressaten ausgeht.
Wie oben bei der Behandlung der reinen Verschuldenshaftung bzw. der Gefährdungshaftung mit Mitverschuldensklausel können auch bei der Verschuldenshaftung mit Mitverschuldensklausel überhöhte Standards in „moderat" und „exzessiv" ineffiziente Standards unterschieden werden. Die Analyse ist allerdings etwas komplizierter. Bei der Verschuldenshaftung mit Mitverschuldensklausel gilt es nämlich, sowohl einen an den Verletzer als auch einen an das Opfer adressierten Standard zu definieren und die Auswirkungen beider Typen von Standards simultan zu erfassen.
Wir haben oben das Konzept des moderat bzw. exzessiv ineffizienten Standards so gefaßt, daß es die Entscheidung des betreffenden Adressaten bezüglich der Einhaltung oder Verletzung des Standards widerspiegelt. Bei dieser Entscheidung war letztlich ein Vergleich der Konsequenzen der Haftung und des Haftungsausschlusses entscheidend.
Dieser Grundgedanke wird nun auf die Definition moderat bzw. exzessiv ineffizienter Standards bei Verschuldenshaftung mit Mitverschuldensklausel übertragen.
Bei dieser Haftungsregel hat die Einhaltung oder Verletzung des an den Verursacher adressierten Sorgfaltsstandards keinerlei Einfluß auf dessen Haftpflicht, sofern das Opfer den geltenden Mitverschuldensstandard ignoriert. Es liegt daher nahe, die Unterscheidung zwischen einem moderat und einem exzessiv ineffizienten Verletzerstandard an die Bedingung zu knüpfen, daß das Opfer den Mitverschuldensstandard einhält. Nur dann entscheidet der Verursacher mit seiner Beachtung oder Mißachtung des Standards gleichzeitig über den Ausschluß oder Eintritt des Haftungsfalls.

Im folgenden heißt daher ein an den Verletzer adressierter Standard $\bar{x}$ moderat ineffizient, wenn es für A - unter der Bedingung, daß B den Mitverschuldensstandard $\bar{y}$ einhält - günstiger ist, den Standard einzuhalten, als ihn zu verletzen und sich optimal an $\bar{y}$ und den Tatbestand der Haftung anzupassen. Exzessiv ineffizient heißt der Standard $\bar{x}$ dagegen, wenn der Vergleich der beiden vorstehenden Alternativen zugunsten der Standardverletzung ausfällt.
Formal gilt bei moderater Ineffizienz also

$$K_A(\bar{x}) < K_A(x(\bar{y})) + ES(x(\bar{y}),\bar{y}), \tag{10a}$$

wobei $x(\bar{y}) = \arg\min K_A(x) + ES(x,\bar{y})$.

Dagegen ist $\bar{x}$ exzessiv ineffizient, wenn gilt

$$K_A(\bar{x}) > K_A(x(\bar{y})) + ES(x(\bar{y}),\bar{y}). \tag{11a}$$

Analog kann auch bei dem an B adressierten Standard zwischen moderater und exzessiver Ineffizienz unterschieden werden. Allerdings muß dabei beachtet werden, daß B unter der hier besprochenen Haftungsregel - anders als A - nicht mit der Einhaltung oder Verletzung des an ihn adressierten Standards über den Eintritt oder Ausschluß des Haftungsfalls entscheiden kann. Hält A seinen Sorgfaltsstandard $\bar{x}$ ein, so ist die Entscheidung des B über eine Einhaltung des Mitverschuldensstandards $\bar{y}$ für die Haftung irrelevant. B erhält hier keine Kompensation und wird sich daher stets mit der Wahl eines Sorgfaltsniveaus $y(\bar{x})$ anpassen, für das die Summe aus Sorgfaltskosten und erwarteten Schäden bei gegebenem $\bar{x}$ minimal ist. Ob $y(\bar{x})$ über oder unter dem Mitverschuldensstandard $\bar{y}$ liegt, spielt dabei für B keine Rolle. Die Situation ändert sich für B grundlegend, wenn A den Standard $\bar{x}$ verletzt. Unter dieser Bedingung entscheidet sich B mit einer Einhaltung des Standards dafür, daß er von A kompensiert wird. Mit einer Verletzung von $\bar{y}$ verzichtet B dagegen auf die Kompensation.

Es ist daher sinnvoll, bei der Definition von moderater bzw. exzessiver Ineffizienz des Mitverschuldensstandards davon auszugehen, daß A den an ihn adressierten Sorgfaltsstandard verletzt. In der Definitionsgleichung erscheint also x mit einem unter $\bar{x}$ liegenden Wert. Wenn unten nichts abweichendes gesondert gesagt wird, so ist der Begriff der moderaten bzw. exzessiven Ineffizienz des Mitverschuldensstandards für den vorgegebenen Parameterwert x = 0 definiert. Es wird sich allerdings bei der Analyse zeigen, daß es für die Lage und Optimalität des Sorgfaltsgleichgewichts darauf ankommen kann, ob ein für den Wert x = 0 moderat ineffizienter Mitverschuldensstandard $\bar{y}$ auch noch moderat ineffizient wird, wenn x statt des Wertes 0 den (oben bei Gleichung (10a) definierten) Wert $x(\bar{y})$ annimmt, sofern dieser unter dem Sorgfaltsstandard $\bar{x}$ liegt. Bleiben wir jedoch zunächst für die Definition bei der Wahl des Parameters x = 0.

Ein Standard $\bar{y}$ heißt dann (für x = 0) „moderat ineffizient", wenn es bei vorgegebenem x = 0 für B besser ist, den Standard einzuhalten als ihn zu verletzen und sich optimal an x = 0 und das Ausbleiben von Kompensationszahlungen anzupassen. Hier gilt also

(10b) $$K_B(\bar{y}) < K_B(y^0) + ES(y^0,x=0),$$

wobei $y^0 = \arg\min K_B(y) + ES(x=0,y)$.

Ein Mitverschuldensstandard $\bar{y}$ ist dagegen (für x = 0) „exzessiv ineffizient" wenn gilt

(11b) $$K_B(\bar{y}) > K_B(y^0) + ES(y^0,x=0),$$

wobei $y^0 = \arg\min K_B(y) + ES(x=0,y)$.

Im folgenden werden drei Konstellationen der (In-)Effizienz der Standards $\bar{x}$, $\bar{y}$ unterschieden:

1) $\bar{x} > x^*$, $\bar{y} = y^*$
2) $\bar{x} = x^*$, $\bar{y} > y^*$
3) $\bar{x} > x^*$, $\bar{y} > y^*$

Für alle drei Fälle soll untersucht werden, ob bei einer Verschuldenshaftung mit Mitverschuldensklausel Vorsorgegleichgewichte für Verletzer und Opfer existieren. Gegebenenfalls sollen sie charakterisiert und nach dem Paretokriterium bewertet werden.

Fall 1 ($\bar{x} > x^*$, $\bar{y} = y^*$)

a) $\bar{x}$ ist „exzessiv ineffizient".

Nehmen wir an, B halte den Standard y^* ein. Eine Erhöhung des Sorgfaltsniveaus über y^* hinaus, würde B lediglich Kosten und keine Erträge erbringen, bei einer Absenkung des Sorgfaltsniveaus unter y^* würde er die Kompensation verlieren. A ignoriert dagegen $\bar{x}$, weil dieser Standard exzessiv ineffizient im Sinne von (11a) mit $y = y^*$ ist. Bei gegebenem y^* liegt das optimale Vorsichtsniveau von A bei $x^* = \arg\min. K_A^G(x, y^*)$, d.h. x^* ist A's beste „Reaktion" auf y^*, gegeben A haftet.
Für $x = x^*$ minimiert B seine Kosten, wenn er den an ihn adressierten Vorsorgestandard y^* einhält.
Wir erhalten also das Ergebnis, daß ein exzessiv ineffizienter Vorsorgestandard für A zusammen mit einem effizient gesetzten Mitverschuldensstandard für B zu einer pareto-optimalen Allokation führt.
Formal ergibt sich das eben mehr „intuitiv" dargestellte Resultat wie folgt. Nehmen wir vorläufig an, es gelte im Gleichgewicht $y = y^*$. Entscheidet sich A unter dieser Bedingung dafür, den an ihn adressierten Standard zu verletzen, so haftet er, d.h. sein Problem lautet:

$$K_A^G = K_A(x) + ES(x, y^*) = \min!$$
$$\rightarrow \partial K_A/\partial x = \partial ES/\partial x(x,y^*)$$
$$\rightarrow x^*.$$

Entscheidet sich A dagegen, den Standard einzuhalten, so belaufen sich seine Kosten auf $K_A(\bar{x})$.
Der hier behandelte Fall des bei $y = y^*$ exzessiv ineffizienten Standards $\bar{x}$ ist durch (11a) mit $y = y^*$ definiert. Die Kosten sind daher bei Standardeinhaltung höher als bei Standardverletzung und optimaler Anpassung. A wird sich demnach bei $y = y^*$ entschließen, den Standard zu verletzen, x^* zu realisieren und damit die Haftung auf sich zu nehmen.
Bei gegebenem x^* besteht das Problem für das potentielle Opfer B im Bereich $y \geq y^*$ in
$K_B(y) = \min!$
Da $K_B(y)$ monoton mit y steigt, folgt $y = y^*$.
Im Bereich $y < y^*$ lautet B's Problem dagegen

$$K_B^G = K_B(y) + ES(x^*,y) = \min!$$
$$\rightarrow y = y^* - \varepsilon,$$

wobei ε beliebig klein ist.
Da $K_B(y^* - \varepsilon) + ES(x^*, y^* - \varepsilon) > K_B(y^*)$, entscheidet sich B bei $y = y^*$, den Standard y^* einzuhalten.
Das pareto-optimale Tupel x^*, y^* ist also im hier behandelten Fall eine Lösung im Sinne eines Cournot-Nash Gleichgewichts.

Graphisch läßt sich dieses Gleichgewicht wie folgt illustrieren:

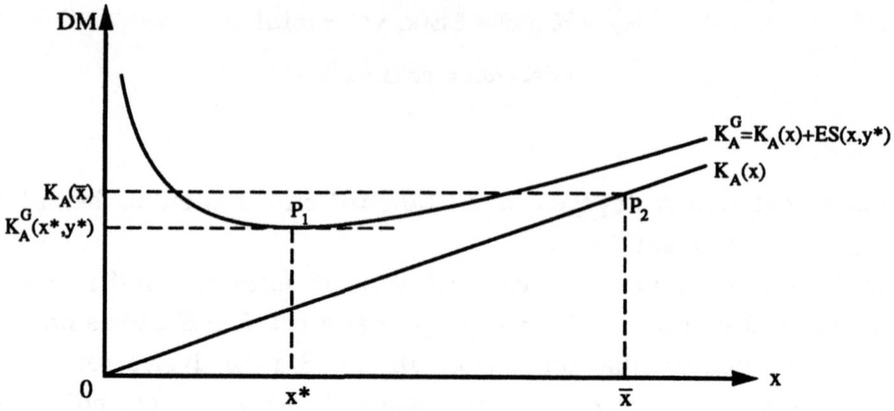

Abb. C.21.a.

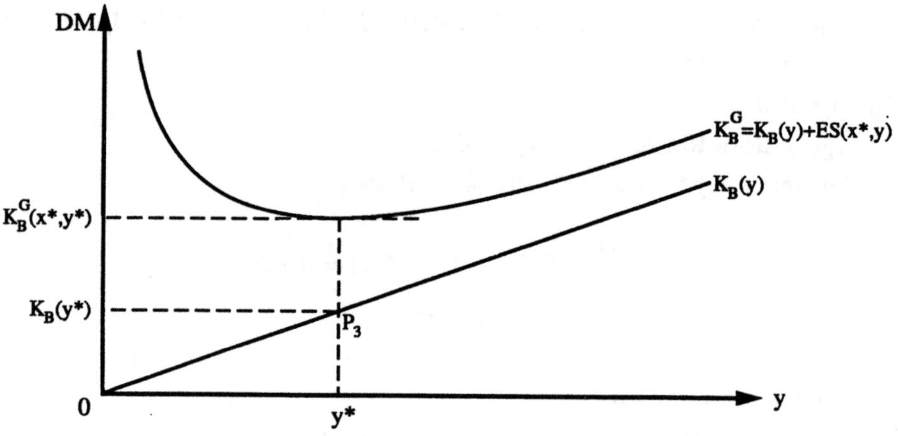

Abb. C.21.b.

Im Gleichgewicht realisiert A den Punkt P_1 in Abb. C.21.a., B realisiert P_3 in Abb. C.21.b.
Das Ergebnis gilt für den hier behandelten Fall eines exzessiv ineffizienten $\bar{x}$, d.h. für $K_A(\bar{x}) > K_A(x^*) + ES(x^*,y^*)$. Vgl. die Punkte P_1 und P_2 in Abb. C.21.a.

Dieses Gleichgewicht stellt eine Verbesserung gegenüber dem Gleichgewicht unter einer Verschuldenshaftung mit exzessiv ineffizientem Standard $\bar{x}$ ohne Mitverschuldensklausel dar. Im letzteren Modell fehlt nämlich im Gleichgewicht für B jeder Anreiz vorsorglich zu handeln. Hier stellt sich eine Situation $x^0(y=0)$, y=0, ein, wobei $x^0(y=0) = \arg\min K_A(x) + ES(x,y=0)$ gilt.[51]

b) $\bar{x}$ ist „moderat ineffizient"

Nachdem die Analyse des Cournot-Nash Gleichgewichts für den Fall a) ausführlich verbal analytisch und graphisch dargestellt worden ist, können wir uns hier kürzer fassen. Die Argumentation gilt analog.

- Betrachten wir zunächst die Situation von B unter der Voraussetzung, daß A den moderat ineffizienten Standard $\bar{x}$ einhält. In dieser Situation haftet A nicht, d.h. B wird nicht kompensiert.
  B's Problem lautet dann

$$K_B^G = K_B(y) + ES(\bar{x},y) = \min!$$

$$\rightarrow y(\bar{x}).$$

  Mit $dy/dx < 0$ gilt auch $y(\bar{x}) < y^*$, d.h. B hält bei $x = \bar{x}$ den an ihn adressierten pareto-optimalen Standard $\bar{y}(=y^*)$ nicht ein.

- Unter dieser Bedingung ist A unabhängig von seinem eigenen Vorsichtsniveau von der Haftung befreit, d.h. mit $y = y(\bar{x})$ lautet A's Problem

$$K_A(x) = \min!$$

  Da $K_A(x)$ monoton mit x steigt, folgt x = 0.

---

[51] Vgl. A. Endres (1989b). Allerdings ist bei der im Text getroffenen Aussage impliziert, daß $\bar{x}$ nicht nur exzessiv ineffizient bezüglich y^* ist, sondern auch bezüglich y = 0. Das „>"-Zeichen in (11a) muß also auch gelten, wenn der Parameter $\bar{y}$ den Wert 0 annimmt. Selbst wenn dies nicht der Fall ist und A $\bar{x}$ im Gleichgewicht einhält, ist das Ergebnis (wegen der Ineffizienz von $\bar{x}$) suboptimal. Die im Text getroffene Aussage, daß ein pareto-optimal gesetzter Mitverschuldensstandard die Wohlfahrtswirkungen eines Haftungssystems mit einem (für y^*) exzessiv ineffizienten Standard $\bar{x}$ verbessert, bleibt also bestehen.

Mit $x = 0$ haftet A im Bereich $y \geq y^*$. B's Problem lautet in diesem Bereich demnach

$$K_B(y) = \min!$$

Da $K_B(y)$ monoton mit y steigt, folgt $y = y^*$.
Im Bereich $y < y^*$ haftet A dagegen nicht, obwohl $0 = x < x^*$ gilt, d.h. B's Problem lautet hier

$$K_B^G = K_B(y) + ES(x{=}0,y) = \min!$$

$$\rightarrow y(x{=}0).$$

Mit $dy/dx < 0$ und $0 = x < x^*$ folgt $y(x{=}0) > y^*$.
Das Minimum von K_B^G über dem Definitionsbereich $(0, y)$ liegt also bei $y^* - \varepsilon$.
Da $K_B(y^*) < K_B(y^* - \varepsilon) + ES(x{=}0,y^* - \varepsilon)$, hält B den Standard y^* ein, wenn $x{=}0$ gilt.

- Für $y = y^*$ haftet A (nicht), für $x < (\geq) \bar{x}$. Im Fall der Haftung ist seine kostenminimale „Reaktion" auf y^* das pareto-optimale Vorsorgeniveau x^*, d.h. es gilt $x(y^*) = x^*$. Da hier der Fall eines für $y = y^*$ moderat ineffizienten Standards $\bar{x}$ untersucht wird, gilt (10a) mit $y = y^*$. A wird also den Standard $\bar{x}$ einhalten.

- Für $x = \bar{x}$ gilt aber wieder das unter dem ersten Spiegelstrich gesagte, - und das Rad der Analyse könnte eine neue Umdrehung beginnen ...

Es zeigt sich also, daß keine Lösung (im Sinne des Cournot-Nash Gleichgewichts in reinen Strategien) existiert, wenn der Standard für B auf dem pareto-optimalen Niveau y^* festgesetzt wird und für A ein (für das gegebene y^*) „moderat ineffizienter" Standard $\bar{y}$ gilt.[52]

---

[52] Gemischte Strategien werden nicht untersucht. Da das Pareto-Optimum durch reine Strategien x^*, y^* konstituiert wird, ist jedes Gleichgewicht in gemischten Strategien a priori ineffizient. Außerdem sind gemischte Strategien schwer interpretierbar, wenn das Spiel nur einmal gespielt wird. Dies ist im hier erörterten Zusammenhang der Fall, wenn die Vorsorgeaktivitäten

Das Problem kann auch mit dem folgenden Tableau veranschaulicht werden:

B \ A	hält $\bar{x}$ ein	hält $\bar{x}$ *nicht* ein
hält y^* ein	(2) $K_A(\bar{x})$ (40) $K_B(y^*)+ES(\bar{x},y^*)$ (50)	(1) $K_A(x^*) + ES(x^*,y^*)$ (60) $K_B(y^*)$ (10)
hält y^* *nicht* ein	(3) $K_A(\bar{x})$ (40) $K_B(y(\bar{x}))+ES(\bar{x},y(\bar{x}))$ (40)	(4) $K_A(x=0)$ (10) $K_B(y(x=0))+ES(x=0,y(x=0))$ (70)

Tabelle C.2.

Es gilt

$$K_A(x=0) < K_A(\bar{x}) <^{53} K_A(x^*) + ES(x^*,y^*)$$

sowie

$$K_B(y^*) < K_B(y(\bar{x})) + ES(\bar{x},y(\bar{x})) < K_B(y^*) + ES(\bar{x},y^*)$$
$$< K_B(y(x=0)) + ES(x=0,y(x=0)).$$

Das Pareto-Optimum liegt in Feld (1).
Die im Tableau eingetragenen Zahlenwerte geben ein Beispiel für die Größen der verschiedenen Kostenausdrücke. Ansonsten sind sie willkürlich. Sie sollen es für den Leser lediglich erleichtern, sich „mit einem Blick" im Tableau zu orientieren.

Wenn auch eine Lösung im Sinne eines Nash Punktes für das hier erörterte Problem nicht existiert, so ist es doch sinnvoll zu fragen, welcher Zustand erreicht wird, wenn die Akteure sich anders verhalten als bei der Suche nach dem Nash Gleichgewicht unterstellt.

Investitionen (Bau von Sicherheitseinrichtungen, Standortentscheidungen) bedingen, die nicht ohne weiteres revidiert werden können.
[53] Dies gilt wegen der hier vorausgesetzten moderaten Ineffizienz von $\bar{x}$ bezüglich y^*.

Nehmen wir z.B. an, beide Entscheidungsträger trachteten danach, das mit Sicherheit nicht zu überschreitende Kostenniveau möglichst gering zu halten, „spielten" also eine Mini Max-Strategie:[54]

- Hält A den Standard ein, so liegt sein Kostenniveau unabhängig von der Aktivität von B bei $K_A(\bar{x})$. Verletzt A dagegen den Standard, so entstehen schlechtestenfalls Kosten in Höhe von $K_A(x^*) + ES(x^*,y^*)$. Da der erstgenannte Term kleiner ist als der letztgenannte führt die Mini Max-Strategie A auf die Einhaltung des Standards.
- Hält B den Standard ein, so liegen seine Kosten schlechtestenfalls bei $K_B(y^*) + ES(\bar{x},y^*)$.
  Verletzt B den Standard, so trägt er schlechtestenfalls Kosten in Höhe von $K_B(y(x=0)) + ES(x=0,y(x=0))$. Da der zuerst genannte Betrag niedriger liegt, führt ein Mini Max Verhalten B zur Einhaltung des Standards.

- Wählen beide Seiten die Mini Max-Strategie, so halten beide ihren Standard ein, d.h. die Lösung liegt im Feld (2) des Tableaus. Das Ergebnis ist nicht pareto-optimal.

Es ist hervorhebenswert, daß diese Lösung wohlfahrtsökonomisch ungünstiger zu beurteilen ist, als die entsprechende Lösung bei moderat ineffizientem Standard $\bar{x}$ und Verzicht auf eine Mitverschuldensregelung. Bei letzterer Ausgestaltung hält A im Gleichgewicht den Standard ein und B paßt sich mit seiner Vorsichtsaktivität optimal an $\bar{x}$ und den damit geschaffenen

[54]Man könnte sich vorstellen, daß die Entscheidungsträger dieses Verhalten wählen, weil sie die Instabilität jeder Situation, die aus einer Kostenminimierung bei Cournot-Nash Verhalten entsteht, erkennen. Das Streben nach einer stabilen Situation wäre umso verständlicher, wenn ein Situationswechsel - anders als im Text unterstellt - (Transaktions-)Kosten verursachen würde.
Die Wahl der Mini Max-Strategie wäre außerdem nachvollziehbar, wenn wir annähmen, jeder Entscheidungsträger kenne bei der Wahl seines Sorgfaltsniveaus das Sorgfaltsgleichgewichtsniveau seines „Opponenten" nicht. Damit würden wir allerdings von den Standardvoraussetzungen des einfachen Grundmodells (in einem weiteren Punkt) abweichen.

Tatbestand der Nicht-Haftung an.[55] Im obigen Tableau würde damit Feld (3) erreicht. Die Summe der Kosten ist aber in (3) niedriger als in (2). Beim moderat ineffizienten Standard $\bar{x}$ ist also das Gleichgewicht (im Sinne der Mini Max-Strategie) bei pareto-optimal gesetztem Mitverschuldensstandard pareto-schlechter als das Gleichgewicht ohne Mitverschuldensstandard.

Fall 2 ($\bar{x} = x^*, \bar{y} > y^*$)

a) $\bar{y}$ ist (für $x = 0$) „exzessiv ineffizient".

Nehmen wir an, B mißachte den Standard $\bar{y}$, weil er „exzessiv ineffizient" im Sinne von (11b) sei[56].
Unter dieser Voraussetzung ist A unabhängig von seinem eigenen Vorsichtsniveau von der Haftung befreit. Er minimiert daher $K_A(x)$, d.h. er realisiert $x = 0$. Aus der Definition der exzessiven Ineffizienz von $\bar{y}$ folgt, daß B auf $x = 0$ mit $y = y(x{=}0) < \bar{y}$ reagiert.

Das Gleichgewicht liegt also in der ineffizienten Situation $x = 0$, $y(x{=}0)$.

Es muß betont werden, daß die Einführung einer Mitverschuldensklausel hier wohlfahrtsmindernd wirkt. Würde auf die Mitverschuldensklausel verzichtet, so würde unter der hier geltenden Bedingung $x = x^*$ ein pareto-optimales Gleichgewicht erzielt.[57]

---

[55] Vgl. A. Endres (1989b).

[56] Da $K_B(y(x{=}0)) + ES(x{=}0, y(x{=}0)) > K_B(y^*) + ES(x^*, y^*)$, ist jeder Standard $\bar{y}$, der für gegebenes $x{=}0$ exzessiv ineffizient ist, auch für x^* exzessiv ineffizient.

[57] Vgl. die oben zum ökonomischen Standardmodell der Verschuldenshaftung ohne Mitverschuldensklausel getroffenen Aussagen.

b) $\bar{y}$ ist (für $x = 0$) „moderat ineffizient".

Nehmen wir an, daß B den im Sinne von (10b) moderat ineffizienten Standard[58] einhält. Dann entscheidet sich die Haftung daran, ob A den optimal gesetzten Standard x^* respektiert.

- A hält x^* bei gegebenem $\bar{y}$ ein, wenn Gleichung (10a) für $\bar{x} = x^*$ erfüllt ist.
  Dabei ist $x(\bar{y})$ = arg min $K_A(x) + ES(x,\bar{y})$ und wegen $dx/dy < 0$ und $\bar{y} > y^*$ gilt $x(\bar{y}) < x^*$.

  In diesem Fall ist die Haftung ausgeschlossen, d.h. B erhält unabhängig vom Niveau seiner Vorsichtsaktivität keine Kompensation. Da aber (wegen y^* = arg min $K_B(y) + ES(x^*,y)$, der Zusammenhang $K_B(\bar{y}) + ES(x^*,\bar{y}) > K_B(y^*) + ES(x^*,y^*)$ gilt, wird B im Cournot-Nash Sinne auf x^* mit y^* ($< \bar{y}$) reagieren, d.h. er wird den ineffizienten Standard nicht einhalten.
  Bei gegebenem $y = y^*$ ist A unabhängig vom Niveau seiner Vorsichtsaktivität von der Haftung befreit. Damit ist es für ihn optimal, keine Vorsicht walten zu lassen, d.h. es gilt $x = 0$.

  Da der hier untersuchte Fall des moderat ineffizienten Standards durch $K_B(\bar{y}) < K_B(y(x{=}0)) + ES(x{=}0,y(x{=}0))$ definiert ist, wird B auf $x = 0$ mit der Einhaltung des Standards $\bar{y}$ „reagieren".
  Damit sind wir wieder bei der oben angenommenen Anfangs-Konstellation angelangt ...
  Es existiert also kein Cournot-Nash Gleichgewicht (in reinen Strategien) wenn Gleichung (10a) für x^*, $\bar{y}$ gilt.

- Gilt dagegen (11a) für x^*, $\bar{y}$ so hält A bei gegebenem $\bar{y}$ den Standard x^* nicht ein und realisiert $x(\bar{y})$.

---

[58] Wegen $K_B(y(x{=}0)) + ES(x{=}0,\ y(x{=}0)) > K_B(y^*) + ES(x^*,\ y^*)$ kann ein Standard, der (gem. (10b)) für $x = 0$ moderat ineffizient ist, für x^* moderat ineffizient oder exzessiv ineffizient sein.

Ist $\bar{y}$ nun für B in bezug auf $x(\bar{y})$ moderat ineffizient (wird also bei $x = x(\bar{y})$ eingehalten), so existiert ein ineffizientes Gleichgewicht $x(\bar{y}), \bar{y}$ in dem A haftbar ist.

Ist $\bar{y}$ dagegen in bezug auf $x(\bar{y})$ exzessiv ineffizient, so existiert kein Gleichgewicht. Die Begründung für diese Aussage soll hier in Analogie zur Argumentation nach Gleichung (10a) nur kurz skizziert werden:

- Gegeben, $\bar{y}$ wird eingehalten.
- Wegen (11a) mit $x = x^*$ und $y = \bar{y}$ hält A den Standard nicht ein, sondern realisiert $x(\bar{y})$.
  Gemäß der Annahme, $\bar{y}$ sei exzessiv ineffizient für $x(\bar{y})$ verletzt B den Standard.
- Unter dieser Voraussetzung haftet A nicht, er realisiert demnach $x = 0$.
- Da im hier behandelten Fall $\bar{y}$ moderat ineffizient für $x = 0$ ist, hält B den Standard ein, womit sich wieder die im ersten Spiegelstrich angenommene Situation einstellt.

Es ist bemerkenswert, daß Gleichung (10a) gelten muß (d.h. Gleichung (11a) nicht gelten kann), wenn der Standard $\bar{y}$ über seine in diesem Abschnitt unterstellte moderate Ineffizienz bezüglich $x=0$ hinaus auch moderat ineffizient bezüglich x^* ist.
Der Beweis erfolgt durch Widerspruch:
Nehmen wir an, es gelte (11a).
Aus der Pareto-Optimalität von x^*, y^* folgt

$$K_A(x^*) + K_B(y^*) + ES(x^*,y^*) < K_A(x(\bar{y})) + ES(x(\bar{y}),\bar{y}) + K_B(\bar{y})$$

und damit gilt wegen (11a) (mit $x = x^*$, $y = y^*$) auch

$$K_B(y^*) + ES(x^*,y^*) < K_B(\bar{y}).$$

Die Definition von moderater Ineffizienz des Standards $\bar{y}$ bezüglich x^* lautet aber

$$K_B(y^*) + ES(x^*,y^*) > K_B(\bar{y}).$$

Dies steht im Widerspruch zur vorstehenden Gleichung.

Ist also der Standard $\bar{y}$ auch moderat ineffizient bei gegebenem x^*, so gilt (10a) und damit existiert kein Cournot-Nash Gleichgewicht.

Natürlich ist es in diesem Fall - wie auch in anderen Fällen ohne Cournot Nash Gleichgewicht - interessant, nach Lösungen zu suchen, die sich bei einem von der Cournot Nash Hypothese abweichenden Verhalten der Akteure ergeben.
Wir untersuchen wieder die Konsequenzen einer Mini Max-Strategie der beiden Akteure. Zur Veranschaulichung dient das folgende Tableau:

B \ A	hält x^* ein	hält x^* *nicht* ein
hält $\bar{y}$ ein	(2) $K_A(x^*)$ $K_B(\bar{y})+ES(x^*,\bar{y})$	(1) $K_A(x(\bar{y}))+ES(x(\bar{y}),\bar{y})$ $K_B(\bar{y})$
hält $\bar{y}$ *nicht* ein	(3) $K_A(x^*)$ $K_B(y^*)+ES(x^*,y^*)$	(4) $K_A(x=0)$ $K_B(y(x=0))+ES(x=0,y(x=0))$

Tabelle C.3.

Wegen der moderaten Ineffizienz von $\bar{y}$ bezüglich x^* (und damit auch Gleichung (10a)) gilt:

$$\overset{(4)}{K_A(x=0)} < \overset{(2),(3)}{K_A(x^*)} < \overset{(1)}{K_A(\bar{x}(\bar{y}))+ES(x(y),y)}$$

$$\overset{(1)}{K_B(\bar{y})} < \overset{(3)}{K_B(y^*)+ES(x^*,y^*)} < \overset{(2)}{K_B(\bar{y})+ES(x^*,\bar{y})} < \overset{(4)}{K_B(y(x=0))+ES(x=0,y(x=0))}$$

Betrachten wir zunächst den potentiellen Verletzer.
Bei Standardeinhaltung $x = x^*$ ist das Ergebnis für A stets $K_A(x^*)$. Bei Standardverletzung ist das ungünstigste Ergebnis

$$K_A(x(\bar{y})) + ES(x(\bar{y}), \bar{y}).$$

Bei der Mini Max-Strategie wählt A also die Standardeinhaltung.
Betrachten wir nun das potentielle Opfer.
Bei Standardeinhaltung $y = \bar{y}$ ist das ungünstigste Ergebnis für B

$$K_B(\bar{y}) + ES(x^*, \bar{y}).$$

Bei Standardverletzung ist das ungünstigste Ergebnis für B

$$K_B(y(x=0)) + ES(x=0,y(x=0)).$$

Die Minimax-Strategie führt B also zur Standardeinhaltung.
Wählen beide Entscheidungsträger die Mini Max-Strategie, ergibt sich
also im Gleichgewicht x^*, $\bar{y}$ (Feld (2)). Pareto-optimal wäre dagegen die Allokation x^*, y^* (Feld (3)).

Fall 3 ($\bar{x} > x^*$, $\bar{y} > y^*$)

Im folgenden werden die Auswirkungen von für beide Beteiligten zu hoch angesetzten Standards kurz aufgezeigt. Dabei muß wieder zwischen moderat und exzessiv ineffizienten Standards unterschieden werden.

a) $\bar{x}$ und $\bar{y}$ sind moderat ineffizient.

Hier gelten die Gleichungen (10a) mit $y = \bar{y}$ und (10b).
Nehmen wir an, A halte den Standard wegen seiner moderaten Ineffizienz ein. Dann ist es für B optimal, sich an den Tatbestand des Haftungsausschlußes anzupassen, d.h. $y^0(\bar{x})$ zu realisieren, wobei $y^0(\bar{x}) < \bar{y}$ gilt (wegen $\bar{x} > x^*$ und $dy/dx < 0$).
Bei gegebener Standardverletzung durch B ist es jedoch für A optimal, $x=0$ zu realisieren, d.h. $\bar{x}$ zu verletzen.
Bei $x=0$ hält aber B seinen Standard wegen der hier unterstellten moderaten Ineffizienz von $\bar{y}$ bezüglich $x=0$ ein.

Wenn aber gilt $y = \bar{y}$, so hält A wegen der hier behandelten moderaten Ineffizienz von $\bar{x}$ für $\bar{y}$ den Standard ein und damit ist wieder die zuerst angenommene Situation erreicht.
Es gibt also kein Cournot-Nash Gleichgewicht in reinen Strategien, wenn $\bar{x}$ und $\bar{y}$ beide moderat ineffizient sind.

b) $\bar{x}$ ist moderat, $\bar{y}$ ist exzessiv ineffizient.

Gehen wir zunächst wieder davon aus, A halte $\bar{x}$ ein. Dann „reagiert" B mit $y(\bar{x})$ wobei $y(\bar{x}) < \bar{y}$ gilt. A realisiert bei gegebener Standardverletzung durch B $x=0$. Die hier implizierte exzessive Ineffizienz von $\bar{y}$ (bezüglich $x=0$) besagt, daß B auch bei $x=0$ den Standard ignoriert und sich so gut wie möglich (d.h. mit $y(x=0)$) an die damit verbundene kompensationsfreie Situation anpaßt. Damit hat A keinen Anlaß, von $x=0$ abzuweichen.
Es ergibt sich also ein (ineffizientes) Gleichgewicht $x=0$, $y(x=0)$.

c) $\bar{x}$ ist exzessiv, $\bar{y}$ moderat ineffizient.

Nehmen wir an, B halte $\bar{y}$ ein. A ignoriert den Standard und realisiert $x(\bar{y})$, weil $\bar{x}$ annahmegemäß exzessiv ineffizient ist, d.h.
$K_A(\bar{x}) > K_A(x(\bar{y})) + ES(x(\bar{y}), \bar{y})$ gilt.

Ist $\bar{y}$ nicht nur bezüglich x=0, sondern auch bezüglich $x(\bar{y})$ moderat ineffizient, so hält B den Standard $\bar{y}$ ein.[59]
Es existiert also ein (ineffizientes) Gleichgewicht $x(\bar{y})$, $\bar{y}$.

d) $\bar{x}$ und $\bar{y}$ sind exzessiv ineffizient.

Nehmen wir an, B ignoriere $\bar{y}$. Dann ist A von der Haftung befreit und realisiert x=0. Da $\bar{y}$ exzessiv ineffizient im Sinne von Gleichung (11b) ist, mißachtet B den Standard, indem er y(x=0) wählt.
Es existiert also ein (ineffizientes) Gleichgewicht x=0, y(x=0).
Dieses Gleichgewicht ist mit den Gleichgewichten der Fälle (2a) und (3b) identisch, d.h. sobald $\bar{y}$ exzessiv ineffizient ist, ist dies für die Natur des Gleichgewichts allein entscheidend. Das ist auch plausibel, weil A für die bei exzessiver Ineffizienz von $\bar{y}$ per definitionem erfolgende Standardverletzung durch B unabhängig von seinem (A's) Vorsichtsniveau von der Haftung befreit ist. Weil $K_A(x)$ monoton mit x steigt, ist es in dieser Situation für A stets am günstigsten, x=0 zu realisieren.

Fassen wir die obigen Überlegungen zusammen:
Im Grundmodell der ökonomischen Analyse des Rechts unerlaubter Handlungen ist eine Mitverschuldensklausel im System der Verschuldenshaftung allokativ (und distributiv) irrelevant.
Die vorstehende Analyse hat gezeigt, daß dieses Ergebnis nicht mehr gilt, wenn auch nur einer der im Modell eingeführten Vorsichtsstandards auf einem suboptimalen Niveau festgelegt wird. In diesem Fall reagieren die Gleichgewichtsvorsichtsniveaus der Beteiligten auf die Existenz einer Mitverschuldensregelung.
Die Wohlfahrtswirkungen der Mitverschuldensregelung können allgemein nicht bestimmt werden. Sie hängen von der jeweils geltenden Mischung von optimalen, moderat ineffizienten und exzessiv ineffizienten Standards und/oder vom Verlauf der Kostenfunktionen bei Verletzer und Opfer ab:

---

[59] Ist dies nicht der Fall, so kompliziert sich die Analyse wie oben im Fall (2b). Auf eine Ausführung der Analogie wird hier aus Platzgründen verzichtet.

- Ein Beispiel für eine wohlfahrtsmindernde Wirkung einer Mitverschuldensklausel gibt der Fall ab, in dem ein pareto-optimaler Standard für den potentiellen Verletzer durch einen suboptimalen Mitverschuldensstandard für das potentielle Opfer ergänzt wird (vgl. Fall 2, oben). Hier wird ein pareto-optimales Gleichgewicht der Vorsorgeniveaus von Verletzer und Opfer ohne Mitverschuldensklausel erreicht, mit Mitverschuldensklausel dagegen verfehlt.

- Wird dagegen ein suboptimaler Verhaltensstandard für den Verletzer durch einen effizienten Standard für das Opfer ergänzt, kann dies die Effizienzeigenschaften des Gleichgewichts verbessern (vgl. Fall 1a, oben) oder verschlechtern (vgl. Fall 1b, oben), je nachdem, „wie stark ineffizient" der Standard für den Verletzer ist.

- Ein Fall, in dem ein Wohlfahrtsvergleich zwischen den Gleichgewichten der Verschuldenshaftung ohne und mit Mitverschuldensklausel nur bei Kenntnis der Kostenfunktionen der Beteiligten vorgenommen werden kann, ist gegeben, wenn ein exzessiv ineffizienter Standard für den Verletzer durch einen exzessiv ineffizienten Standard für das Opfer ergänzt wird (vgl. Fall 3d, oben).
  Hier fallen die Gleichgewichtsallokationen der Arrangements mit bzw. ohne Mitverschuldensklausel stark auseinander.
  Gilt die Regel ohne Mitverschuldensklausel, internalisiert der Verletzer den Schaden, das Opfer unternimmt jedoch keinerlei Anstrengungen zur Schadensvermeidung. A trägt die Last der Schadensvermeidung allein. Ein Pareto-Optimum wird nicht erreicht, weil der von A bei seiner Optimierung einkalkulierte Schaden (wegen der fehlenden „Mitwirkung" von B) nicht minimiert ist.
  Wird der exzessiv ineffiziente Standard für A dagegen durch einen exzessiv ineffizienten Standard für B ergänzt, ergibt sich

(wie bei allen anderen Konstellationen mit exzessiv ineffizientem Standard für B auch) eine Gleichgewichtsallokation, bei der A keinerlei schadensmindernde Aktivitäten durchführt. B paßt sich an dieses unkorrigierte Gleichgewicht mit seiner (B's) Vorsichtsaktivität an. Hier wird also die Last der Schadensverhütung allein von B getragen.
Im Pareto-Optimum müssen sich beide Parteien an der Schadensverhütung beteiligen. Ob - mit diesem Ideal verglichen - ein Gleichgewicht das (allokativ) kleinere Übel ist, bei dem nur der Verletzer oder eines, bei dem nur das Opfer Maßnahmen zur Schadensverhütung ergreift, kann erst bei Kenntnis der Kostenfunktionen der Beteiligten entschieden werden.

5. Ergänzende Lenkungsmechanismen bei einzelwirtschaftlich suboptimalen Sorgfaltsstandards

Bei der bisherigen Behandlung suboptimaler Sorgfaltsstandards sind wir stets davon ausgegangen, daß die standardsetzende Institution eine vom Pareto-Optimum abweichende Sorgfaltsanforderung an den potentiellen Verletzer (bzw. das potentielle Opfer) stellt. Für den potentiellen Verletzer (bzw. das potentielle Opfer) haben wir in diesem Kapitel stets angenommen, daß er (es) Sorgfaltskosten und erwartete Schäden korrekt einschätzt, und auf der Grundlage dieser Einschätzung entscheidet, ob er (es) den exogen gesetzten Sorgfaltsstandard im Gleichgewicht einhält.
Dieselbe Entscheidungssituation für den potentiellen Verletzer (das potentielle Opfer) kann jedoch entstehen, wenn die in Kapitel C.I. erklärten Abweichungen zwischen erwarteten Schäden und erwarteten Kompensationszahlungen auftreten. Setzt z.B. unter einer reinen Verschuldenshaftung der Staat (das Gericht) den an den potentiellen Verletzer adressierten Sorgfaltsstandard auf dem pareto-optimalen Niveau fest, so erscheint dieses Niveau aus der Sicht des Verletzers als zu hoch, wenn dieser infolge der oben besprochenen Diskontierung mit erwarteten Zahlungen kalkuliert, die unter den erwarteten

Schäden liegen. Der potentielle Verletzer wird in dieser Situation nach denselben Kriterien wie im oben vorgestellten Modell darüber entscheiden, ob er den Standard einhält. Bei dieser Überlegung wird er als Konsequenz einer Standardverletzung die minimale erreichbare Summe aus Sorgfaltskosten und erwarteten Schadensersatzzahlungen ansetzen. Dabei sind die erwarteten Schadensersatzzahlungen hier geringer als die erwarteten Schäden. Ist dieses Kostenminimum günstiger als die Situation in der er allein die Sorgfaltskosten bei Einhaltung des Standards trägt, so entscheidet sich A zur Standardverletzung, obwohl der Standard auf pareto-optimalem Niveau gesetzt ist. In diesem Fall ist der pareto-optimal gesetzte Standard aus einzelwirtschaftlicher Sicht „exzessiv ineffizient".

Erkennt die standardsetzende Institution die Diskontierung des potentiellen Verletzers und ihre Auswirkungen auf sein Gleichgewichtssorgfaltsniveau, so wird sie sich (möglicherweise) fragen, welche über das Haftungsrecht hinausgehenden Möglichkeiten bestehen, den potentiellen Verletzer zur Standardeinhaltung zu veranlassen.

Zu denken wäre etwa an strafrechtliche Bestimmungen.

Wir untersuchen im folgenden, inwieweit Strafen für Standardverletzungen die Präventionsfunktion des Haftungssrechts ergänzen können.

Wir gehen dabei davon aus, daß die Strafe proportional mit dem Ausmaß, in dem der Verletzer die im Verkehr erforderliche Sorgfalt mißachtet hat, steigt. Die zu zahlende Strafe ergäbe sich aus der Multiplikation eines konstanten Faktors α_i mit der Differenz zwischen dem Sorgfaltsstandard x^* und dem Gleichgewichtssorgfaltsniveau x. Betrachten wir die allokativen Auswirkungen dieser Strafe für den Fall unilateraler Schäden. Bei gegebener Strafe belaufen sich die erwarteten Kosten des potentiellen Verletzers im Falle der Standardverletzung (d.h. bei $x < x^*$) auf

$$K_A^{G\alpha_i} = K_A(x) + w(x)\,SZ(x) + w(x)\,\alpha_i\,(x^* - x).$$[60]

Dabei gibt w(x) die Wahrscheinlichkeit eines Unfalls an, der zweite Summand gibt also die erwarteten Schadensersatzzahlungen, der dritte die erwarteten Strafen an. Für jeden „Strafsatz“ α_i existiert ein Sorgfaltsniveau $x^*(\alpha_i)$ ($< x^*$), für das der obige Ausdruck minimal wird. Es gilt also $x^*(\alpha_i) = \arg\min K_A^{G\alpha_i}$.
Außerdem existiert für jeden Strafsatz α_i ein kritischer Sorgfaltsstandard $x^0(\alpha_i)$, für den der potentielle Verletzer ex ante zwischen Einhaltung und Mißachtung des Standards indifferent ist. $x^0(\alpha_i)$ ist also definiert durch

$$K_A^{G\alpha_i}(x^*(\alpha_i), x^*) = K_A(x^0(\alpha_i)).$$

Gilt also der Strafsatz α_i, so wird der potentielle Verletzer den pareto-optimalen Standard x^* einhalten, solange dieser nicht über $x^0(\alpha_i)$ liegt. Der kritische Sorgfaltsstandard ist umso höher, je höher der Strafsatz liegt, d.h. $x^0(\alpha_i) > x^0(\alpha_j) > x^0(\alpha = 0)$, wobei $\alpha_i > \alpha_j > 0$ gilt. Liegt bei gegebenem Strafsatz α_i der (hier als pareto-optimal angenommene) Sorgfaltsstandard dagegen jenseits des kritischen Standards, so wird A sich für die Verletzung des pareto-optimalen Sorgfaltsstandard entscheiden und stattdessen ein Gleichgewichtssorgfaltsniveau $x^*(\alpha_i)$ realisieren. Wenn die Strafe in diesem Fall auch nicht ausreicht, A zur Einhaltung des pareto-optimalen Sorgfaltsstandards zu veranlassen, so ist doch darauf hinzuweisen, daß das Sorgfaltsgleichgewicht mit Strafe $x^*(\alpha_i)$ näher am

---

[60] Ob die erwartete Strafzahlung ebenso wie der erwartete Schaden von der Firma diskontiert wird, hängt von der Ursache der Diskontierung ab: Diskontiert der Verletzer den Schaden, weil bestimmte (z.B. immaterielle) Schäden nach dem Haftungsrecht von der Kompensation ausgeschlossen sind, so wird die erwartete Strafe nicht diskontiert. Davon gehen wir im Text aus. Liegt der Grund für die Diskontierung des erwarteten Schadens dagegen bei Problemen der Kausalitätsfeststellung, so wird die erwartete Strafe ebenso diskontiert wie der erwartete Schaden.

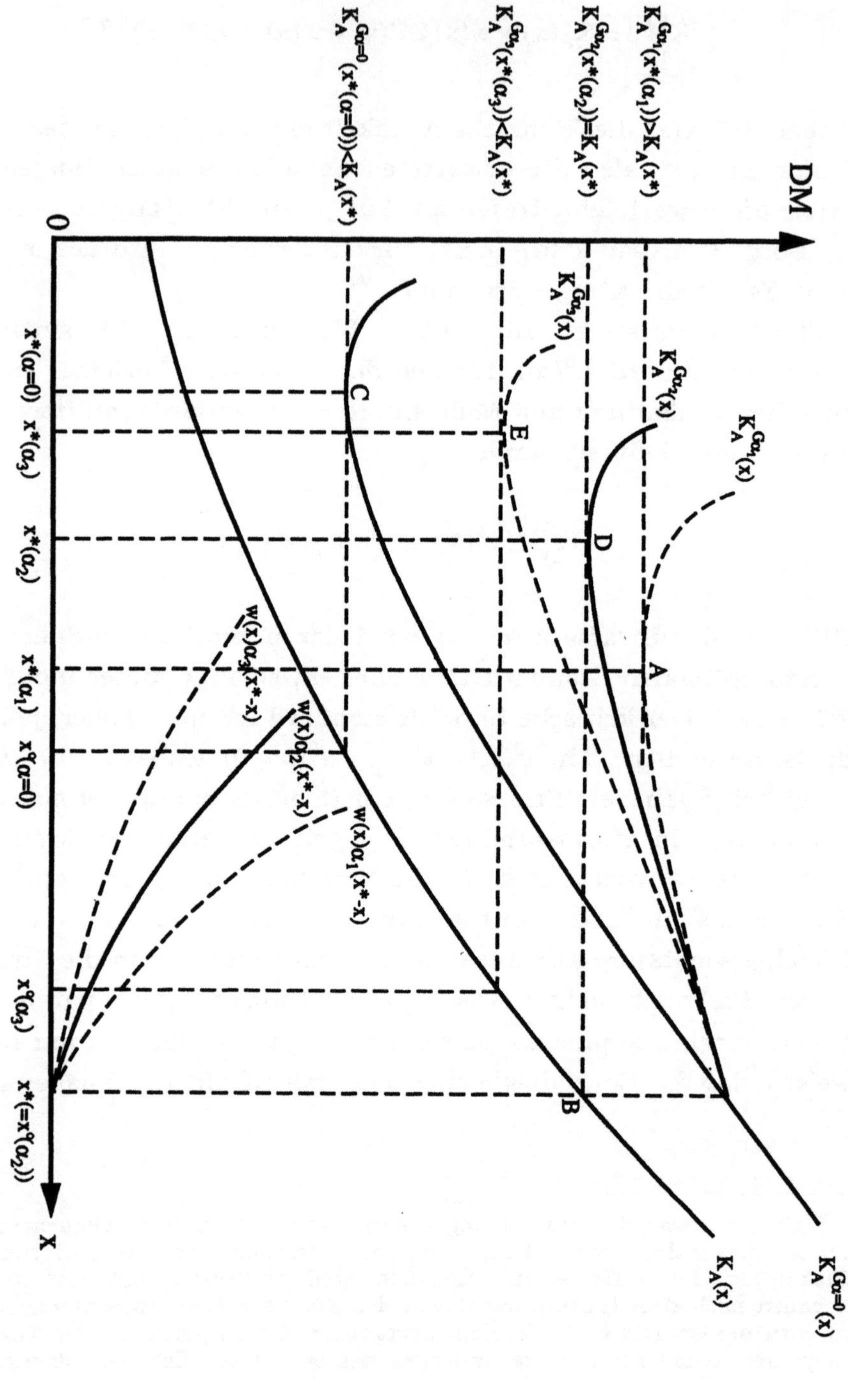
DM
0
X
K_A^{Gα1}(x*(α1))>K_A(x*)
K_A^{Gα2}(x*(α2))=K_A(x*)
K_A^{Gα3}(x*(α3))<K_A(x*)
K_A^{Gα=0}(x*(α=0))<K_A(x*)
K_A^{Gα1}(x)
K_A^{Gα2}(x)
K_A^{Gα3}(x)
K_A^{Gα=0}(x)
K_A(x)
A
B
C
D
E
w(x)α3(x*-x)
w(x)α2(x*-x)
w(x)α1(x*-x)
x*(α=0)
x*(α3)
x*(α2)
x*(α1)
x°(α=0)
x°(α3)
x*=x°(α2)

Abb. C.22.

Pareto-Optimum liegt als das Sorgfaltsgleichgewicht ohne Strafe $x^*(\alpha_i=0)$.[61]
Es ergibt sich also, daß Strafen in der hier formulierten Art, die Wahrscheinlichkeit, daß ein potentieller Verletzer einen pareto-optimal gesetzten Sorgfaltsstandard beachtet, obwohl er die erwarteten Schäden diskontiert, erhöhen. Überdies senkt die Strafe das Ausmaß der im Gleichgewicht entstehenden Fahrlässigkeit in den Fällen, in denen sich der potentielle Verletzer trotz der Strafe entschließt, den Standard zu mißachten. Abbildung C.22. illustriert diese Zusammenhänge.
Nehmen wir an, in der Abbildung C.22. betrage der Strafsatz α_1. Die Kostenkurve für den potentiellen Verletzer lautet damit im Bereich $x < x^*$ $K_A^{G\alpha_1} = K_A(x) + w(x)\,SZ(x) + w(x)\alpha_1\,(x^* - x)$. In Abb. C.22. gilt

$$K_A^{G\alpha_1}(x^*(\alpha_1), x^*) > K_A(x^*),$$

wobei $x^*(\alpha_1) = \arg\min K_A^{G\alpha_1}(x,x^*,\alpha_1)$.[62]

Bei gegebenem Strafsatz α_1 wären also die Kosten des potentiellen Verletzers im Falle der Standardverletzung auch dann höher als die Kosten der Einhaltung von x^*, wenn sich der potentielle Verletzer mit seinem Sorgfaltsniveau optimal an die bei Standardmißachtung eintretende Haftung und Bestrafung anpassen würde. Er hält also mit α_1 den Standard x^* ein. Ohne Strafe würde er dagegen unter den in Abb. C.22. gegebenen Verhältnissen den Standard verletzen. Seine Kosten $K_A^{G\alpha=0} = K_A(x^*(\alpha=0)) + w(x^*(\alpha=0))\,SZ(x^*(\alpha=0))$ sind nämlich niedriger als die Sorgfaltskosten bei Standardeinhaltung $K_A(x^*)$.[63] [64]

---

[61] Probleme des Zweitbesten werden hier wieder ignoriert.

[62] Es gilt $x^* = x^0(\alpha_2) > x^0(\alpha=0)$.

[63] Anders ausgedrückt ist für $\alpha=0$ der Standard x^* aus der Sicht des potentiellen Verletzers exzessiv ineffizient, d.h. $x^0(\alpha=0) < x^*$.

[64] Zur Vermeidung von Mißverständnissen bei der Interpretation der obigen Notation sei darauf hingewiesen, daß x^* den pareto-optimal gesetzten Sorgfaltsstandard bezeichnet, $x^*(\alpha=0)$ bezeichnet dagegen das

Um den potentiellen Verletzer zur Einhaltung des Standards zu veranlassen reicht unter den Bedingungen von Abb. C.22.. Sogar ein geringerer Strafsatz als α_1 aus. A hält x* bei jeder Strafe, deren Satz geringfügig höher als α_2 ein, wobei α_2 durch $K_A(x^*) = K_A^{G\alpha_2}(x^*(\alpha_2),x^*)$ definiert ist. Dabei gilt $x^*(\alpha_2)= \arg\min K_A^{G\alpha_2}$. α_2 kann daher als kritischer „Strafsatz" für den Standard x* bezeichnet werden.
In Abbildung C.22. ist auch dargestellt, daß der Standard verletzt wird, wenn ein Strafsatz α_3 gilt, der unter dem kritischen Satz liegt. Bei α_3 wählt der potentielle Verletzer das Sorgfaltsniveau $x^*(\alpha_3)$. Seine erwartete Kostenbelastung beträgt damit $K_A^{G\alpha_3}(x^*(\alpha_3))$. Er stellt sich damit günstiger als bei Einhaltung des Standards $(K_A(x^*))$. Die Abb. zeigt auch, daß das Gleichgewichtssorgfaltsniveau $x^*(\alpha_3)$ über dem Gleichgewichtssorgfaltsniveau $x^*(\alpha=0)$ liegt, das A ohne Strafe wählen würde.

---

einzelwirtschaftlich optimale Sorgfaltsniveau ohne Strafe im Fall der Standardverletzung.

IV. Unvollständige Sorgfaltsstandards

1. Einführung

Bei der obigen Darstellung sind wir stets davon ausgegangen, daß für den potentiellen Verletzer und das potentielle Opfer lediglich jeweils eine Maßnahme (x bzw. y) zur Verfügung steht, mit der die erwarteten Schäden reduziert werden können. Diese Annahme war zur Vereinfachung zunächst nützlich. Sie hat allerdings den Nachteil, daß mit ihr ein wesentliches Effizienzproblem des Haftungsrechts „unsichtbar" wird:

Soweit Haftungsregeln das Verschulden der Akteure berücksichtigen, reizen sie die Beteiligten zum Einsatz nur derjenigen Sorgfaltsaktivitäten an, für die ein Referenzniveau festgelegt ist, anhand dessen ein schuldhaftes Verhalten definiert wird. Dies betrifft bei der Verschuldenshaftung die Seite des Schädigers, bei der Gefährdungshaftung mit Mitverschuldensklausel die Seite des Opfers. Nur für „einseitig verursachte" Schäden, bei denen das Opfer keinen Einfluß auf die erwarteten Schäden hat, sind die folgenden Überlegungen im Bereich der Gefährdungshaftung irrelevant.

Das prominenteste Beispiel für den hier angesprochenen Typ der Anreizverzerrung durch den Einsatz des Haftungsrechts ist das Niveau der potentiell schadensverursachenden Aktivität des Verletzers unter der Verschuldenshaftung.[65] Im allgemeinen ist eine Senkung des erwarteten Schadens durch eine Senkung des Niveaus der Verletzeraktivität (also z.B. des Produktionsniveaus der Chemiefabrik oder der von einem Autofahrer pro Jahr zurückgelegten Entfernung)[66] eine ökonomisch durchaus relevante Methode zur Senkung des erwarteten Schadens. Einen Verschuldensstandard für

---

[65]Vgl. M. Adams (1985), S. 34, 124 ff., S. Shavell (1980).

[66]Der Zusammenhang zwischen Schadenshäufigkeit und Fahrleistung ist nach einer Studie des HUK-Verbandes nahezu linear. Vgl. K. Sticker (1989), S. 32.

diese Methode festzulegen, ist jedoch in der Praxis sehr schwierig. Ohne diesen Standard gehen allerdings vom Prinzip der Verschuldenshaftung keine Anreize für den Verletzer aus, diese Methode der Schadensvermeidung einzusetzen. Das Gleichgewichtsaktivitätsniveau liegt folglich im allgemeinen, verglichen mit dem optimalen Niveau, zu hoch.

Bei der Gefährdungshaftung mit Mitverschuldensklausel gelten diese Überlegungen analog für den potentiell Geschädigten. Ein gewisses Korrektiv dieser Fehlallokation ist hier allerdings darin zu sehen, daß häufig in der Praxis keine Vollkompensation der entstandenen Schäden beim Opfer erfolgt. (Ein Grund hierfür kann etwa im unvollständigen Ersatz immaterieller Schäden liegen.) Von dieser Form der „Selbstbeteiligung" gehen Anreize zur Einschränkung der geschädigten Aktivität für das potentielle Opfer aus.[67]

Bei einer längerfristigen Betrachtung (bei der die Anzahl der Verletzer und Opfer variabel ist) ergibt sich analog zu der obigen Argumentation für den Output einer einzelnen Firma, daß bei der Verschuldenshaftung auch die Anzahl der Mitglieder der „Verletzer-Industrie" (und ihr aggregiertes Outputniveau) über einen entsprechenden Standard geregelt werden müßte, - sicherlich ein besonders unrealistischer Gedanke. Ohne eine solche Begrenzung ist jedoch die Anzahl der Mitglieder der Verletzerindustrie im Gleichgewicht zu hoch. Dies ist darauf zurückzuführen, daß bei der Verschuldenshaftung die erwarteten Schäden denjenigen Verletzern, die den Sorgfaltsstandard erfüllen, nicht angelastet werden. Damit ergibt sich im Marktgleichgewicht ein zu niedriger Preis für das Produkt (die Aktivität) der Verletzerindustrie und damit eine zu hohe Menge. Spiegelbildlich fällt die Anzahl der Mitglieder in der Geschädigtenindustrie zu gering aus.

Für die Gefährdungshaftung mit Mitverschuldensklausel gelten diese Überlegungen analog mit vertauschten Rollen für die Verletzer- und Opfer-Industrie.

---

[67]Vgl. A. Endres (1989a), S. 124 f.

Es erscheint wichtig, darauf hinzuweisen, daß die Sicht des Problems einer selektiven Stimulierung von Vorsorgemaßnahmen durch das Haftungsrecht nicht auf die oben angesprochenen Lücken beim Aktivitätsniveau (oder der Anzahl der Beteiligten) verengt werden darf. Die Fehlallokation tritt vielmehr bei *jeder* Aktivität auf, die eigentlich zur Senkung der erwarteten Schäden geeignet wäre, für die jedoch kein Sorgfaltsstandard existiert. Anstelle des gesamtgesellschaftlich effizienten Mix von Sorgfaltsaktivitäten werden nur die per Sorgfaltsstandard für die betreffende Firma betriebswirtschaftlich relevanten Vorsorgemaßnahmen durchgeführt. Dieser „Keil" zwischen gesellschaftlicher und individueller Rationalität könnte nur durch eine vollständige Erfassung der (gegenwärtig und zukünftig) wirtschaftlichen Vorsorgemaßnahmen bei der Definition von Verschuldensstandards beseitigt werden. Dies ist aber ein für die Praxis unrealistischer Anspruch.[68]

Die hier besprochene Anreizverzerrung ist auch für eine mögliche Induktion von technischem Fortschritt im Vorsorgebereich bedeutend.[69] So geht von der Verschuldenshaftung kein Anreiz für den Verletzer aus, neue Sorgfaltsmethoden zu erfinden und einzusetzen. Zwar wird sich der Begriff von der „im Verkehr erforderlichen Sorgfalt" auf die Dauer der technischen Entwicklung anpassen. Er hinkt jedoch hinterher, statt sie selbst voranzutreiben. Bei der Gefährdungshaftung wird ein in dieser Beziehung innovativer potentieller Verletzer dagegen durch eine Senkung der von ihm zu leistenden erwarteten Kompensationszahlungen belohnt, wenn er neuartige Vorsorgemaßnahmen einsetzt. Auf der Verletzerseite weist die Verschuldenshaftung damit beharrende, die Gefährdungshaftung dagegen dynamische Elemente auf.[70] Auf der Opferseite ist dagegen die

[68]Vgl. dazu auch die Ausführungen von M. F. Grady (1989) zur Rolle der Anwälte bei der Auswahl der vom Gericht in Betracht gezogenen Sorgfaltsvorkehrungen.

[69]Einen anderen Aspekt der Induktion technischen Fortschritts durch das Haftungsrecht behandelt J. Finsinger (1991).

[70]Die Gefährdungshaftung ist drüber hinaus insofern „offen", als sie die Entscheidungen des potentiellen Verletzers über die Produktion bisher unregulierter Stoffe beeinflussen kann. (Vgl. D. Cansier (1981), S. 193.) Natürlich müssen diese Stoffe dazu als potentiell schädigend erkannt werden.

Verschuldenshaftung innovationsfreundlicher als die Gefährdungshaftung mit Mitverschuldensklausel.

2. Pareto-optimale Ausbringungs- und Sorgfaltsniveaus

Betrachten wir die oben kurz angerissenen Probleme der selektiven Stimulierung von Sorgfaltsmaßnahmen durch unvollständige Standards etwas genauer mit einer formaleren Darstellung:

Wir ändern das oben in Teil B eingeführte einfache Grundmodell insofern, als wir nun annehmen, den beteiligten Individuen stünden neben ihren jeweiligen Sorgfaltsaktivitäten x bzw. y je eine weitere Aktionsvariable z^A bzw. z^B zur Verfügung, mit der die erwarteten Schäden gesenkt werden könnten. Dabei bezeichnet z^A das Niveau der Aktivität des potentiellen Verletzers, von der das Risiko einer Schädigung des potentiellen Opfers ausgeht. z^B bezeichnet das Niveau der gefährdeten Aktivität des B.[71] z^A mag z.B. für das Produktionsniveau einer chemischen Fabrik oder für die Fahrleistung eines Autofahrers stehen, z^B für das Produktionsniveau eines landwirtschaftlichen Betriebs oder für die Strecke, die ein Spaziergänger zurücklegt.

Bei der folgenden Analyse unterstellen wir wieder, daß A und B Firmen sind. Die Preise für die Outputs seien p^A bzw. p^B.[72]
Für den erwarteten Schaden gilt also $ES = ES(z^A,x,z^B,y)$, wobei neben dem oben schon unterstellten Zusammenhang

$$\partial ES/\partial x,\ \partial ES/\partial y < 0$$

nun zusätzlich gilt

[71] Hiermit ist der allgemeine Fall bilateraler Schäden charakterisiert. Im Spezialfall unilateraler Schäden spielt das Niveau von z^B für die erwarteten Schäden definitionsgemäß keine Rolle.

[72] Wir unterstellen wieder vollständige Konkurrenz und gehen für die kurzfristige Analyse davon aus, daß die Preise nicht von der Haftungsregel abhängen.

$$\partial ES/\partial z^A,\ \partial ES/\partial z^B > 0.$$

Die in diesem Kapitel zusätzlich eingeführte Möglichkeit der Senkung des erwarteten Schadens besteht also in einer *Senkung* des Produktionsniveaus der beiden beteiligten Firmen.
Ohne haftungsrechtliche Regelungen ist der erwartete Gewinn des potentiellen Verletzers

$$Q_A = p^A z^A - K_A(z^A, x).$$

Der erwartete Gewinn des Opfers beträgt

$$Q_B = p^B z^B - K_B(z^B, y) - ES(z^A, x, z^B, y).$$

Die zugehörigen unkorrigierten Gleichgewichtsniveaus der Beteiligten nennen wir $\tilde{z}^A$, $\tilde{x}(=0)$, $\tilde{z}^B, \tilde{y}$.[73]

Die pareto-optimalen Niveaus der betreffenden Aktivitäten sind dadurch definiert, daß sie den gemeinsamen erwarteten Gewinn der Beteiligten maximieren.[74]
Es gilt also

(12) $Q^G = Q_A + Q_B = p^A z^A + p^B z^B - K_A(z^A, x) - K_B(z^B, y) - ES(z^A, x, z^B, y) =$ max!

Die Bedingungen 1. Ordnung lauten:

---

[73]Da K_A monoton mit x steigt, ist es für A im unkorrigierten Gleichgewicht optimal, auf die Durchführung der Sorgfaltsaktivität x vollständig zu verzichten.

[74]Mit der Aufnahme des Produktionsniveaus als Schadensdeterminante stellen wir das Modell um der besseren Vergleichbarkeit mit der konventionellen Theorie der Firma von der Kostenminimierung auf die Gewinnmaximierung um. Natürlich wäre es auch möglich, bei einem Kostenminimierungsansatz zu bleiben. Dann wären die einer Firma durch Reduktion des Produktionsniveaus unter das unkorrigierte Gleichgewichtsniveau entstehenden Gewinneinbußen als Kosten einer durch Outputreduktion erreichten Senkung des erwarteten Schadens anzusetzen.

(12.1.) $\partial Q^G/\partial z^A$: $p^A - \partial K_A/\partial z^A - \partial ES/\partial z^A = 0$

(12.2.) $\partial Q^G/\partial x$: $-\partial K_A/\partial x - \partial ES/\partial x = 0$

(12.3.) $\partial Q^G/\partial z^B$: $p^B - \partial K_B/\partial z^B - \partial ES/\partial z^B = 0$

(12.4.) $\partial Q^G/\partial y$: $-\partial K_B/\partial y - \partial ES/\partial y = 0$

Die Bedingungen (12.1.) und (12.3.) besagen, daß der Preis eines Gutes im Optimum seine Grenzkosten decken muß, gleichgültig, ob diese Grenzkosten beim Produzenten selbst oder bei dritten anfallen. Die Bedingungen (12.2.) und (12.4.) besagen, daß die Sorgfaltsaktivitäten im Pareto-Optimum soweit ausgedehnt werden, bis ihre Grenzkosten ihrer marginalen schadenssenkenden Wirkung entsprechen.

Die Bedingungen 2. Ordnung sind erfüllt, wenn die Vorzeichen der Hauptminoren der zugehörigen Hesse'schen Determinante

$$H = \begin{vmatrix} \partial^2 Q^G/\partial z^{A^2} & \cdots & \cdots & \cdots \\ \cdots & \partial^2 Q^G/\partial z^{B^2} & \cdots & \cdots \\ \cdots & \cdots & \partial^2 Q^G/\partial x^2 & \cdots \\ \cdots & \cdots & \cdots & \partial^2 Q^G/\partial y^2 \end{vmatrix}$$

(in der „richtigen" Reihenfolge) wechseln, d.h.

$$|H_1| < 0,\ |H_2| > 0,\ |H_3| < 0,\ |H| > 0 \text{ gilt.}$$

Die Werte der Aktionsvariablen der Beteiligten, die das hier beschriebene Maximierungsproblem lösen, werden im folgenden als z^{A*}, x^*, z^{B*}, y^* bezeichnet.

Die hier vorgenommene Erweiterung des Systems von Sorgfaltsmaßnahmen um die Senkung des Produktionsniveaus der

beteiligten Firmen wäre für das einfache Grundmodell irrelevant, wenn unter der Verschuldenshaftung pareto-optimale Sorgfaltsstandards für z^A und x bzw. unter der Gefährdungshaftung mit Mitverschuldensklausel pareto-optimale Sorgfaltsstandards für z^B und y gesetzt werden könnten.[75]
Ein anderes Bild ergibt sich, wenn wir - aus den eingangs genannten Gründen - davon ausgehen, daß keine Standards für das Produktionsniveau gesetzt werden können.
Wir beschränken die folgende Darstellung auf den Fall *unilateraler* Unfälle. Hier spielen definitionsgemäß nur die beiden Variablen z^A und x eine Rolle.

3. Ausbringungs- und Sorgfaltsgleichgewichte bei unvollständigen Standards

a) Verschuldenshaftung

Unter einer Verschuldenshaftung setzt die zuständige Instanz einen Sorgfaltsstandard für x. Analog zu den Annahmen des einfachen Grundmodells aus Teil B, oben, gehen wir zunächst davon aus, dieser werde auf dem pareto-optimalen Niveau der Aktivität x*, fixiert.
Unter diesen Umständen lautet A's Funktion des erwarteten Gewinns:

(13) $$Q_A = p^A z^A - K_A(z^A, x) - \phi ES(z^A, x) \text{ mit}$$

$$\phi = \begin{cases} 1 \text{ mit } x < x^* \\ 0 \text{ mit } x \geq x^* \end{cases}$$

Mit $\phi = 1$ ist (13) für ein Paar z^{A1}, x^1 maximal.

---

[75]Vgl. A. Endres (1989b), insbes. S. 252 - 256.

Mit $\phi = 0$ ist (13) maximal für x^{*}[76] und z^{A0},
wobei $z^{A0} = \arg\min p^A z^A - K_A(z^A,x^*)$ gilt.
Wegen $\partial ES/\partial z^A > 0$ gilt $z^{A0} > z^{A*}$.
Das Maximum für $\phi = 0$ liegt über dem Maximum für $\phi = 1$.
Es ergibt sich also, daß unter einer Verschuldenshaftung mit paretooptimalem Standard für die Sorgfaltsaktivität des potentiellen Verletzers und ohne Standard für das Produktionsniveau des Verletzers im Gleichgewicht der Sorgfaltsstandard eingehalten wird, dabei jedoch eine verglichen mit dem Pareto-Optimum überhöhte Ausbringungsmenge realisiert wird. Abbildung C.23. illustriert die Fehlallokation bezüglich der Gleichgewichtsausbringungsmenge.

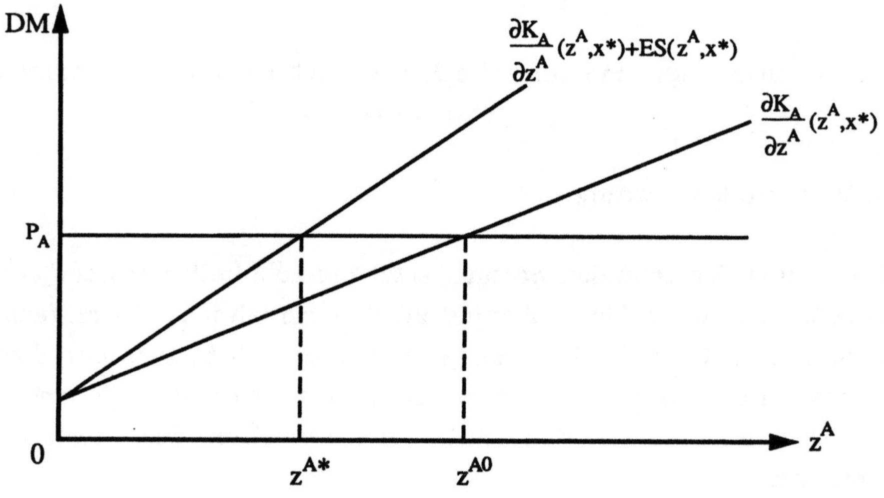

Abb. C.23.

Die hier vorgenommene etwas formalere Analyse führt also auf dasselbe Ergebnis wie die in der Einführung dargestellte eher intuitive Betrachtung.
Allerdings erscheint das formale Modell in einem Punkt unbefriedigend:

[76] Es wird unterstellt, daß die Durchführung der Sorgfaltsaktivität keinen produktionskostensenkenden Effekt aufweist.

Die pareto-optimalen Aktivitätsniveaus von z^A, x, z^B, y bzw. im Fall unilateraler Schäden von z^A und x wurden simultan aus der Maximierung von Gleichung (12) abgeleitet.[77] Da die Annahme, die standardsetzende Institution kenne das pareto-optimale Outputniveau z^{A*} nicht, gerade essentiell für die Analyse dieses Kapitels ist, ist es widersprüchlich, anzunehmen, sie kenne den simultan mit z^{A*} bestimmten pareto-optimalen Wert der Sorgfaltsmaßnahme x*. Man könnte allenfalls unterstellen, die Kosten- und Schadensfunktionen wiesen eine bestimmte Form auf, für die die pareto-optimalen Werte von Sorgfaltsaktivität und Produktionsmenge unabhängig voneinander seien. Dazu müßten die Funktionen allerdings additiv separabel sein, d.h. sie müßten sich schreiben lassen als

$$K_A(z^A,x) = K_A^{(1)}(z^A) + K_A^{(2)}(x)$$

$$K_B(z^B,y) = K_B^{(1)}(z^B) + K_B^{(2)}(y) \quad \text{sowie}$$

$$ES(z^A,x) = ES^{(1)}(z^A) + ES^{(2)}(x).$$

Für die Kostenfunktionen mag eine solche Annahme noch angehen. Schließlich ist es im Sinne der Nutzen-Kosten-Analyse rational, eine Annahme hinzunehmen, obwohl sie etwas unplausibel ist, wenn die damit erreichte Vereinfachung beträchtlich ist. Mit der Aufspaltbarkeit der Kostenfunktion in die oben genannte Terme würde unterstellt, daß die Sicherheitstechnik in dem Sinne von der Produktionstechnik unabhängig ist, daß Änderungen in dem einen Bereich keine Auswirkungen auf die Grenzkosten des anderen Bereichs haben.

Im Fall der Funktion der erwarteten Schäden erscheint eine derartige Trennbarkeitsannahme jedoch erheblich unplausibler. Sie würde hier bedeuten, daß die marginale schadenssenkende Wirkung der

[77] Im hier behandelten Fall unilateraler Unfälle hängt ES - anders als in (12) - nur von z^A und x ab.

Sorgfaltsaktivität unabhängig vom Produktionsniveau ist. Gegen diese Annahme spricht schon, daß die marginale schadenssenkende Wirkung der Sorgfaltsaktivität sicher reagieren wird, wenn die gefährliche Produktion stillgelegt wird ($z^A=0$).[78]
Da also die oben (und in der Literatur) getroffene Annahme, auch in einem System mit lückenhaften Sorgfaltsstandards würden die Standards für diejenigen Aktivitäten, die vom System erfaßt werden, auf ihrem pareto-optimalen Niveau gesetzt, zumindest problematisch erscheint, soll im folgenden eine Alternative zu der traditionellen Vorgehensweise aufgezeigt werden.
Wir gehen dabei von folgendem Gedanken aus:
Wird die Verschuldenshaftung in einer Situation ohne Haftungsbegrenzung eingeführt, so findet die standardsetzende Institution in der Ausgangslage das unkorrigierte Gleichgewichtsproduktionsniveau $\tilde{z}^A$ auf seiten des potentiellen Verletzers vor. Hat sie - den Annahmen des einfachen Grundmodells entsprechend - keine Schwierigkeiten, Nutzen und Kosten einer Ausweitung der Sorgfaltsaktivität x zu bestimmen, so ist es plausibel, daß sie ihre Überlegungen bezüglich des für das Niveau von x festzusetzenden Standards für das gegebene Gleichgewichtsproduktionsniveau $\tilde{z}^A$ anstellt.
Analog zu den Überlegungen des einfachen Grundmodells setzt die standardsetzende Institution demnach den Sorgfaltsstandard für A auf einem Niveau $\tilde{x}$ fest, für das der Ausdruck

$$(12') \qquad p^A\tilde{z}^A + p^B\tilde{z}^B - K_A(\tilde{z}^A,x) - K_B(\tilde{z}^B) - ES(\tilde{z}^A,x)$$

maximal wird.[79]
$\tilde{x}$ erfüllt die Bedingung 1. Ordnung

---

[78] Vgl. auch W. J. Baumol (1976).

[79] (12') geht aus (12) hervor, in dem $z^A = \tilde{z}^A$ und $z^B = \tilde{z}^B$ gesetzt wird und $ES(z^A,x,z^B,y)$ wegen der Unilateralität der Unfälle durch $ES(z^A,x)$ ersetzt wird. $\tilde{z}^B$ bezeichnet dabei analog zum oben für z^A gesagtem, das unkorrigierte Gleichgewichtsoutputniveau für das potentielle Opfer.

(12.2') $\partial K_A/\partial x(\tilde{z}^A,x) - \partial ES/\partial x(\tilde{z}^A,x) = 0.$

Der Standard $\tilde{x}$ beschreibt insofern ein „zweitbestes" Sorgfaltsniveau als er Grenzkosten und „Grenznutzen" (marginale schadenssenkende Wirkung) der Sorgfaltsaktivität von A für ein vorgegebenes Produktionsniveau ($\tilde{z}^A$) ausgleicht. Da das unkorrigierte Gleichgewichtsproduktionsniveau über dem pareto-optimalen Produktionsniveau liegt, $\tilde{z}^A > z^{A*}$, können wir über die Unterstellung einer „Substitutivität" von Outputreduktion und Sorgfaltsaktivität als schadenssenkenden Maßnahmen (in Analogie zu der Beziehung zwischen den Sorgfaltsaktivitäten x und y von Verletzer und Opfer aus dem einfachen Grundmodell) folgern, daß der (12') maximierende Standard über dem pareto-optimalen Sorgfaltsniveau liegt, d.h., $\tilde{x} > x^*$ gilt. Im unkorrigierten Gleichgewicht wird folglich die Outputreduktion als Methode zur Senkung der erwarteten Schäden im Vergleich zum Pareto-Optimum in zu geringem Umfang eingesetzt. Dieses Defizit wird in der zweitbesten Situation dadurch so weit wie möglich kompensiert, daß das Niveau der Sorgfaltsaktivität x über das pareto-optimale Maß hinaus gehoben wird.

Unter diesen Umständen lautet A's Funktion des erwarteten Gewinns:

(13) $Q_A = p^A z^A - K_A(z^A,x) - \phi ES(z^A,x)$

$$\phi = \begin{cases} 1 \text{ für } x < \tilde{x} \\ 0 \text{ für } x \geq \tilde{x} \end{cases}$$

Mit $\phi = 1$ spiegelt (13) die mit den Aktivitäten z^A und x verbundenen volkswirtschaftlichen Kosten vollständig wider. (13) ist damit für die pareto-optimalen Werte z^{A*} und x^* maximal.

Im Maximum beträgt A's erwarteter Gewinn demnach

(14) $p^A z^{A*} - K_A(z^{A*},x^*) - ES(z^{A*},x^*).$

Im Bereich $\phi = 0$ ist (13) maximal für

$x = \tilde{x}$ (weil Q_A monoton in x fällt) und
$z^A = z^A(\tilde{x})$, wobei $z^A(\tilde{x})$
$p^A - \partial K_A/\partial z^A(\tilde{x},z^A) = 0$ erfüllt.

Nehmen wir an, $K_A(x,z^A)$ sei additiv separabel, d.h. die gewinnmaximale Ausbringungsmenge hänge nicht vom Niveau der Sorgfaltsaktivität ab, so gilt
$z^A(\tilde{x}) = \tilde{z}^A$, d.h. das (13) maximierende Produktionsniveau ist mit dem unkorrigierten Gleichgewichtsproduktionsniveau identisch.
Der erwartete Gewinn von A lautet demnach

(15) $$p^A\tilde{z}^A - K_A(\tilde{z}^A,\tilde{x}).$$

Ob der potentielle Verletzer den Sorgfaltsstandard $\tilde{x}$ einhält, hängt davon ab, ob der Gewinn in (14) oder (15) größer ist. Darüber kann jedoch im allgemeinen nichts ausgesagt werden. Für gegebene Kosten bzw. Schadensfunktion hängt das Verhältnis der beiden Gewinngrößen in (14) und (15) davon ab, wie groß die Differenz zwischen dem von der Behörde gesetzten zweitbesten Sorgfaltsstandard $\tilde{x}$ und dem pareto-optimalen Sorgfaltsniveau x^* ist. Es sei hier an die Aussagen von Teil C. III., bezüglich der moderaten bzw. exzessiven Ineffizienz von Sorgfaltsstandards im Modell mit nur einer Sorgfaltsaktivität für jeden Beteiligten erinnert.
Ist der Standard in diesem Sinne moderat ineffizient, liegt also der Gewinn von (15) über dem Gewinn von (14), so hält der potentielle Verletzer den Sorgfaltsstandard $\tilde{x}$ ein und realisiert im Gleichgewicht ein zu hohes Produktionsniveau $\tilde{z}^A > z^{A*}$. Dieses Ergebnis stimmt mit der in der Einleitung dieses Kapitels gegebenen Plausibilitätsüberlegung bezüglich der Allokationswirkungen unvollständiger Systeme von Sorgfaltsstandards überein.
Ist dagegen der „zweitbeste" Sorgfaltsstandard $\tilde{x}$ exzessiv ineffizient, d.h. liegt der Gewinn (14) über dem Gewinn von (15), ignoriert der

potentielle Verletzer den Sorgfaltsstandard. Er nimmt die Haftungsverpflichtung inkauf und realisiert demnach im Gleichgewicht die pareto-optimalen Niveaus von Produktions- und Sorgfaltsaktivität, z^{A*}, x^*. In diesem Fall wird also trotz der Unvollständigkeit des Systems von Sorgfaltsstandards ein pareto-optimales Ergebnis im Gleichgewicht hergestellt. Dies geschieht gerade deshalb, weil der potentielle Verletzer die von der Behörde festgelegten Standards im Gleichgewicht ignoriert und die volkswirtschaftlichen Kosten aller seiner Aktivitäten bei der Gewinnmaximierung kalkuliert.

Bei der Interpretation dieses Ergebnisses muß natürlich beachtet werden, daß es unter den Bedingungen unilateraler Unfälle abgeleitet wurde. Für bilaterale Unfälle würde eine Fehlallokation über das potentielle Opfer in das System hineingetragen:
Haftet der potentielle Verletzer aus den oben angesprochenen Gründen, so erhält das Opfer bei einem Unfall volle Kompensation für die entstehenden Schäden.[80] Damit entfällt der Anreiz für das potentielle Opfer, seinerseits Sorgfaltsvorkehrungen zu treffen. Das potentielle Opfer würde in dieser Situation sein unkorrigiertes Gleichgewichtsproduktionsniveau $\tilde{z}^B$ aufrechterhalten und auf die Ausübung seiner Sorgfaltsaktivität völlig verzichten ($y = 0$). Damit würde eine Fehlallokation begründet und aus dem Bereich des potentiellen Opfers in den Bereich des potentiellen Verletzers einwirken. Der potentielle Verletzer würde im Fall der Mißachtung des Sorgfaltsstandards $\tilde{x}$ zwar sämtliche mit seinen Aktivitäten verbundenen Kosten bei der Gewinnmaximierung kalkulieren, die sich daraus ergebenden Gleichgewichtswerte wären jedoch im allgemeinen nicht pareto-optimal, da die von A kalkulierte Funktion des erwarteten Schadens B's suboptimale Gleichgewichtswerte, $\tilde{z}^B$, $y = 0$ statt der pareto-optimalen Werte z^{B*}, y^* enthalten würde.

---

[80] Abweichungen von dieser Grundannahme wurden in Teil C.I. besprochen

b) Gefährdungshaftung

Die obigen Überlegungen zu den allokativen Konsequenzen eines exzessiv ineffizienten Sorgfaltsstandards im Rahmen eines lückenhaften Standardsystems unter der Verschuldenshaftung können unmittelbar zur Charakterisierung der Lage unter der Gefährdungshaftung herangezogen werden:
Im Fall unilateraler Schäden werden bei der Gefährdungshaftung keine Sorgfaltsstandards gesetzt. Das hier behandelte Problem der Unvollständigkeit eines Systems von Sorgfaltsstandards ist also in diesem Zusammenhang irrelevant. Das gleichgewichtige Sorgfalts- bzw. Produktionsniveau des potentiellen Verletzers ist also im Fall unilateraler Schäden bei der Gefährdungshaftung ebenso pareto-optimal, wie unter einer Verschuldenshaftung mit exzessiv ineffizientem Sorgfaltsstandard.
Bei bilateralen Unfällen dagegen führen unvollständige Sorgfaltsstandards auch unter der Gefährdungshaftung zur Fehlallokation: Wird der unter dieser Haftungsregel an das potentielle Opfer gerichtete Standard auf dem pareto-optimalen oder einem moderat ineffizientem Niveau gesetzt, so hält das Opfer den Standard im Gleichgewicht ein. Es wird daher vollständig kompensiert und realisiert daher sein über dem pareto-optimalen Niveau liegendes unkorrigiertes Gleichgewichtsproduktionsniveau. Diese Fehlallokation wirkt auf die Lage der Gleichgewichtsniveaus des potentiellen Verletzers bezüglich Produktion und Sorgfalt in der oben beschriebenen Weise zurück.
Ignoriert B dagegen den an ihn adressierten Sorgfaltsstandard unter einer Gefährdungshaftung mit Mitverschuldensklausel im Fall bilateraler Schäden, weil dieser „zu hoch" angesetzt ist, so hat B zwar allen Anlaß, alle ihm zur Verfügung stehenden Maßnahmen der Schadenssenkung also den Einsatz der Sorgfaltsaktivität und die Senkung des Produktionsniveaus, effizient zu nutzen, das Gleichgewicht ist aber insgesamt doch nicht pareto-optimal. Da B nämlich nicht kompensiert wird, entfällt für A der Anreiz seine Sorgfaltsaktivität x einzusetzen und sein Outputniveau z^A unter das

unkorrigierte Gleichgewichtsniveau abzusenken. Diese auf der Seite des potentiellen Verletzers entstehende Fehlallokation wirkt in den Bereich des potentiellen Opfers hinein. Seine Kostenminimierung erfolgt auf der Grundlage einer Schadensfunktion, die statt der pareto-optimalen Werte x^*, z^{A*} die unkorrigierten Gleichgewichtswerte $x = 0$, $\tilde{z}^A$ für die Aktivitäten des potentiellen Verletzers als Parameter enthält. Die sich daraus für B ergebenden Gleichgewichtswerte bezüglich seiner Sorgfaltsaktivität und seines Produktionsniveaus entsprechen daher im allgemeinen nicht den pareto-optimalen Werten.

4. Unvollständige Sorgfaltsstandards bei langfristiger Betrachtung

Bisher sind wir davon ausgegangen, daß die Preise, die Verletzer bzw. Opfer auf dem Markt für ihren Output erzielen, gegeben sind.
Bei einer langfristigen Betrachtung ist dagegen nach den Konsequenzen der Ausgestaltung des Haftungsrechts für die Höhe der Gleichgewichtspreise zu fragen. Außerdem sind die unter den verschiedenen Haftungsregeln erreichten langfristigen Gleichgewichte nach dem Pareto-Kriterium zu bewerten.
Wir führen die Betrachtung zunächst für unilaterale Schäden durch.

Für eine pareto-optimale Situation ist es neben der Erfüllung der oben erörterten Marginalbedingungen notwendig, daß die Erträge jeder Aktivität mindestens so hoch sind wie ihre Kosten. Betrachten wir eine Industrie von potentiellen Verletzern mit einem Gesamtoutput z^A.[81]
Die Produktion der Verletzerindustrie darf also nicht so weit ausgedehnt werden, daß die Bedingung

$$p^A(z^A) - K_A(z^A,x) - ES(x,z^A) \geq 0$$

[81] Es gilt $z^A = \sum_{i=1}^{n} z_i^A$ mit $i \in \{1,...n\}$. n ist dabei die Anzahl der Mitglieder der Verletzerindustrie.

verletzt wird.[82]

Bei einer Gefährdungshaftung deckt der Erlös der Verletzerindustrie im langfristigen Gleichgewicht gerade die Summe aus (Produktions- und Sorgfalts-)Kosten und erwarteten Schäden. Es gilt also

$$p^A(z^A) - K_A(z^A,x) - ES(x,z^A) = 0.$$

Der langfristige Gleichgewichtspreis entspricht dem Minimum der Summe aller von der A-Industrie verursachten Durchschnittskosten, d.h. es gilt

$$p^A = \frac{K_A + ES}{z^A} \quad .$$

Im langfristigen Gleichgewicht wird also unter dieser Haftungsregel bei unilateralen Schäden die Totalbedingung für Pareto-Optimalität erfüllt.

Unter der Verschuldenshaftung trägt die Verletzerindustrie dagegen nur die (Produktions- und Sorgfalts-)Kosten, nicht jedoch die erwarteten Schäden. Im langfristigen Gleichgewicht gilt daher

$$p^A(z^A)z^A - K_A(z^A,x) = 0.$$

Der Gleichgewichtspreis liegt daher bei

$$p^A = \frac{K_A\,(z^A, x)}{z^A} \quad .$$

Der langfristige Gleichgewichtspreis liegt also bei der Verschuldenshaftung unter dem langfristigen Gleichgewichtspreis

---

[82] Bei dieser Bedingung wird der Erlös der Verletzerindustrie als Näherungsgröße für den Wert ihrer Produktion verwendet. Die Konsumentenrente wird bei dieser Betrachtung vernachlässigt.

bei Gefährdungshaftung. Bei negativ geneigter Nachfragekurve für das Produkt z^A liegt der langfristige Gleichgewichtsoutput der Verletzerindustrie bei der Verschuldenshaftung über dem bei Gefährdungshaftung im Gleichgewicht realisierten Output.
Da bei der Verschuldenshaftung nicht alle mit der Verletzeraktivität z^A verbundenen Kosten sich im Preis widerspiegeln, muß die Verletzerindustrie über das pareto-optimale Niveau hinaus wachsen, um die für das langfristige Gleichgewicht notwendige Bedingung des Nullgewinns zu realisieren.

Betrachten wir nun das langfristige Gleichgewicht und seine Optimalität für bilaterale Schäden. Bilaterale Schäden sind dadurch definiert, daß es wirtschaftlich ist, daß auch das potentielle Opfer Maßnahmen ergreift, die erwarteten Schäden zu senken. Diese Maßnahmen bestehen in dem hier verwendeten Modell in der Durchführung einer Sorgfaltsaktivität und in der Absenkung der Produktion unter ihr unkorrigiertes Gleichgewichtsniveau. Die Kosten, die B bei dieser Maßnahme entstehen (Sorgfaltskosten und Gewinnverzichte durch Outputreduktion) sind zweifellos durch die Existenz der Verletzeraktivität bedingt. Bei der Forderung, in einer pareto-optimalen Situation müßten die Erträge der Verletzeraktivität mindestens die Kosten dieser Aktivität decken, sind demnach die beim Opfer entstehenden Kosten für dessen Beiträge zur Senkung des erwarteten Schadens, die hier unter $C_B(z^B,y)$ zusammengefaßt werden, mit in die Betrachtung einzubeziehen.[83]
Im Pareto-Optimum muß bei bilateralen Schäden also die Totalbedingung

$$p^A(z^A)z^A - K_A(z^A,x) - C_B(z^B,y) - ES(x,z^A,y,z^B) \geq 0$$

[83]Das Argument stammt von J. Finsinger (1991). Es wird dort für die Auswirkungen des Haftungsrechts auf die Einführung neuer Technologien ausgeführt.

erfüllt sein.
Unter der Gefährdungshaftung mit Mitverschuldensklausel trägt die Verursacherindustrie dagegen zwar ihre eigenen Sorgfaltskosten und die erwarteten Schäden, nicht jedoch die Sorgfaltskosten der geschädigten Industrie. Im langfristigen Gleichgewicht ist daher die Bedingung

$$p^A(z^A)z^A - K_A(z^A,x) - ES(x,z^A,y,z^B) = 0$$

erfüllt. Der langfristige Gleichgewichtspreis liegt demnach bei

$$p^A = \frac{K_A + ES}{z^A}$$

Neben den schon bei der kurzfristigen Analyse sichtbaren Problemen der Gefährdungshaftung mit Mitverschuldensklausel bei unvollständigem Sorgfaltsstandard zeigt sich also, daß im langfristigen Gleichgewicht unter dieser Haftungsregel die Totalbedingung für Pareto-Optimalität verletzt wird. Der Preis erfaßt nicht alle von der Aktivität der Industrie verursachten Kosten, der Gewinn der Industrie sinkt also erst dann auf 0 ab, wenn sie mit dem Pareto-Optimum verglichen schon zu groß ist.

Das hier bestehende Problem kann nicht einfach dadurch gelöst werden, daß der A durch die Haftungsregel verpflichtet wird, dem B auch die Sorgfaltskosten zu ersetzen. Bekäme B nämlich die Sorgfaltskosten ersetzt, entfiele für ihn der Anreiz zur Minimierung dieser Kosten. Dadurch würde eine Tendenz zur Fehlallokation ausgelöst. Dieser könnte man mit der Forderung entgegenwirken, A müsse dem B lediglich die *minimalen* Sorgfaltskosten zu ersetzen. Diese Forderung ist aber im Rahmen des hier behandelten Modells (von der Realität ganz zu schweigen) nicht zu erfüllen. Das hier behandelte Problem unvollständiger Sorgfaltsstandards ist ja gerade darauf zurückzuführen, daß die standardsetzende Institution die kostenminimale Kombination von Sorgfaltsmaßnahmen nicht kennt.

Demnach ist sie auch nicht in der Lage, dem A gerade die bei optimaler Kombination von Sorgfaltsmaßnahmen entstehenden (eben minimalen) Sorgfaltskosten anzulasten.

Bei der Verschuldenshaftung gelten die hier für die Gefährdungshaftung vorgetragenen Gründe für die langfristige Suboptimalität von Gleichgewichten bei bilateralen Schäden noch verstärkt. Die Sorgfaltsgleichgewichte unterscheiden sich bei optimalem oder moderat ineffizientem Sorgfaltsstandard noch stärker vom Pareto-Optimum als bei der Gefährdungshaftung: Hier spiegelt der Preis des Verletzer-Output nämlich im Gleichgewicht nicht nur die Sorgfaltskosten des Opfers nicht wider, sondern eben so wenig die erwarteten Schäden. Im Falle exzessiver Ineffizienz des Sorgfaltsstandards weist die Verschuldenshaftung dagegen „lediglich" dasselbe Defizit auf wie die Gefährdungshaftung. Der Gleichgewichtspreis erfaßt die Sorgfaltskosten des potentiellen Opfers nicht.

D.HAFTUNG UND VERSICHERUNG

I. Einführung

Werden durch das Haftungsrecht Ansprüche auf Kompensationszahlungen von extern Geschädigten gegen die Verursacher der Schäden begründet, so entsteht ein Interesse an der Versicherung der entsprechenden Risiken:
Risikoscheue potentielle Verletzer sind bereit, das Risiko, zur Zahlung an den Geschädigten herangezogen zu werden, gegen eine sichere Zahlung (Prämie) auf den Versicherer abzuwälzen.
Auch für die Geschädigten ist es vorteilhaft, wenn der Verletzer versichert ist, sinkt doch damit für sie das Risiko, wegen Zahlungsunfähigkeit des Verletzer nicht (oder nur mangelhaft) kompensiert zu werden. Im Interesse der Geschädigten schreibt der Staat daher bei manchen für Dritte potentiell gefährlichen Aktivitäten für den Betreiber eine Deckungsvorsorge zwingend vor.
Es ist nun zu fragen, wie die Existenz von Versicherungen die Präventionswirkungen des Haftungsrechts beeinflußt.[1]

Die Analyse erfolgte bisher unter der Annahme, daß die Entscheidungsträger risikoneutral seien. Die Nachfrage nach Versicherungen wird jedoch erst durch die Risikoscheu der Entscheidungsträger begründet. Es ist daher zweckmäßig, vor der Analyse der Allokationswirkungen von Versicherungen das ökonomische Grundmodell des Haftungsrechts zunächst für den Fall risikoscheuer Entscheidungsträger darzustellen. Dies geschieht unten in

---

[1]Die folgende Darstellung ist knapp gehalten. Eine ausführliche Analyse findet sich z.B. bei S. Shavell (1987) oder A. Endres, R. Schwarze (1991a), (1991b).

Abschnitt II. Wir konzentrieren uns dort und im folgenden auf den Fall unilateraler Schäden. Probleme bilateraler Unfälle werden lediglich am Rande mitbehandelt.

Wie oben begründet, läge das gesellschaftlich optimale Niveau der präventiven Aktivität dort, wo ihre Grenzkosten dem marginalen Wert der durch sie erreichten Senkung des erwarteten Schadens gleich sind. Ohne Versicherung würde ein risikoscheuer Verletzer jedoch im Gleichgewicht ein höheres Vorsorgeniveau realisieren, weil er das Risiko einer über dem Erwartungswert liegenden Kompensationszahlung stärker gewichtet, als die Chance, mit einer unter dem Erwartungswert liegenden Zahlung „davonzukommen". Risikoscheu führt also ohne Versicherungsmöglichkeit in unserem Zusammenhang zur Fehlallokation.[2]

In Abschnitt III., unten, wird die Möglichkeit der Versicherung eingeführt. Hier kann der potentielle Verletzer die risikobehaftete Kompensationszahlung durch die Zahlung einer sicheren Prämie substituieren. Im idealtypischen Fall der „fairen" Versicherung entspricht die Prämie jedes Versicherungsnehmers gerade den von ihm angerichteten Erwartungsschäden. Die Versicherung würde unter diesen Bedingungen (und bei unilateralen Schäden) die Optimalität der Gefährdungshaftung für den Fall der Risikoscheu wiederherstellen. Der potentielle Verletzer würde nämlich seine präventive Aktivität im Gleichgewicht gerade bis zu dem Punkt ausdehnen, an dem ihre Grenzkosten dem marginalen Wert ihrer prämiensenkenden Wirkung (und das wäre ja hier dasselbe, wie der Wert der Senkung der erwarteten Schäden) entsprächen.

Die anschließend in Abschnitt IV. angestellte weniger idealtypische Betrachtung führt jedoch zu abweichenden Ergebnissen. Die Bedingung, daß die Prämie für jeden Versicherungsnehmer den von ihm zu erwartenden Schäden entspricht, ist sehr restriktiv. Abgesehen davon, daß die Versicherung (mindestens) ihre

---

[2]Bei dieser Argumentation ist unterstellt, daß das individuelle Risiko für die Gesellschaft als Ganzes kein Risiko darstellt. (Dies gilt z.B., wenn sich die Risiken verschiedener Gesellschaftsmitglieder ausgleichen.) Dann ist die Lage des pareto-optimalen Sorgfaltsniveaus von der Risikoaversion des einzelnen Entscheidungsträgers unabhängig.

Verwaltungskosten decken muß, steht der Realisierung der „fairen" Prämie die Informationsasymmetrie zwischen Versicherer und Versicherungsnehmer entgegen. Da das Versicherungsunternehmen die präventiven Aktivitäten des potentiellen Verletzers nicht vollständig beobachten kann, ist dieser den (in der Literatur im Zusammenhang mit Versicherungen wohlbekannten) Versuchungen des „moral hazard"[3] ausgesetzt. Lückenhafte Kenntnisse der Versicherer über die Risikovorsorge der Versicherten verführen letztere zu strategischer Unterlassung von Schutzmaßnahmen, weil sie sich bei einer risikounabhängigen (oder doch zumindest nicht vollständig an das Risiko gekoppelten) durchschnittlichen Prämie nicht (oder nicht vollständig) in sinkenden Versicherungsbeiträgen auszahlen.

Um diese Anreizlücken des Versicherungsarrangements soweit wie möglich zu schließen, werden in der Literatur eine Reihe von Strategien vorgeschlagen. Als Beispiele hierfür werden in den Abschnitten V. bzw. VI. die Vereinbarung von Sorgfaltsstandards in den Versicherungsverträgen und die Selbstbeteiligung des Schädigers behandelt.

II. Sorgfaltsgleichgewichte bei Risikoscheu

Betrachten wir zunächst die Auswirkungen der Risikoscheu auf Seiten des potentiellen Verletzers in einem System der *Gefährdungshaftung.*

Im Gegensatz zu einem risikoneutralen potentiellen Verletzer wird der risikoscheue Verletzer bei seiner Wahl des Gleichgewichtssorgfaltsniveaus die auf ihn in der Zukunft womöglich zukommenden Kompensationszahlungen nicht in Höhe der erwarteten Schäden ansetzen. Er wird vielmehr die ungünstige Möglichkeit, tatsächlich nach einem Unfall zu über dem Erwartungswert liegenden Zahlungen herangezogen zu werden, stärker bei der Bewertung

---

[3] Vgl. K. J. Arrow (1970), R. Eisen (1976), B. Holmström (1979), S. Shavell (1979) und W. Strassl (1988).

gewichten als die günstige Möglichkeit, nur unterdurchschnittliche Zahlungen leisten zu müssen. Bei seiner Bewertung der womöglich zu leistenden Kompensationszahlungen wird er also zum Erwartungwert der Schäden einen Zuschlag einkalkulieren. Diesen Zuschlag bezeichnen wir als Risikolast R. Damit erwächst dem potentiellen Verletzer aus seiner Sicht aus der Durchführung der Sorgfaltsaktivität x ein doppelter Nutzen: Zum einen sinkt mit zunehmendem Sorgfaltsniveau das Niveau der erwarteten Schäden,

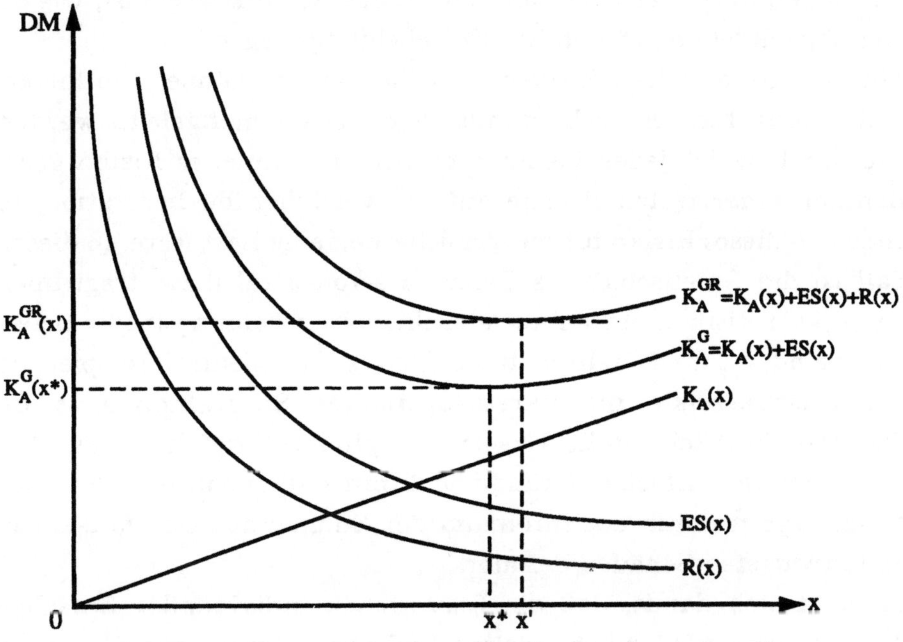

Abb. D.1.

wie beim risikoneutralen Verletzer (ES(x) > 0, ∂ES/∂x(x) < 0). Außerdem sinkt (für „hinreichend unwahrscheinliche" Risiken[4]) mit

[4]Verwendet man die auf J. W. Pratt (1964) zurückgehende (in der Literatur häufig benutzte) Annäherung, nach der die Risikolast als proportional zur Varianz des Risikos angesetzt wird, so läßt sich zeigen, daß die im Text unterstellte Beziehung ∂R/∂x < 0 für Schadenseintrittswahrscheinlichkeiten, die unter 0,5 liegen, gilt. (Der Autor dankt Herrn Dipl.-Ing. I. Querner, MPhil, für diesen Hinweis.)

zunehmendem Sorgfaltsniveau die Risikolast ($R(x) > 0$, $\partial R/\partial x(x) < 0$). Anders als beim risikoneutralen Entscheidungsträger liegt demnach das optimale Niveau der Sorgfaltsaktivität für den risikoscheuen Verletzer einzelwirtschaftlich bei dem Niveau x', für das die Summe aus Sorgfaltskosten, erwarteten Schäden und Risikolast minimal ist. Abbildung D.1. illustriert diese Zusammenhänge.[5]

Für eine wohlfahrtsökonomische Beurteilung dieser Änderung des Gleichgewichts für einen risikoscheuen Entscheidungsträger ist es zentral, ob die Gesellschaft als Ganzes ebenso risikoavers ist, wie der hier abgebildete repräsentative Entscheidungsträger.
Sind die behandelten Risiken versicherbar,[6] so können die Risiken vieler einzelner Entscheidungsträger zusammengelegt werden. Hierdurch wälzt jeder Versicherte sein individuelles Risiko gegen Zahlung einer festen Prämie auf die versichernde Institution ab, ohne daß dieses Risiko für die Versicherung eine Last wäre. In diesem Fall ist die Gesellschaft als Ganzes risikoneutral (bzw. trägt überhaupt kein Risiko), obwohl die einzelnen Entscheidungsträger risikoscheu sind. Ist die Gesellschaft als Ganzes risikoneutral, so spielt bei der Charakterisierung pareto-optimaler Sorgfaltsniveaus die Risikolast R(x) keine Rolle. Das pareto-optimale Sorgfaltsniveau x* ist damit wie im einfachen Grundmodell mit risikoneutralen Entscheidungsträgern durch das Minimum der Summe aus Sorgfaltskosten und erwarteten Schäden definiert.
Es zeigt sich damit, daß die Risikoscheu individueller Entscheidungsträger (im hier behandelten Fall ohne Versicherung) zu einer Fehlallokation führt: Bei Risikoaversion erbringt die Durchführung der Sorgfaltsaktivität neben der Senkung der erwarteten Schäden den „Zusatznutzen" einer Senkung der Risikolast. Dies führt auf eine Erhöhung des Gleichgewichtssorgfaltsniveaus gegenüber dem Fall des risikoneutralen Entscheidungsträgers von x* auf x'. Da die

[5] Vgl. Abb. 2 bei A. Endres, R. Schwarze (1991a).

[6] Im folgenden gehen wir stets von der Versicherbarkeit der Risiken aus. Probleme der Versicherbarkeit werden bei A. Endres, R. Schwarze (1991b) behandelt.

Risikolast des einzelnen Entscheidungsträgers im hier behandelten Fall für die Gesellschaft als Ganzes keine Rolle spielt, verbleibt dagegen das pareto-optimale Sorgfaltsniveau bei x*. Die Berücksichtigung der gesellschaftlich irrelevanten Risikolast führt also dazu, daß der risikoscheue Entscheidungsträger im Gleichgewicht „übervorsichtig" handelt.

Ein anderes Bild ergibt sich bei der Berücksichtigung der Risikoaversion im Modell der *Verschuldenshaftung*.
Bleiben wir bei der Annahme des einfachen Grundmodells, daß der Sorgfaltsstandard unter der Verschuldenshaftung pareto-optimal gesetzt wird, so ändert sich nach dem oben Gesagten das Niveau des Sorgfaltsstandards x* nicht durch die Annahme der Risikoaversion auf Seiten des Verletzers. Wie im Modell mit Risikoneutralität kann daher der Verletzer die Haftung und damit die Risikolast vollständig abwenden, wenn er den Sorgfaltsstandard einhält. In der obigen Abbildung D.1 bedeutet dies, daß die für das gleichgewichtige Sorgfaltsniveau entscheidenden Kosten des Verletzers für alle Sorgfaltsniveaus zwischen 0 und (dicht vor) x*, entlang der Kurve K_A^{GR} verlaufen. In diesem Bereich wäre der potentielle Verletzer nämlich haftbar, d.h. er müßte zusätzlich zu seinen Sorgfaltskosten die erwarteten Schäden und die Risikolast tragen. Ab x* springt die relevante Kostenkurve dagegen auf die Sorgfaltskostenkurve $K_A(x)$. Aus der Sicht einzelwirtschaftlicher Kostenminimierung erweist es sich daher als sinnvoll für den Verletzer, den Standard x* gerade einzuhalten, und Kosten $K_A(x^*)$ zu tragen.

Die Einführung der Risikoscheu des potentiellen Verletzers führt also bei der Verschuldenshaftung (mit pareto-optimal gesetztem Sorgfaltsstandard und bei unilateralen Unfällen) nicht zu einem suboptimalen Sorgfaltsgleichgewicht.
Allerdings zeigt sich, daß das Ergebnis insgesamt doch nicht optimal ist, wenn wir neben dem Aspekt der Präventionswirkung des Haftungsrechts auch den der Risikoallokation mit in die Betrachtung einbeziehen. Trotz optimalen Gleichgewichtssorgfaltsniveaus des

Verletzers bleibt nämlich die Unsicherheit in Bezug auf den ex post entstehenden Schadensumfang erhalten. Dies stellt bei risikoaversen Entscheidungsträgern stets eine Last dar. Im hier besprochenen Gleichgewicht wird diese Last allerdings nicht vom potentiellen Verletzer getragen, der sich nach dem oben Gesagten von jedem Risiko befreien kann, indem er den Sorgfaltsstandard einhält. Der Restschaden und dessen Risiko liegen vielmehr ausschließlich beim Geschädigten. Ist dieser risikoscheu, so ist es im Fall der Versicherbarkeit der Risiken stets suboptimal, wenn die Risikolast beim Opfer verbleibt. Gelingt es dagegen, die Risiken der Opfer gegen Zahlung einer sicheren Prämie auf eine Versicherung zu übertragen, so erbringt dies stets einen Wohlfahrtsgewinn durch Verbesserung der Risikoallokation.[7]

Im hier behandelten Fall unilateraler Schäden hat die Suboptimalität der Risikoallokation auf Seiten der potentiellen Opfer im Fall ohne Versicherung keine allokative Auswirkung. Im Fall bilateraler Schäden, könnte dagegen analog zu dem oben für die Gefährdungshaftung auf Seiten der potentiellen Verletzer dargestellten Zusammenhang argumentiert werden: Die Risikoscheu der Opfer würde zu einem überhöhten Gleichgewichtssorgfaltsniveau der Opfer führen. Schon allein deshalb ergäbe sich ein suboptimales Gleichgewichtssorgfaltstupel. Darüber hinaus müßte eine mögliche Rückwirkung des suboptimalen Gleichgewichtssorgfaltsniveaus des Opfers auf die erwarteten Schäden und damit auf das Gleichgewichtssorgfaltsniveau des potentiellen Verletzers untersucht werden.

III. Sorgfaltsgleichgewichte bei Versicherung mit fairer Prämie

Wir führen nun die Möglichkeit einer Versicherung in das Modell der Allokationswirkungen des Haftungsrechts ein. Dabei gehen wir in ei-

---

[7] Die Versicherung der Opfer wäre in diesem Fall allerdings keine Haftpflichtversicherung, sondern eine Schadensversicherung (z.B. Lebens-, Kranken- oder Vermögensversicherung).

nem ersten Schritt davon aus, daß die von den potentiellen Verletzern zu zahlende Prämie in dem Sinne fair sei, daß sie mit den erwarteten Schäden übereinstimme.

Es ist ohne weiteres evident, daß das Modell der Allokationswirkungen des Haftungsrechts mit risikoscheuen Entscheidungsträgern und Versicherungsmöglichkeit zu fairer Prämie mit dem einfachen Grundmodell, in dem die Entscheidungsträger risikoneutral sind, identisch ist. Die risikoscheuen potentiellen Verletzer (auf die sich bei den hier unterstellten unilateralen Unfällen die Betrachtung konzentriert) werden unter der *Gefährdungshaftung* bereit sein, die Versicherung zu fairer Prämie (P(x) = ES(x)) abzuschließen. Die von ihnen zu kalkulierenden Kosten sinken nämlich damit von $K_A(x)$ + ES(x) + R(x) auf $K_A(x)$ + P(x) mit P(x) = ES(x). Der potentielle Verletzer wählt unter diesen Umständen im Gleichgewicht dasjenige Sorgfaltsniveau, für das $K_A(x)$ + P(x) minimal wird. Dies ist definitionsgemäß das pareto-optimale Sorgfaltsniveau x*.

Unter einer *Verschuldenshaftung* wird dagegen der potentielle Verletzer keine Versicherung abschließen. Die von ihm durch die bloße Standardeinhaltung erreichbare Kostensituation $K_A(x^*)$ ist nämlich günstiger, als die Situation, in die er geriete, wenn er bei einer Standardverletzung Sorgfaltskosten und Versicherungsprämie $K_A(x)$ + P(x) tragen müßte. Wie im oben behandelten Fall des risikoscheuen potentiellen Verletzers ohne Versicherungsmöglichkeit ergibt sich also für das Modell mit Versicherungsmöglichkeit zu fairer Prämie, daß der potentielle Verletzer im Gleichgewicht den Sorgfaltsstandard gerade einhält und sich damit von jeglichen Kompensations- und Risikolasten befreit.

IV. Sorgfaltsgleichgewichte bei Versicherung mit moralischem Risiko

Dem oben kurz skizzierten Modell der Versicherung zu fairer Prämie liegen (mindestens) drei heroische Annahmen zugrunde. Zum einen ist unterstellt, daß der Institution der Versicherung keinerlei (Verwaltungs-)Kosten entstehen. Zum zweiten ist vorausgesetzt, daß die Versicherung die Zusammenhänge zwischen Sorgfaltsniveaus und erwarteten Schäden kennt. Drittens ist angenommen, daß die Versicherung Art und Ausmaß der Sorgfaltsanstrengungen jedes einzelnen Versicherten vollständig beobachten kann.[8]

Nur dann ist es möglich, die individuelle Prämie den bei jedem potentiellen Verletzer (von seinen Sorgfaltsanstrengungen abhängigen) erwarteten Schäden anzupassen. Wir konzentrieren uns im folgenden auf die Konsequenzen einer Aufhebung der zuletztgenannten Annahme.

Kann die Versicherung die Sorgfaltsanstrengungen des versicherten potentiellen Verletzers nicht vollständig beobachten, so entsteht eine Informationsasymmetrie zwischen diesen beiden Entscheidungsträgern. Wie in der Literatur ausführlich dargelegt[9], entsteht aus dieser Informationsasymmetrie die Gefahr des moralischen Risikos (moral hazard): Die mangelnde Kenntnis des Versicherers über die Sorgfaltsmaßnahmen verleitet den Versicherten zu fahrlässigem Umgang mit dem Risiko. Dieses Versichertenverhalten ist in Abbildung D.2. als Kostenminimierungskalkül dargestellt. Wir interpretieren die Abb. zunächst für den Fall der *Gefährdungshaftung.*

Abb. D.2. zeigt einen Extremfall von Informationsproblemen auf Seiten der Versicherung. Hier kann der Versicherer die Sorgfaltsaktivität des potentiellen Verletzers überhaupt nicht beobachten. Er verlangt eine feste, vom Ausmaß der Sorgfaltsaktivität unabhängige Prämie in Höhe von $\bar{P}$. Da der potentielle Verletzer bei Abschluß der Versicherung neben den Versicherungskosten lediglich die Sorgfaltskosten, nicht aber die erwarteten Schäden und

[8] Außerdem ist unterstellt, daß sich die Versicherungsunternehmen konkurrenzwirtschaftlich verhalten. Die Erörterung der Besonderheiten von Regulierungen, wie sie etwa für bundesdeutsche Versicherungsmärkte gelten, würde den Rahmen dieser Untersuchung sprengen. Vgl. dazu M. Adams (1985), A. Endres, G. Gäfgen (1988), J. Finsinger (1983), J. Finsinger, M. V. Pauly (1986).

[9] Vgl. Fn. 3.

Risikolasten kalkulieren muß, repräsentiert $K_A(x) + \bar{P}$ den für ihn relevanten Kostenverlauf in der Abbildung. Da $\bar{P}$ annahmegemäß konstant ist und K(x) monoton in x wächst, ist es für den potentiellen Verletzer bei Abschluß der Versicherung kostenminimal, völlig auf die Durchführung von Sorgfaltsaktivitäten zu verzichten (x = 0). Entstehen in dieser Situation keine Sorgfaltskosten ($K_A(x{=}0)$) so belaufen

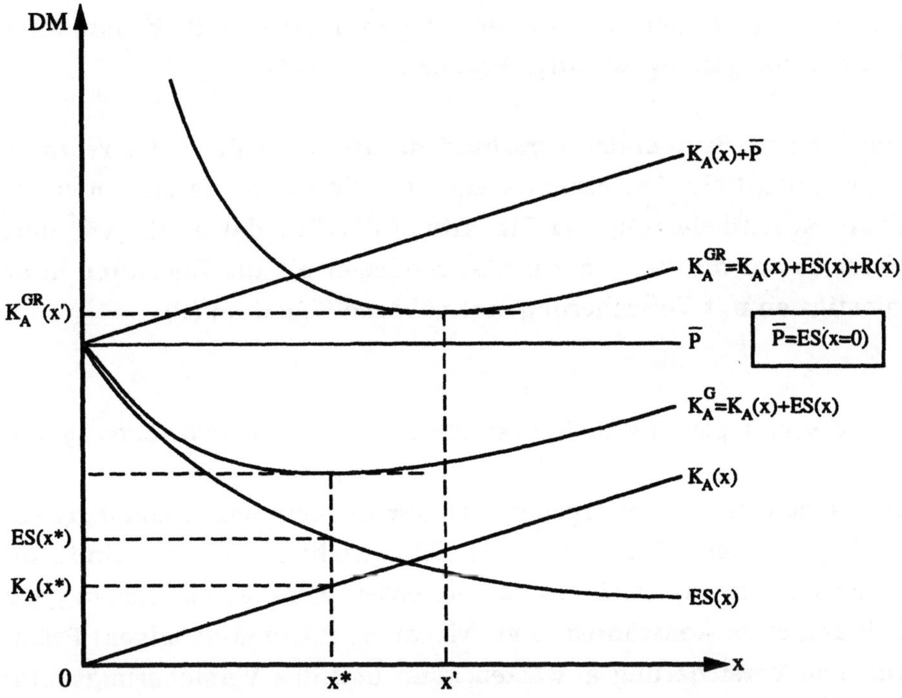

Abb. D.2.

sich die Gesamtkosten für den potentiellen Verletzer in dieser Situation auf $\bar{P}$. Würde A die Versicherung nicht abschließen, so wäre es für ihn am günstigsten, die Sorgfaltsaktivität auf dem Niveau x' durchzuführen, für das die Summe aus Sorgfaltskosten, erwarteten Schäden und Risikolasten minimal wird. Seine Kostenbelastung läge in diesem Fall bei $K_A^{GR}(x')$. Da in Abbildung D.2. die Beziehung $K_A^{GR}(x') > \bar{P}$ gilt, schließt A die Versicherung ab, d.h. der Verzicht auf die Durchführung der Sorgfaltsaktivität ist gleichgewichtig.

Damit in diesem Gleichgewicht der Versicherer (der annahmegemäß ohne Verwaltungskosten arbeitet) keinen Verlust macht, muß die Prämie den im Gleichgewicht entstehenden erwarteten Schaden decken. In der Abbildung ist daher $\bar{P} = ES(x = 0)$ eingetragen. Die Prämie ist also in dem hier behandelten Modell mit prohibitiven Informationskosten auf Seiten des Versicherers (bezüglich des Niveaus der Sorgfaltsaktivität) noch im oben definierten Sinne fair, sie ist aber höher als die im obigen Modell mit vollständiger Information gleichgewichtige Prämie $P = ES(x^*)$.

Unter einem System der *Verschuldenshaftung* schließt der repräsentative potentielle Verletzer dagegen die Versicherung zu $\bar{P}$ nicht ab. Seine Kostenbelastung bei Einhaltung des Standards ($K_A(x^*)$) unter Verzicht auf die Versicherung ist niedriger als die Belastung in der günstigsten mit Versicherung erreichbaren Situation ($\bar{P}$).

V. Sorgfaltsgleichgewichte bei Versicherung mit Selbstbeteiligung

Die obige Analyse hat ergeben, daß der verschuldensunabhängig haftende potentielle Verletzer im Gleichgewicht auf die Durchführung seiner Sorgfaltsaktivität völlig verzichtet, wenn er das Risiko gegen Zahlung einer konstanten (vom Niveau von x unabhängigen) Prämie auf eine Versicherung abwälzen kann und das Versicherungsunternehmen keine Information über das Niveau der Sorgfaltsaktivität besitzt. Unter diesen Umständen sind für den potentiellen Verletzer mit der Durchführung der Sorgfaltsaktivitäten nämlich nur Kosten und keinerlei Nutzen verbunden. Die Lage ändert sich, wenn die Versicherung nur einen bestimmten Teil der erforderlichen Kompensationszahlungen übernimmt, der potentielle Verletzer also bei der Planung des Niveaus seiner Sorgfaltsaktivität den verbleibenden Teil von erwarteten Schäden und Risikolasten einkalkulieren muß. In der versicherungsökonomischen Literatur ist denn auch die Einführung einer Selbstbeteiligung häufig als Mittel gegen die oben besprochenen moral hazard Probleme empfohlen worden.[10]

Sieht der Versicherungsvertrag eine Selbstbeteiligung des potentiellen Verletzers an den zu leistenden Kompensationszahlungen mit einem Satz von a ($0 < a < 1$) vor, so ergibt sich die erwartete Kostenbelastung

$$K_A^{GV} = K_A(x) + aES(x) + a^2R(x) + P^a.$$[11]

Ceteris paribus liegt die Prämie bei Selbstbeteiligung, P^a, natürlich niedriger als die oben behandelte Prämie $\bar{P}$ ohne Selbstbeteiligung.

A minimiert seine Kosten, wenn er das Niveau x^a der Sorgfaltsaktivität realisiert, das die Bedingung

$$\partial K_A/\partial x = - a\partial ES/\partial x - a^2\partial R/\partial x$$

erfüllt.

Unterstellen wir wieder, daß bei der Versicherung keine Verwaltungskosten entstehen, so ergibt sich im langfristigen (Konkurrenz-)Gleichgewicht $P^a = (1 - a)\, ES(x^a)$. Die Prämie deckt also gerade den Teil der erwarteten Schäden, der von der Versicherung übernommen wird.

Die Kostenbelastung des potentiellen Verletzers beläuft sich im Gleichgewicht damit auf

$$K_A^{GV} = K_A(x^a) + aES(x^a) + a^2R(x^a) + P^a$$

$$= K_A(x^a) + ES(x^a) + a^2R(x^a).$$

Die Vorteilhaftigkeit des Abschlusses eines Versicherungsvertrages mit Selbstbeteiligung für den potentiellen Verletzer zeigt sich darin,

---

[10] Vgl. K. J. Arrow (1974), S. Shavell (1979).

[11] Wir verwenden dabei die in Fn. 4 erwähnte Näherungsgröße zur Quantifizierung der Risikolast, d.h. wir setzen $R = cVar(S)$. (Es gilt $Var(aS) = a^2Var(S)$.)

daß die bei Abschluß erreichte Kostensituation $K_A^{GV}(x^a)$ günstiger ist als die beste ohne Versicherung erreichbare Situation $K_A^{GR}(x')$.

VI. Sorgfaltsgleichgewichte bei Versicherung mit vertraglich vereinbartem Sorgfaltsniveau

Auf Probleme des moralischen Risikos haben die Versicherer mit verschiedenen Maßnahmen reagiert. Neben der oben besprochenen Selbstbeteiligung haben die Versicherungsunternehmen die Möglichkeit, das Instrumentarium der Risikoanalyse weiterzuentwickeln und verstärkt einzusetzen. Hier gewinnt die Versicherung mit einer individuellen Analyse der bei ihrem Vertragspartner gegebenen Risikosituation ein Bild vom Niveau und der Qualität effizienter Sorgfaltsmaßnahmen des betreffenden potentiellen Verletzers. Die Durchführung dieses Mix von Sorgfaltsmaßnahmen wird im Versicherungsvertrag verlangt. Stellt sich bei einem Unfall heraus, daß diese Bedingungen vom Versicherungsnehmer nicht eingehalten werden, so ist die Versicherung von ihrer Ersatzpflicht befreit. Natürlich ist in einer solchen Vereinbarung eine Quelle der Ineffizienz installiert. Das Bild der Versicherung von effizienten Sorgfaltsmaßnahmen braucht nicht mit den tatsächlichen Gegebenheiten übereinzustimmen. Außerdem wird sich die Versicherung bei der Festschreibung von Sorgfaltsmaßnahmen im Versicherungsvertrag auf solche Maßnahmen konzentrieren, bei denen es im Schadensfall leichter möglich ist, zu überprüfen, ob der Versicherte sie eingehalten hat.

Diese „Schlagseite" zugunsten von extern besser beobachtbaren Sorgfaltsmaßnahmen, kann unmittelbar in einem Modell mit mehreren Sorgfaltsmaßnahmen $(x_1,...,x_n)$ dargestellt werden. Um die Natur des Problems im hier behandelten Modell mit nur einer Sorgfaltsmaßnahme des potentiellen Verletzers (x) zu repräsentieren, nehmen wir im folgenden an, daß der von der Versicherung verlangte Sorgfaltsstandard x^{*V} über dem pareto-optimalen Sorgfaltsstandard x^* liege.

Gehen wir davon aus, daß die Einhaltung des Sorgfaltsstandards von der Versicherung kostenlos überprüft werden könne. Außerdem könne sie den erwarteten Schaden bei Einhaltung von x^{*v} kalkulieren. Unter diesen Bedingungen stellen sich die Überlegungen des potentiellen Verletzers bezüglich seines Gleichgewichtssorgfaltsniveaus unter der *Gefährdungshaftung* wie folgt dar:
Hält der Verletzer den Sorgfaltsstandard der Versicherung nicht ein, d.h. gilt $0 \leq x < x^{*v}$, so muß er mit der Summe aus Sorgfaltskosten, erwarteten Schäden und Risikolast kalkulieren. Hält er den Standard dagegen ein, so entstehen ihm nur die Sorgfaltskosten und die Versicherungsprämie. Wir gehen zur Vereinfachung davon aus, daß die Versicherungsprämie dem Erwartungswert der Schäden bei Einhaltung des Standards ($ES(x^{*v})$) entspricht. Ob A sich zum Abschluß des Versicherungsvertrags (und damit unter den hier gegebenen Bedingungen zur Einhaltung von x^{*v}) entschließt, hängt somit davon ab, welches Vorzeichen in

$$K_A(x') + ES(x') + R(x') \begin{Bmatrix} > \\ = \\ < \end{Bmatrix} K_A(x^{*v}) + ES(x^{*v})$$

gilt.

In Abbildung D.3. gilt in der obigen Relation das „>“-Zeichen, d.h. der Versicherungsvertrag kommt zustande. Hier führt das Zustandekommen der Versicherung zu einer „Annäherung“ des Gleichgewichtssorgfaltsniveaus an das pareto-optimale Niveau.
Wäre dagegen der von der Versicherung verlangte Standard so hoch, daß in der obigen Relation das „<“-Zeichen gilt, so wäre die Auflage der Versicherung „exzessiv ineffizient“. Der potentielle Verletzer würde also, statt den Versicherungsvertrag abzuschließen, lieber die erwarteten Schäden und die Risikolast tragen, und sich an diese Umstände mit dem Sorgfaltsniveau x' optimal anpassen.
Man kann die oben dargestellten Zusammenhänge so interpretieren, daß eine Versicherung mit vertraglich fixierten Verhaltensnormen

die geltende Gefährdungshaftung aus dem Blickwinkel des potentiellen Verletzers in eine „interne Verschuldenshaftung“[12] überträgt.

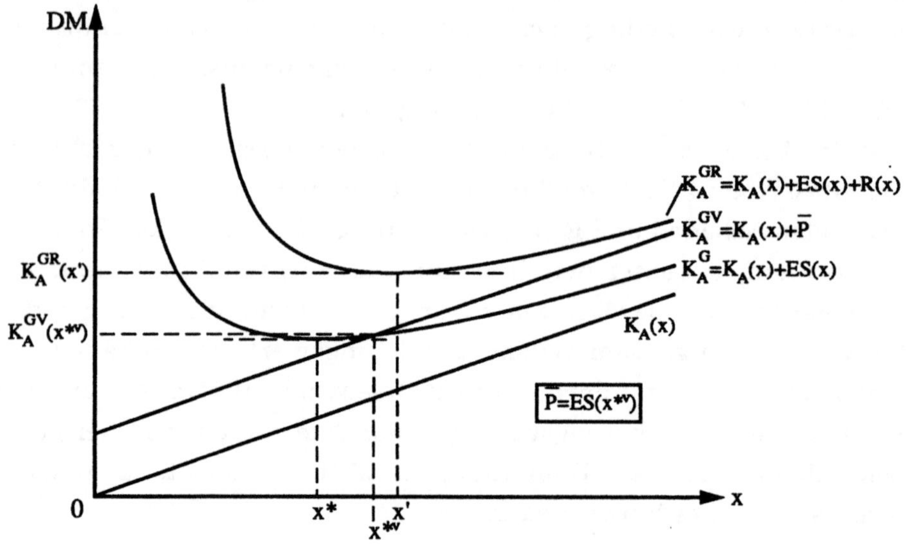

Abb. D.3.

Die Versicherungsprämie stellt den Preis dar, den der Versicherte für diesen Wechsel des für ihn maßgeblichen Haftungssystems zahlt.

Betrachten wir nun die Allokationswirkungen der *Verschuldenshaftung* im hier behandelten Versicherungsmodell.

Ist der von der Versicherung verlangte Standard x^{*v} identisch mit dem staatlicherseits (vom Gericht) verlangten Standard x^{*s} (und dem pareto-optimalen Standard x^*), so ist der Abschluß der Versicherung für den potentiellen Verletzer stets unattraktiv: Da die Versicherungsprämie annahmegemäß den erwarteten Schäden (bei Einhaltung des von der Versicherung festgesetzten Sorgfaltsstandards) entspricht, kann der potentielle Verletzer bestenfalls eine Situation erreichen, in der er die Summe aus

[12] Hierbei ersetzt der mit der Versicherung vertraglich vereinbarte Sorgfaltsstandard den üblicherweise bei der Verschuldenshaftung extern vom Gericht oder einer legislativen bzw. exekutiven Institution gesetzten Standard.

Sorgfaltskosten und erwarteten Schäden minimiert, wenn er den Versicherungsvertrag abschließt. Dies wäre im hier angesprochenen Grenzfall $x^{*v} = x^{*s}$ gerade bei Standardeinhaltung gegeben. Hält er jedoch den Standard ein, so ist er von der Haftung befreit. Er braucht demnach den Versicherungsvertrag zur Abwälzung des Haftungsrisikos nicht, sondern trägt ohnehin nur die bei Standardeinhaltung entstehenden Sorgfaltskosten $K_A(x^{*s})$.

Ein interessanteres Problem ergibt sich, wenn sich die vom Staat gesetzte Norm vom Standard der Versicherung unterscheidet und beide nicht pareto-optimal sind. Nehmen wir einmal an, die von der Versicherung verlangte Norm liege oberhalb des pareto-optimalen Sorgfaltsniveaus, aber unter dem staatlichen Verschuldensstandard.[13] In diesem Fall weist die für den potentiellen Verletzer relevante Kostenfunktion zwei Sprünge auf.

Für Sorgfaltsniveaus unterhalb des Versicherungsstandards ($0 \leq x < x^{*v}$) ist der potentielle Verletzer haftpflichtig und genießt keinen Versicherungsschutz. Seine Kostenbelastung beträgt in diesem Bereich also $K_A^{GR} = K_A(x) + ES(x) + R(x)$. Jenseits von x^{*v} ist der potentielle Verletzer zunächst (nämlich im Bereich $x^{*v} \leq x < x^{*s}$) haftpflichtig, genießt jedoch Versicherungsschutz. Unter der Bedingung, daß die Prämie $\bar{P}$ den (bei Einhaltung des Standards) erwarteten Schäden entspricht, lautet seine Kostenfunktion demnach in diesem Bereich $K_A^{GV} = K_A(x) + ES(x^{*v})$. Entschließt sich A dagegen, den staatlichen Standard einzuhalten ($x \geq x^{*s}$), so haftet er nicht und braucht demnach auch keine Haftpflichtversicherung. Seine Kosten betragen also in diesem Bereich $K_A(x)$.

Welches Niveau der Sorgfaltsaktivität unter diesen Bedingungen gleichgewichtig ist, hängt davon ab, wo das Minimum Minimorum der drei lokalen Kostenminima der eben beschriebenen drei Abschnitte der Kostenfunktion liegt. In der folgenden Abbildung D.4. sind die betreffenden Standards und der die Kosten unter Einschluß der Risikolast minimierende Wert x' so eingetragen, daß der potentielle Verletzer sich zum Abschluß des Versicherungsvertrags und da-

[13]Gilt dagegen $x^{*v} > x^{*s}$, so ist der Abschluß einer Versicherung für den potentiellen Verletzer stets uninteressant.

mit zur Einhaltung des Versicherungsstandards x^{*V} entschließt. In Abb. D.4. gilt nämlich

$$K_A^{GV}(x^{*V}) < K_A(x^{*S}) < K_A^{GR}(x^{*V} - \varepsilon).$$

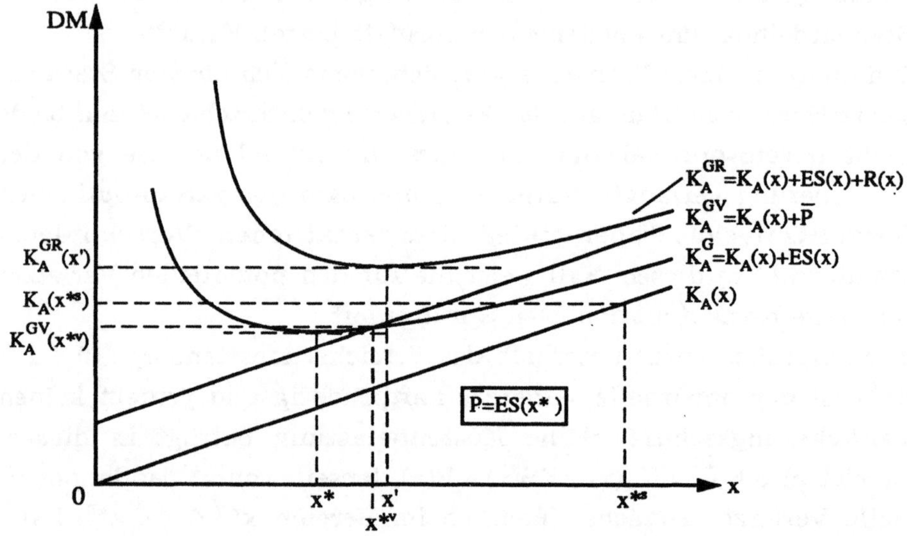

Abb. D.4.

Natürlich wäre es bei entsprechend geändertem Kurvenverlauf (und/oder entsprechend geänderter Standarddefinition) ebenso möglich, daß sich das Gleichgewicht bei x' oder x^{*S} einstellt.

E. Schlußbemerkung

Wirtschaftliche Aktivitäten, vom Betrieb industrieller Anlagen, über die Teilnahme am Straßenverkehr bis hin zur Tätigkeit in Haus und Garten sind mit Unfallrisiken behaftet.

Das Ausmaß des Schadens, der bei einem Unfall eintritt und die Unfallwahrscheinlichkeit sind allerdings nicht naturgegeben, sondern von menschlichen Entscheidungen abhängig. Maßnahmen, die geeignet sind, die erwarteten Schäden zu senken, werden in der Literatur als „Sorgfaltsaktivitäten" bezeichnet.

Ein Anreiz, sorgfältig zu handeln, geht vom Interesse des Entscheidungsträgers aus, (gegebenenfalls) das Risiko einer mit einem Unfall verbundenen Eigenschädigung herabzusetzen. Ein rationaler Entscheidungsträger wird die Nutzen und Kosten der Durchführung von Sorgfaltsaktivitäten vor dem Hintergrund seiner Risikopräferenz vergleichen und das Portfeuille von Sorgfaltsaktivitäten wählen, von dem er sich den größten Nettonutzen verspricht.

Die individuell rationale Entscheidung über Ausmaß und Qualität von Sorgfaltsaktivitäten kann jedoch im allgemeinen nicht als im volkswirtschaftlichen Sinne optimal gelten.

Von Unfällen sind nämlich häufig auch Dritte betroffen. Wir können nicht davon ausgehen, daß der Betreiber der unfallträchtigen Aktivität die bei Dritten als Folge des Unfalls entstehenden Schäden bei seiner Entscheidung über sein Sorgfaltsverhalten berücksichtigt. Vielmehr unterstellen wir in der Wirtschaftswissenschaft, daß das handelnde Individuum seine Entscheidung ausschließlich aufgrund der bei ihm selbst eintretenden positiven und negativen Wirkungen trifft.

Nach dieser Lesart entstehen bei der Ausübung risikobehafteter Aktivitäten externe Effekte. Hier weichen private und soziale Kosten voneinander ab, die in Folge der Gewinn- und Nutzenmaximierung realisierten Gleichgewichte genügen nicht dem Kriterium der Pareto-Optimalität.

In der Literatur sind eine Reihe von Strategien diskutiert worden, mit denen die Divergenz zwischen individueller und sozialer Optimalität bei der Entscheidung über Ausmaß und Qualität risikobehafteter Aktivitäten überwunden werden soll.
Eine wichtige Rolle spielen z.B. Sicherheitsstandards für unfallträchtige Prozesse und Produkte.
In jüngerer Zeit ist die Eignung haftungsrechtlicher Regelungen zur Internalisierung von externen Unfallrisiken in den Mittelpunkt des Interesses gerückt.
Wenn es gelingt, die bei Dritten enstehenden Unfallrisiken dem über die unfallträchtige Aktivität Entscheidenden mit Hilfe des Haftungsrechts anzulasten, so kann erwartet werden, daß der Betreiber die externen Kosten bei seiner Entscheidung genauso berücksichtigt wie die privaten. Dann würden die bei Dritten angerichteten Schäden in derselben Weise das Ausmaß und die Qualität von Sorgfaltsmaßnahmen prägen, wie dies bei Eigenschäden gegeben ist. Damit wären die mit der wirtschaftlichen Aktivität verbundenen Risiken auf das gesellschaftlich optimale Maß begrenzt.

Um die Eignung des Haftungsrechts zur Internalisierung externer Risiken einschätzen zu können, ist es zweckmäßig, zunächst das pareto-optimale Portefeuille von Sorgfaltsaktivitäten zu charakterisieren. Es zeigt sich, daß es optimal ist, jede Sorgfaltsaktivität soweit einzusetzen, bis ihre Grenzkosten ihrer erwarteten (marginalen) schadenssenkenden Wirkung entsprechen.
Unter stark vereinfachenden Modellannahmen, die insgesamt das „ökonomische Grundmodell des Haftungsrechts" ausmachen, läßt sich zeigen, daß pareto-optimale Sorgfaltsniveaus unter den Rahmenbedingungen, die durch verschiedene Haftungsregeln definiert sind, für den Betreiber der risikobehafteten Aktivität individuell rational sind.

Betrachten wir z.B. das Prinzip der Gefährdungshaftung und nehmen dabei zur Vereinfachung an, nur der Verletzer könne wirtschaftlich sinnvolle Sorgfaltsmaßnahmen durchführen („unilaterale Schäden"). Nach dieser Haftungsregel ist der Verletzer dem Opfer unabhängig vom Niveau der Sorgfaltsaktivität für den entstandenen Schaden haftpflichtig. Ein rationaler Entscheidungsträger wird unter den Bedingungen dieser Haftungsregel die Sorgfaltsaktivität gerade soweit einsetzen, wie dies für eine Maximierung der Differenz zwischen dem schadenssenkenden Effekt dieser Aktivität und ihren Kosten notwendig ist. Damit realisiert er genau das pareto-optimale Sorgfaltsniveau.

Vergleichen wir damit die Verschuldenshaftung. Unter dieser Haftungsregel ist der Verletzer nur dann für den entstandenen Schaden haftpflichtig, wenn er die im Verkehr erforderliche Sorgfalt bei seiner Aktivität hat vermissen lassen. Erfüllt oder übererfüllt er dagegen den Sorgfaltsstandard, so ist er von der Haftpflicht befreit. Im Falle der Haftung muß der Verletzer Sorgfaltskosten und erwartete Schäden kalkulieren. Bei Haftungsbefreiung schlagen dagegen lediglich die Sorgfaltskosten zu Buche. Ist bei der Verschuldenshaftung die im Verkehr erforderliche Sorgfalt über das paretooptimale Sorgfaltsniveau definiert, so ist es für den Verletzer individuell rational, dieses Sorgfaltsniveau einzuhalten. Wie bei der Gefährdungshaftung stimmen demnach auch bei der Verschuldenshaftung individuelles Sorgfaltsgleichgewicht und soziales Sorgfaltsoptimum überein.

Es muß darauf hingewiesen werden, daß die obigen Aussagen über die Eignung des Haftungsrechts als Instrument zur Internalisierung externer Risiken unter den Bedingungen des ökonomischen Grundmodells des Haftungsrechts abgeleitet wurden und nur unter diesen Bedingungen gelten.

Die wichtigsten Annahmen des einfachen Grundmodells können wie folgt zusammengefaßt werden:

- Erwarteter Schaden und erwartete Schadensersatzzahlung sind identisch.
- Verletzer und Opfer schätzen den erwarteten Schaden korrekt ein.
- Die Institution, die Regeln für die „im Verkehr erforderliche Sorgfalt“ anstellt, ist willens und in der Lage, diese über die pareto-optimalen Sorgfaltsniveaus festzulegen.
- Die betreffenden Sorgfaltsstandards werden für alle denkbaren Sorgfaltsaktivitäten spezifiziert.

  Verletzer bzw. Opfer nehmen das Verhalten der jeweils anderen Seite als gegeben hin und verfolgen unter dieser Bedingung ihr Ziel der Gewinn-(Nutzen-)maximierung (Cournot/Nash-Hypothese).
- Verletzer und Opfer sind risikoneutral.

Diese (und andere) Annahmen des einfachen Grundmodells haben den gewichtigen Vorteil, den Analytiker in die Lage zu versetzen, die Zusammenhänge zwischen haftungsrechtlicher Regelung und dem Sorgfaltshandeln der beteiligten Individuen stark vereinfacht darzustellen. So wird es möglich, sich einen ersten Eindruck von den Anreizwirkungen verschiedener Institutionen des Haftungsrechts zu verschaffen. Allerdings hat diese sympathische Eigenschaft des ökonomischen Grundmodells ihren Preis. Mit dem System von Annahmen werden wesentliche Faktoren, die in der Realität die Allokationswirkungen des Haftungsrechts prägen, systematisch ausgeblendet.

Es ist also sinnvoll, nach einer Darstellung des ökonomischen Grundmodells zu überprüfen, inwieweit seine Aussagen bezüglich der Anreizwirkungen haftungsrechtlicher Institutionen und insbesondere bezüglich der Fähigkeit des Haftungsrechts, externe Risiken vollständig zu internalisieren, unter weniger vereinfachten Bedingungen modifiziert werden müssen.

Brüche, die die Wirkung des Haftungsrechts als Internalisierungsinstrument beeinträchtigen, können an vielen Stellen der beabsichtigten Ursache- Wirkungs- Kette entstehen:

So ist die Bedingung des ökonomischen Grundmodells, daß erwartete Schäden und erwartete Schadensersatzzahlungen identisch sind, in aller Regel nicht erfüllbar.
Typischerweise ist es in manchen Fällen nicht möglich, festzustellen, wie hoch der Beitrag eines bestimmten Verletzers bei der Verursachung eines bestimmten Schadens gewesen ist. Die Feststellung der Kausalität zwischen Verletzeraktivität und Schaden, ja sogar die Identifizierung des Verletzers selbst, die im einfachen Grundmodell als selbstverständlich gegeben unterstellt wird, erweist sich in der Praxis häufig als gravierendes Problem. Unter diesen Verhältnissen kann der potentielle Verletzer damit rechnen, daß er über das Haftungsrecht nur zur Kompensation eines Teils der von ihm tatsächlich verursachten Schäden herangezogen wird. Bei der Entscheidung über sein Gleichgewichtssorgfaltsniveau wird er dann mit erwarteten Schadensersatzzahlungen kalkulieren, die unter den erwarteten Schäden liegen. Das potentielle Opfer wird spiegelbildlich davon ausgehen müssen, bei Anwendung des Haftungsrechts nur für einen Teil der erlittenen Schäden kompensiert zu werden.
Hieraus ergeben sich bedeutende Konsequenzen für die Internalisierungswirkungen verschiedener Institutionen des Haftungsrechts. Am einfachsten sind sie für die Gefährdungshaftung im Falle unilateraler Schäden zu durchschauen. Hier entscheidet sich der potentielle Verletzer für ein Niveau seiner Sorgfaltsaktivität, mit dem die Summe aus Sorgfaltskosten und erwarteten Schadensersatzzahlungen minimiert wird. Dieses Gleichgewichtssorgfaltsniveau liegt im allgemeinen unter dem pareto-optimalen Niveau. Je stärker die vom potentiellen Verletzer vorgenommene „Diskontierung" der erwarteten Schäden in Folge der Beweislastprobleme bei seiner Optimierung ausfällt, desto stärker ist die Gefährdungshaftung in ihrer Eigenschaft als Institution zur Internalisierung externer Risiken beeinträchtigt.

Bei bilateralen Schäden muß das Sorgfaltsniveau des potentiellen Opfers in die Betrachtung miteinbezogen werden. In diesem Fall wird die Gefährdungshaftung um eine Mitverschuldensklausel, mit der ein an das potentielle Opfer adressierter Sorgfaltsstandard definiert wird, ergänzt. Es ist durchaus möglich, daß das potentielle Opfer sich von der Erwartung, infolge der Abweichung zwischen erwarteten Schäden und erwarteter Schadensersatzzahlung einen Teil der Schäden selbst tragen zu müssen, entschließt, auf das im Gleichgewicht zu geringe Sorgfaltsniveau des potentiellen Verletzers seinerseits mit einer Übererfüllung des Mitverschuldensstandards reagieren.

Unter der Verschuldenshaftung vergleicht der potentielle Verletzer für seine Entscheidung über das Gleichgewichtssorgfaltsniveau die Höhe der Vorsorgekosten bei Einhaltung des Sorgfaltsstandards mit der Höhe des Minimums der Summe aus Sorgfaltskosten und erwarteten Schadensersatzzahlungen. Der erstgenannte Term stellt seine Kosten dar, wenn er die im Verkehr erforderliche Sorgfalt walten läßt. Der letztgenannte Term stellt die für ihn kostengünstigste Situation bei Standardverletzung dar. Ist der erstgenannte Term niedriger als der zuletztgenannte, so wird der potentielle Verletzer im Gleichgewicht trotz der Abweichung zwischen erwartetem Schaden und erwarteter Schadensersatzzahlung den Sorgfaltsstandard einhalten. Ist dagegen der zuletztgenannte Term der kleinere, so wird der Verletzer im Gleichgewicht den Sorgfaltsstandard mißachten und gerade dasjenige Sorgfaltsniveau realisieren, für das die Summe aus Sorgfaltskosten und erwarteten Schadensersatzzahlungen minimal ist.

Es zeigt sich also, daß die Gefährdungshaftung ceteris paribus hinsichtlich ihrer Internalisierungswirkung anfälliger für Probleme der Schadensdiskontierung ist als die Verschuldenshaftung. Bei der Gefährdungshaftung führt jedes Zurückbleiben der erwarteten Schadensersatzzahlungen hinter den erwarteten Schäden zu einer suboptimalen Allokation. Bei der Verschuldenshaftung tritt dieser Effekt nur ein, wenn die Diskontierung hoch genug ist.

Allerdings muß bei dieser Argumentation darauf hingewiesen werden, daß die ceteris paribus- Klausel in diesem Zusammenhang für den Vergleich zwischen Verschuldens- und Gefährdungshaftung bisweilen nicht angebracht ist. Das Ausmaß der Diskontierung kann nämlich von der Haftungsregel selbst abhängen. Geht die Diskontierung, wie hier beispielhaft angeführt, auf Probleme der Beweisführung zurück, so ergibt sich bei der Verschuldenshaftung eine stärkere Abweichung zwischen erwartetem Schaden und erwarteter Schadensersatzzahlung, wenn das potentielle Opfer neben der Kausalität auch das Verschulden des Verletzers zu beweisen hat.

Ähnliche negative Konsequenzen für die Internalisierungswirkung des Haftungsrechts ergeben sich, wenn die Diskontierung des erwarteten Schadens nicht auf Probleme bei der Kausalitätsfeststellung, sondern auf andere Ursachen zurückzuführen ist. Diese können darin liegen, daß bestimmte Schadensarten (z.B. immaterielle Schäden) durch das Gesetz von der Kompensation ausgeschlossen sind.

Ein gesondert zu behandelnder Fall einer Abweichung zwischen erwartetem Schaden und erwarteter Schadensersatzzahlung ergibt sich dagegen dann, wenn die Haftung des potentiellen Verletzers (durch das Gesetz oder über die Höhe des haftenden Vermögens des Verletzers) begrenzt ist. Hier weicht der erwartete Schaden im Gegensatz zu den oben erörterten Diskontierungsfällen nicht für den gesamten Definitionsbereich der Sorgfaltsaktivität von der erwarteten Schadensersatzzahlung ab, sondern nur in dem Bereich der Sorgfaltsaktivität, für den die Haftungsbegrenzung eine bindende Restriktion darstellt.
Fällt die Haftungsgrenze niedrig genug aus, so ist es für den potentiellen Verletzer attraktiv, das pareto-optimale Sorgfaltsniveau zu unterschreiten. Die Haftungsbegrenzung schützt in diesem Fall davor, die vollen Konsequenzen seines suboptimalen Verhaltens tragen zu müssen. Die Haftungsbegrenzung beeinträchtigt die Eignung des Haftungsrechts als Internalisierungsinstrument in der Form der

Gefährdungshaftung stärker als in der Form der Verschuldenshaftung.
Bei der Gefährdungshaftung vergleicht der potentielle Verletzer die Summe aus Sorgfaltskosten und erwarteten Schäden bei pareto-optimalem Sorgfaltsniveau mit der günstigstenfalls im Schutze der Haftungsbegrenzung erreichbaren Summe aus Sorgfaltskosten und erwarteten Schadensersatzzahlungen.[1] Ist der zuletzt genannte Term kleiner als der zuerst genannte, so unterschreitet der potentielle Verletzer im Gleichgewicht das pareto-optimale Sorgfaltsniveau und realisiert gerade dasjenige Niveau, für das die Summe aus Sorgfaltskosten und erwarteter Schadensersatzzahlung minimal wird.
Bei der Verschuldenshaftung vergleicht der Verletzer dagegen das Minimum der Summe aus Sorgfaltskosten und im Schutz der Haftungsbegrenzung zu leistenden erwarteten Schadensersatzzahlungen mit den im Pareto-Optimum entstehenden Sorgfaltskosten. Er verletzt den Sorgfaltsstandard nur dann, wenn der erste Term kleiner ist als der letzte und realisiert dann das Sorgfaltsniveau für das die Summe aus Sorgfaltskosten und erwarteten Schadensersatzzahlungen minimal ist. Da die unter der Gefährdungshaftung relevante Summe aus Sorgfalts- und Schadenskosten größer ist als die unter der Verschuldenshaftung relevanten Sorgfaltskosten, muß die kostensparende Wirkung der Haftungsbegrenzung unter der Verschuldenshaftung größer sein als unter der Gefährdungshaftung, um eine suboptimale Allokation zu verursachen. Ceteris paribus ist also die Internalisierungswirkung der Verschuldenshaftung erst bei restriktiveren Haftungsbegrenzungen beeinträchtigt als die der Gefährdungshaftung. Auch hier darf die ceteris paribus- Klausel aber nicht unbesehen hingenommen werden. Es ist durchaus möglich, daß Haftungsbegrenzungen im Fall des Verschuldens des Verletzers höher

[1] Wir gehen dabei davon aus, daß die Haftungsbegrenzung bei pareto-optimalem Sorgfaltsniveau nicht bindet, d.h. die maximale durch die Haftungshöchstgrenze bestimmte Schadensersatzzahlung hier über dem Schaden liegt. Ist dies nicht der Fall, so liegt das Gleichgewichtssorgfaltsniveau des Verletzers stets unter dem pareto-optimalen Sorgfaltsniveau. Die im Text geführte Argumentation wird also verstärkt.

angesetzt (oder gar aufgehoben) werden, als im Fall einer bloßen Verursachung.

Ein weiterer wichtiger Bruch in der Internalisierungswirkung des Haftungsrechts besteht neben den verschiedenen Formen von Abweichungen zwischen erwarteten Schäden und erwarteten Schadensersatzzahlungen darin, daß Verletzer und/oder Opfer die erwarteten Schäden infolge von Informationsmängeln falsch einschätzen. Hier gehen die Beteiligten anders als im oben besprochenen Fall einer Abweichung zwischen erwarteten Schäden und erwarteter Schadensersatzzahlung für den Haftungsfall von einer Vollkompensation der Schäden aus. Ex post stellt sich dann heraus, daß die für den Schadensfall kalkulierten Summen zur Kompensation der Schäden nicht ausreichen oder überdimensioniert sind. Die Gleichgewichtssorgfaltsniveaus werden hier unter falschen Voraussetzungen kalkuliert und stellen sich ex post als suboptimal heraus.
So kann eine Unterschätzung des erwarteten Schadens durch den potentiellen Verletzer diesen dazu verleiten, seine Sorgfaltsaktivität auf einem zu geringen Niveau auszuüben. Geschieht dies unter einer Verschuldenshaftung, so wäre es für das potentielle Opfer optimal, darauf (wegen der bei einem Unfall eintretenden Vollkompensation) mit einem völligen Verzicht auf die Durchführung seiner Sorgfaltsaktivität zu reagieren. Sinkt das Sorgfaltsniveau des Verletzers dagegen unter der Gefährdungshaftung infolge einer Schadensunterschätzung durch den Verletzer unter das pareto-optimale Sorgfaltsniveau ab, so verstärkt dies (gegenüber der pareto-optimalen Sorgfalt des Verletzers) den Anreiz für das Opfer, den Mitverschuldensstandard einzuhalten.

Ein dritter Bruch in der Internalisierungswirkung des Haftungsrechts ergibt sich, wenn die Standards für die im Verkehr erforderliche Sorgfalt nicht mit den pareto-optimalen Sorgfaltsniveaus identisch sind. Dies ist ein gravierender Einwand, da wir annehmen müssen, daß die standardsetzende Institution - selbst bei bestem

Willen - nicht in der Lage sein wird, die pareto-optimalen Sorgfaltsniveaus zu bestimmen.
Betrachten wir eine Verschuldenshaftung im Fall unilateraler Unfälle. Liegt der Standard unter dem pareto-optimalen Sorgfaltsniveau, so ist es offensichtlich für den potentiellen Verletzer optimal, diesen Standard gerade zu erfüllen. Die dann entstehende Lücke zwischen Sorgfaltsgleichgewicht und -optimum begründet eine Fehlallokation. Liegt der Sorgfaltsstandard dagegen höher als das pareto-optimale Sorgfaltsniveau, so vergleicht der potentielle Verletzer für seine Entscheidung über das Sorgfaltsgleichgewicht die Sorgfaltskosten bei Einhaltung des Standards und das Minimum der Summe aus Sorgfaltskosten und erwarteten Schäden. Der erstgenannte Term stellt seine Kosten im Falle der Standardeinhaltung, der letztgenannte Term seine günstigstenfalls im Falle der Standardverletzung erreichbaren Kosten dar. Liegt der erstgenannte Term unter dem letztgenannten, wird sich der potentielle Verletzer zur Einhaltung des („moderat überhöhten") Standards entscheiden. Die Abweichung zwischen Sorgfaltsgleichgewicht und Pareto-Optimum begründet hier eine Fehlallokation. Ist jedoch der Standard so „exzessiv hoch" gesetzt, daß der erstgenannte Term höher liegt als der letztgenannte, so entscheidet sich der potentielle Verletzer dafür, den Standard zu ignorieren. Stattdessen realisiert er dasjenige Sorgfaltsniveau, für das die Summe aus Sorgfaltskosten und erwarteten Schäden minimal ist. Wir erhalten hier das auf den ersten Blick vielleicht paradox anmutende Ergebnis, daß ein in besonders hohem Maße „falsch" gesetzter Sorgfaltsstandard dazu führt, daß im Gleichgewicht das „richtige" Maß an Sorgfalt eingehalten wird.
Etwas komplizierter liegt der Fall bei bilateralen Schäden. Ein unter dem optimalen Sorgfaltsniveau liegender Sorgfaltsstandard wird vom Verletzer eingehalten und veranlaßt das Opfer zu einer Ausdehnung seiner Sorgfaltsaktivität über das Pareto-Optimum hinaus. Ein „moderat" überhöht angesetzter Standard wird vom Verletzer (per definitionem) eingehalten und veranlaßt das Opfer zur Absenkung seiner Sorgfaltsaktivität unter das pareto-optimale Niveau. Ist der Standard dagegen „exzessiv überhöht", so wird er

vom potentiellen Verletzer (per definitionem) verletzt. Das Opfer wird demnach kompensiert und verzichtet daher (wegen der hier unterstellten Vollkompensation) vollständig auf die Durchführung von Sorgfaltsaktivitäten. Dieser Umstand erhöht die zu erwarteten Schäden gegenüber einer Situation, in der das Opfer seine Sorgfaltsanstrengungen auf pareto-optimalem Niveau durchführt. Wählt nun der potentielle Verletzer im Gleichgewicht dasjenige Sorgfaltsniveau, das die Summe aus seinen Sorgfaltskosten und den erwarteten Schäden minimiert, so muß bei der wohlfahrtsökonomischen Einschätzung dieses Gleichgewichts beachtet werden, daß diese Kosten wegen der suboptimalen Wahl des Sorgfaltsniveaus das Opfer ein Element der Ineffizienz enthalten. Volkswirtschaftlich betrachtet wäre es optimal, wenn der potentielle Verletzer sein Sorgfaltsniveau so wählen würde, daß die Summe aus seinen Sorgfaltskosten und den bei pareto-optimalem Verhalten des Opfers entstehenden erwarteten Schäden minimal wäre. Tatsächlich wählt der potentielle Verletzer dagegen bei exzessiv überhöht angesetztem Sorgfaltsstandard ein Sorgfaltsniveau, für das die Summe aus Sorgfaltskosten und für suboptimales Opferverhalten definierten erwarteten Schäden minimal ist. Im Gegensatz zu unilateralen Unfällen führt also bei bilateralen Unfällen das Setzen eines exzessiv überhöhten Sorgfaltsstandards für den Verletzer im Gleichgewicht nicht zu einer pareto-optimalen Allokation.

Die hier für die Verschuldenshaftung vorgetragene Allokation gilt „spiegelbildlich", d.h. mit vertauschten Rollen für Verletzer und Opfer, für die Gefährdungshaftung mit Mitverschuldensklausel.

Die obigen Erörterungen haben u.a. ergeben, daß das Zusammenspiel der Entscheidungen von Verletzer und Opfer über die jeweiligen Sorgfaltsniveaus für die Lage und Optimalität von unter haftungsrechtlichen Bedingungen erreichten Gleichgewichten bedeutend ist. Die Natur der Interaktion zwischen Verletzer und Opfer ist im ökonomischen Grundmodell sehr einfach gehalten. Der traditionellen Cournot- Nash- Hypothese entsprechend geht das ökonomische Grundmodell davon aus, daß jeder Beteiligte das Verhalten seines

Gegenübers als gegeben hinnimmt und versucht, sich daran optimal anzupassen. Strategien, mit denen die Beteiligten versuchen könnten, das Verhalten der jeweils anderen Seite in ihrem eigenen Interesse zu beeinflussen, werden nicht untersucht. Gerade im Fall moderat ineffizient gesetzter Standards ist ein solches Verhalten jedoch für den einzelnen Entscheidungsträger unter Umständen attraktiv und kann sogar zu Pareto-Verbesserungen führen. So mag es z.B. unter einer Gefährdungshaftung mit moderat ineffizientem Mitverschuldensstandard für den potentiellen Verletzer lohnend sein, sein Gleichgewichtssorgfaltsniveau soweit anzuheben, daß es für das potentielle Opfer sinnvoll ist, den (überhöhten) Standard für die im Verkehr erforderliche Sorgfalt zu verletzen. Damit muß der potentielle Verletzer zwar höheren Sorgfaltsaufwand tragen, er wird aber durch das Entfallen der Haftpflicht dafür möglicherweise mehr als entschädigt. Auch das potentielle Opfer könnte durch diese Abweichung vom Cournot- Nash-Gleichgewicht nichts verlieren. Es würde nämlich (als rationaler Entscheidungsträger) von dem durch den Mitverschuldensstandard definierten Sorgfaltsniveau nur dann abweichen, wenn die Summe aus Sorgfaltskosten und erwarteten Schäden nach der Abweichung geringer wäre, als die Sorgfaltskosten, die bei der Einhaltung des überhöhten Standards anfallen. Gehen die Beteiligten wie hier beschrieben von einem Cournot- Nash- Gleichgewicht zu einem dem traditionellen Oligopolmodell von Stackelberg analogen Sorgfaltsgleichgewicht über, so unterlaufen sie den fehlerhaft gesetzten Sorgfaltsstandard und teilen den dadurch entstehenden Effizienzgewinn unter sich auf.

Ein vierter Bruch in den Internalisierungswirkungen des Haftungsrechts entsteht, wenn die Regeln für die im Verkehr erforderliche Sorgfalt nicht alle wirtschaftlich sinnvollen Sorgfaltsmaßnahmen erfassen. Enthält ein System von Sorgfaltsanforderungen keinen Standard für eine bestimmte wirtschaftlich sinnvolle Sorgfaltsaktivität, so geht von der betreffenden haftungsrechtlichen Regelung kein genügender Anreiz zur Durchführung der betreffenden Sorgfaltsaktivität aus. Die Aktivität ist dann im gleichgewichtigen

Portefeuille von Sorgfaltsmaßnahmen im allgemeinen unterrepräsentiert. Dies ist unter der Verschuldenshaftung typischerweise für das Niveau der risikoträchtigen Aktivität des Verletzers der Fall. Unter der Gefährdungshaftung mit Mitverschuldensklausel gilt dasselbe für das Niveau der potentiell beeinträchtigten Aktivität des Opfers.

Neben dieser sich bei statischer Betrachtung erschließenden Ineffizienz muß aus dynamischer Sicht darauf hingewiesen werden, daß die Entwicklung neuer Sorgfaltsaktivitäten nicht von haftungsrechtlichen Regelungen angereizt wird, bei denen die Haftung durch die Erfüllung von aktivitätsbezogenen Sorgfaltsstandards ausgeschlossen werden kann. Hierzu müßte nämlich das System von Sorgfaltsstandards schon Anforderungen über das erforderliche Niveau von noch gar nicht bekannten Sorgfaltsmaßnahmen enthalten. Diese Kritik trifft die Verschuldenshaftung für die Sorgfaltsaktivitäten des potentiellen Verletzers und die Gefährdungshaftung mit Mitverschuldensklausel für die Sorgfaltsmaßnahmen des potentiellen Opfers.

Bei der obigen Erörterung war implizit vorausgesetzt, daß der Verletzer dem Opfer den Schaden im Haftungsfall aus dem eigenen Gewinn (Vermögen) kompensiert. Natürlich ist es denkbar und in der Realität auch häufig möglich, daß der potentielle Verletzer das Risiko, über das Haftungsrecht zu Kompensationszahlungen herangezogen zu werden, gegen Zahlung einer sicheren Prämie auf eine Versicherung abwälzt.

Der Abschluß einer Versicherung ist für den potentiellen Verletzer interessant, wenn er risikoscheu ist.

Die Existenz einer Versicherung wäre für die Internalisierungswirkungen ohne Bedeutung, wenn die Versicherungsprämie stets dem erwarteten Schaden entspräche. Die Versicherungsprämie würde dann ohne Änderungen der Lage und Optimalität von Sorgfaltsgleichgewichten die Rolle des erwarteten Schadens bei der Kalkulation des potentiellen Verletzers übernehmen.

Allerdings wird es der Versicherung infolge von Informationsmängeln prinzipiell nicht möglich sein, die Versicherungsprämie den (von den Sorgfaltsanstrengungen des Verletzers abhängigen) erwarteten Schäden anzupassen. Aus der Informationsasymmetrie zwischen Versicherer und Versicherten entstehen (wie aus der versicherungsökonomischen Literatur bekannt) Probleme des „moralischen Risikos". Die Abdeckung des Risikos, im Schadensfall zu Kompensationszahlungen herangezogen zu werden, durch die Versicherung verführt den potentiellen Verletzer dazu, das optimale Maß der Sorgfalt zu unterschreiten. Unterliegen die Versicherten in nennenswertem Umfang dieser Versuchung, und wollen die Versicherungen (mindestens) kostendeckend arbeiten, so sind die gleichgewichtigen Versicherungsprämien höher als bei optimaler Vorsorge. Insgesamt ergibt sich eine ineffiziente Allokation.
Den die Präventionswirkung des Haftungsrechts dämpfenden Einflüssen der Versicherung kann mit verschiedenen Maßnahmen entgegengewirkt werden. Hier sind insbesondere die Einführung einer Selbstbeteiligung des Versicherten oder der Ausschluß der Versicherungsleistung bei Verletzung von vertraglich vereinbarten Sorgfaltsstandards des potentiellen Verletzers zu nennen. Durch beide (und andere) Maßnahmen können die Internalisierungswirkungen des Haftungsrechts mit Versicherung gegenüber der Variante des „ungebremsten" moral hazard verbessert werden. Ein paretooptimales Sorgfaltsniveau wird jedoch im allgemeinen nicht erreicht.

Insgesamt kann nach einer ökonomischen Analyse des Haftungsrechts festgestellt werden:
Auf den ersten Blick erscheint das Haftungsrecht als ideales Instrument, die Verursacher von Unfallrisiken zu volkswirtschaftlich optimalen Präventionsmaßnahmen zu veranlassen. Fallen die externen Unfallrisiken über das Haftungsrecht auf den Verletzer zurück, so verschwindet anscheinend die Divergenz zwischen privaten und sozialen Kosten.
Eine nähere Betrachtung zeigt dagegen, daß die Internalisierungswirkungen des Haftungsrechts auf vielfältige Weise gestört werden.

Dabei sind Gefährdungs- und Verschuldenshaftung für verschiedene Störfaktoren verschieden anfällig. Insgesamt ergibt sich jedoch, daß im allgemeinen keine Haftungsregel existiert, die geeignet ist, die an einem Unfall potentiell Beteiligten im Gleichgewicht zur Durchführung von volkswirtschaftlich optimalen Sorgfaltsaktivitäten zu veranlassen.
Es wäre jedoch völlig verfehlt, dem Haftungsrecht deshalb seine allokationspolitische Bedeutung absprechen zu wollen. Immerhin führt das Haftungsrecht zu Teilinternalisierungen und kann damit zu gegenüber den unkorrigierten Gleichgewichten wohltuenden Veränderungen des Verhaltens der potentiellen Verletzer (und auch Opfer) führen.

Für eine Einschätzung der allokationspolitischen Bedeutung des Haftungsrechts müßte die Leistung dieser Regulierungsinstitution mit der Leistung anderer Regulierungsversuche verglichen werden. Der dezentrale Ansatz des Haftungsrechts begründet dabei die Vermutung, daß es z.B. im Vergleich mit Sicherheitsstandards für risikoträchtige Prozesse und Produkte recht gut würde bestehen können. Ein umfassender Vergleich dieser und anderer Strategien zur Harmonisierung privatwirtschaftlicher und gesellschaftlicher Risikopräventionen ist eine lohnende Aufgabe für die zukünftige Forschung. Darüber hinaus sollte die Frage nach den Wirkungen eines simultanen Einsatzes verschiedener Maßnahmen zur Regulierung externer Risiken untersucht werden.
Ohne jedes Risiko läßt sich sagen, daß die Konstruktion eines zweckmäßigen (optimalen!?) Portefeuille risikopolitischer Instrumente ein attraktives Forschungsziel darstellt.

Literatur

K. S. Abraham,
Products Liability Law and Insurance Profitability, The Journal of Legal Studies, Vol. 19 (1990), pp. 837 - 844.

M. Adams,
Ökonomische Analyse der Gefährdungs- und Verschuldenshaftung, Heidelberg, 1985.

M. Adams,
Zur Aufgabe des Haftungsrechts im Umweltschutz, Zeitschrift für Zivilprozeß, Bd. 99 (1986), S. 129-138.

M. Adams,
Produkthaftung - Wohltat oder Plage - Eine ökonomische Analyse, Betriebsberater, 1987, Beilage 20.

K.J. Arrow,
Essays in the Theory of Risk Bearing, Amsterdam, New York, 1970.

K.J. Arrow,
Optimal Insurance and Generalized Deductions, Scandinavian Actuarial Journal, Vol. 1 (1974), pp. 1 - 42.

H.-D. Assmann,
Umwelthaftung in ökonomischer Analyse, in: G. R. Wagner (1990), S. 201 - 219.

W. J. Baumol,
It Takes Two to Tango, or Sind "Separable Externalities" überhaupt möglich?, Journal of Political Economy Vol. 84, (1976), pp. 381 - 387.

S. V. Berg,
Duopoly Compatibility Standards with Partial Cooperation and Standards Leadership, Information Economics and Policy, Vol. 3 (1988), pp. 35 - 53.

Ch. B. Blankart,
Besteuerung und Haftung im Sondermüllbereich, in: K. Schmidt (Hrsg.), Öffentliche Finanzen und Umweltpolitik I, Schriften des Vereins für Socialpolitik N.F., 176/I, Berlin, 1988, S. 67 - 89.

J. C. Bongaerts, R. A. Kraemer,
Haftung für Umweltschäden und Anreize zur Vorsorge, Wien, 1988.

J. P. Brown,
Toward an Economic Theory of Liability, Journal of Legal Studies, Vol. 2 (1973), pp. 323 - 349.

C. Bruce,
The Deterrent Effects of Automobile Insurance and Tort Law: A Survey of the Empirical Literature, Law and Policy, Vol. 6 (1984), pp. 67 - 100.

P. Burrows,
Efficiency Levels, Efficiency Gains and Alternative Nuisances Remedies, International Review of Law and Economics, Vol. 5 (1985), pp. 59 - 71.

D. Cansier,
Ökonomische Grundprobleme der Umweltpolitik, Berlin, 1975.

D. Cansier,
Umweltschutz und Eigentumsrechte, in: L. Wegehenkel (Hg.), Marktwirtschaft und Umwelt, Tübingen, 1981, S. 180 - 207.

J. Chelius,
Liability for Industrial Accidents: A Comparison of Negligence and Strict Liability Systems, Journal of Legal Studies, Vol. 5 (1976), pp. 293 - 310.

R. D. Cooter, T. S. Ulen,
The Economic Case for Comparative Negligence, New York University Law Review, Vol. 61 (1986), pp. 1067 - 1110.

R. Cooter, T. Ulen,
Law and Economics, Glenview, Ill., 1988.

A. Craswell, J. E. Calfee,
Deterrence and Uncertain Legal Standards, Journal of Law, Economics and Organization, Vol.2 (1986), pp. 279 - 303.

D. De Meza,
The Efficiency of Liability Law, International Review of Law and Economics, Vol. 6 (1986), pp. 107 - 113.

P. Diamond,
Accident Law and Resource Allocation, The Bell Journal of Economics, Vol. 5 (1974), pp. 366 - 405.

U. Diederichsen,
Stand und Entwicklungstendenzen des Umwelthaftungsrechts - Gefährdungshaftung und Umweltschutz, in: R. Breuer, M. Kloepfer, P. Marburger, M. Schröder (Hg.), Jahrbuch des Umwelt- und Technikrechts, Düsseldorf, 1988, S. 189 - 203.

A. Domeyer,
Die Auswirkungen eines veränderten Umwelthaftungsrechts auf Verursacherindustrie und Versicherungswirtschaft, Berlin (Dissertation), 1991.

R. Eisen,
Unsicherheit und Information. Unkontrollierbares Verhalten und das Problem des moralischen Risikos, Jahrbücher für Nationalökonomie und Statistik, Bd. 191 (1976), S. 193 - 211.

W. Emons,
Efficient Liability Rules for an Economy with Non-Identical Individuals, Journal of Public Economics, Vol. 42 (1990), pp. 89 - 104.

W. Emons, J. Sobel,
On the Effectiveness of Liability Rules When Agents are not Identical, Arbeitspapier o.O., 1989.

A. Endres,
Die pareto-optimale Internalisierung externer Effekte, Frankfurt/M. und Bern, 1976.

A. Endres,
Die Coase-Kontroverse, Zeitschrift für die gesamte Staatswissenschaft, Bd. 133 (1977), S. 637 - 651.

A. Endres,
Ökonomische Grundprobleme der Messung sozialer Kosten, List-Forum, Bd. 11 (1982), S. 251 - 269.

A. Endres,
Allokationswirkungen des Haftungsrechts, Jahrbuch für Sozialwissenschaft, Bd. 40 (1989a), S. 115 - 129.

A. Endres,
Liability and Information. Journal of Institutional and Theoretical Economics (Z. für die gesamte Staatswiss.), Vol. 145 (1989b), pp. 249 - 274.

A. Endres,
A Note on Strategic Behavior Under Tort Law, 1991a, International Review of Law and Economics, erscheint demnächst.

A. Endres,
Die ökonomische Bedeutung des "Mitverschuldens" im Recht unerlaubter Handlungen, Mimeo, TU Berlin, 1991b.

A. Endres, G. Gäfgen,
Wettbewerb und Regulierung auf dem bundesdeutschen Lebensversicherungsmarkt, Jahrbücher für Nationalökonomie und Statistik, Bd. 205 (1988), S. 11 - 29.

A. Endres, I. Querner,
Strategic Behavior Under Tort Law, Mimeo, TU Berlin, 1990.

A. Endres, R. Schwarze,
Allokationswirkungen einer Umwelthaftpflicht-Versicherung, Zeitschrift für Umweltpolitik und Umweltrecht, Bd. 14 (1991a), S. 1 - 25.

A. Endres, R. Schwarze,
Gibt es Grenzen der Versicherbarkeit von Umweltrisiken? Eine ökonomisch-technische Analyse der Besonderheiten einer Umwelthaftpflichtversicherung, Berlin, 1991b, erscheint demnächst in einer Veröffentlichung der Gottlieb Daimler- und Carl Benz-Stiftung.

Enquête-Kommission des Deutschen Bundestages,
Chancen und Risiken der Gen-Technologie, Bonn, 1987.

R. Epstein,
Modern Products Liability Law, Westport, 1980.

H.-J. Ewers u.a.,
Zur monetären Bewertung von Umweltschäden, Methodische Untersuchung am Beispiel der Waldschäden, UBA-Berichte, 4/86, Berlin, 1986a.

H.-J. Ewers,
Kosten der Umweltverschmutzung, Probleme ihrer Erfassung, Quantifizierung und Bewertung, in: Umweltbundesamt (Hg.), Tagungsband zum Symposium am 12. und 13. September 1985 im Bundesministerium des Innern im Rahmen des BMU-Forschungsschwerpunktes "Kosten der Umweltverschmutzung/Nutzen des Umweltschutzes", UBA-Berichte 7/86, Berlin, 1986b, S. 9 - 19.

E. Feess-Dörr, G. Prätorius, U. Steger,
Umwelthaftungsrecht, Wiesbaden, 1990.

J. Finsinger,
Versicherungsmärkte, Frankfurt-New York, 1983.

J. Finsinger,
Führen Haftungsregeln zu optimalem Risikoverhalten?, Arbeitsbericht Nr. 20 der Hochschule Lüneburg, 1986.

J. Finsinger,
Liability and Incentives for Innovations. Arbeitsbericht Nr.64 der Universität Lüneburg, 1989.

J. Finsinger,
The Choice of Risky Technologies and Liability, International Review of Law and Economics, Vol. 11 (1991), forthcoming.

J. Finsinger, M. V. Pauly,
The Double Liability Rule, The Geneva Papers on Risk and Insurance Theory, Vol. 15 (1990), pp. 43 - 53.

J. Finsinger, J. Simon,
Eine ökonomische Bewertung der EG-Produkthaftungsrichtlinie des Produkthaftungsgesetzes und der Umwelthaftung, in: Schriften zur Unternehmensführung, Wiesbaden,1989, S. 23 - 72.

K. Fleckenstein,
Die Haftung für Umwelteinwirkungen und ihre Reform, in: G. R. Wagner (1990), S. 220 - 228.

M. A. Freeman,
The Benefits of Environmental Improvement, Theory and Practice, Baltimore and London, 1979.

M. A. Freeman,
Air and Water Pollution Control, A Benefit Cost Assessment, New York, 1982.

F. Grady,
A New Positive Economic Theory of Negligence, The Yale Law Journal, Vol. 92 (1983), pp. 799 - 829.

N. F. Grady,
Untaken Precautions, The Journal of Legal Studies, Vol.18 (1989), pp. 139 - 156.

H.S.E. Gravelle,
Accidents, Taxes, Liability Rules and Insurance, The Geneva Papers on Risk and Insurance, Vol. 12 (1987), S. 115 - 131.

H.S.E. Gravelle,
Accidents and the Allocation of Legal Costs with an Uninformed Court, The Geneva Papers on Risk and Insurance, Vol. 14 (1989), pp. 11 - 25.

D. Haddock, C. Curran,
An Economic Theory of Comparative Negligence, Journal of Legal Studies, Vol. 14 (1985), S. 49 - 72.

P. Hartmann,
Der Verkehrsunfall, München, 1986 (4. Aufl.).

P. Henseler,
Grundfragen einer Umweltgefährdungshaftung, in: R. Breuer, M. Kloepfer, P. Marburger, M. Schröder (Hg.), Jahrbuch des Umwelt- und Technikrechts, Düsseldorf, 1988, S. 205 - 259.

R. Higgins,
Producers' Liability and Product-Related Accidents, Journal of Legal Studies, Vol. 7 (1978), pp. 299 - 322.

B. Holmström,
Moral Hazard and Observabilities, Bell Journal of Economics, Vol. 10 (1979), pp. 74 - 91.

P. W. Huber,
Liability, New York, 1988.

P. O. Johanson,
The Economic Theory and Measurement of Environmental Benefits, New York, 1978.

M. Kahan,
Causation and Incentives to Take Care Under the Negligence Rule, Journal of Legal Studies, Vol. 18 (1989), pp. 427 - 447.

G. Kirchgässner,
Rationales und vernünftiges Handeln: Ein Widerspruch?, in: H. Milde, H. G. Monissen (Hg.), Rationale Wirtschaftspolitik in komplexen Gesellschaften, G. Gäfgen zum 60. Geburtstag, Stuttgart, Berlin usw., 1985, S. 29 - 41.

G. Kirchgässner,
Das Verursacherprinzip: Leerformel oder regulative Idee?, Juristen-Zeitung, 22/1990, S. 1042 - 1046.

G. Kirchgässner,
Führt der homo oeconomicus das Recht in die Irre?, Juristen-Zeitung, 3/1991, S. 104 - 111.

P. R. Kleindorfer,
Die Umweltschaden-Haftpflicht-Versicherung: Ein Ausblick auf die Krise der US-Versicherungswissenschaft, Bd. 76 (1987), S. 1 - 23.
Zeitschrift für die gesamte Versicherungswissenschaft, Bd. 76 (1987), S. 1-23.

P. R. Kleindorfer, H.C. Kunreuther,
Insurance and Compensation as Policy Instruments for Hazardous Waste Management, in:—— (Eds.), Insuring and Managing Hazardous Risks, Berlin-Heidelberg-New York, 1987, pp. 145-172.

M. Kloepfer,
Umweltrisiken und Haftungsregeln - Rechtspolitische Aspekte, Zeitschrift für Umweltpolitik, Bd. 9 (1988), S. 243 - 258.

J. Knebel,
Überlegungen zur Fortentwicklung des Umwelthaftungsrechts, in: Breuer, M. Kloepfer, P. Marburger, M. Schröder (Hg.), Jahrbuch des Umwelt- und Technikrechts, Düsseldorf, 1988, S. 261 - 280.

H. Kötz, H.-B. Schäfer,
Schadensverhütung durch ökonomische Anreize, Diskussionsbeiträge zu Recht und Ökonomie, Universität Hamburg, Nr. 1, 1989.

K.-H. Ladeur,
Umweltrecht und technologische Innovation, in: Breuer, M. Kloepfer, P. Marburger, M. Schröder (Hg.), Jahrbuch des Umwelt- und Technikrechts, Düsseldorf, 1988, S. 305 - 333.

W.M. Landes, R.A. Posner,
The Positive Economic Theory of Tort Law, Georgia Law Review, Vol. 15 (1981), pp. 851 - 924.

W. M. Landes, R. A. Posner,
The Economic Structure of Tort Law, Cambridge/Mass., 1987.

A. Leijonhufvud,
Life among the Econ, in: ——, Information and Coordination - Essays in Macroeconomic Theory, New York and Oxford, 1981, pp. 347 - 359.

D. Levin,
H. v. Stackelberg, Cournot and Collusive Monopoly, Economic Inquiry, Vol. 26 (1988), pp. 317 - 330.

N. Mercuro, T. P. Ryan,
Law, Economics and Public Policy, Greenwhich, Conn. - London, 1984.

C. Mittendorfer, G. Schuster,
Haftung für Umweltschäden, Wien, 1990.

F. Nicklisch (Hg.),
Prävention im Umweltrecht - Risikovorsorge, Grenzwerte, Haftung, Heidelberg, 1988.

W. V. Oi,
The Economics of Product Safety, Bell Journal of Economics, Vol. 10, (1973), pp. 374 - 388.

C. Ott, H.-B. Schäfer,
Schmerzensgeld bei Körperverletzungen - Eine ökonomische Analyse, Diskussionsbeiträge zu Ökonomie und Recht der Universität Hamburg, Nr. 2, 1990.

D. W. Pearce, A. Markandya,
Environmental Policy Benefits: Monetary Valuation, Paris, 1989.

W. Pfennigstorf,
Comparative Liability Studies: Challenges and Limitations, The Genevea Papers on Risk and Insurance, Issues and Practice, Vol. 15 (1990), pp. 215 - 218.

M. Planck,
Das Weltbild der neuen Physik,
Leipzig, 1929.

I.P.L. Png,
Litigation, Liability, and Incentives for Care, Journal of Public Economics, Vol. 34 (1987), pp. 61 - 85.

A.M. Polinsky,
Strict Liability vs. Negligence in a Market Setting. American Economic Review Vol. 70 (1980), Papers and Proceedings, pp. 363-367.

A. M. Polinsky, D. L. Rubinfeld,
The Welfare Implications of Costly Litigation for the Level of Liability, Journal of Legal Studies, Vol.17 (1988), pp. 151 - 164.

R. Posner,
Economic Analysis of the Law, Boston, 1972. (3rd ed. 1986.)

J. W. Pratt,
Risk Aversion in the Small and in the Large, Econometrica, Vol. 32 (1964), pp. 122 - 136.

E. Rehbinder,
Haftpflichtrecht und Verhütung von Umweltschäden: Juristische Aspekte, 1990, erscheint demnächst in einer Veröffentlichung der Gottlieb Daimler- und Carl Benz-Stiftung.

A. H. Ringleb, N. S. Wiggins,
Liability and Large Scale Long-Term Hazards, Journal of Political Economy, Vol. 98 (1990), pp. 574 - 595.

A. J. Robson,
Stackelberg and Marshall, American Economic Review, Vol. 80 (1990), pp. 69 - 82.

D. L. Rubinfeld,
The Efficiency of Comparative Negligence, Journal of Legal Studies, Vol. 16 (1987), pp. 375 - 394.

R. R. Russell, M. Wilkinson,
Microeconomics, New York, Chichester etc, 1979.

P. M. Sälter,
Externe Effekte: "Marktversagen" oder Systemmerkmal?, Heidelberg, 1989.

H.-B. Schäfer, C. Ott,
Lehrbuch der ökonomischen Analyse des Zivilrechts, Berlin-Heidelberg usw., 1986.

J. Schmidt-Salzer,
Die EG-Richtlinie Produkthaftung, Betriebsberater, 1986, S. 1103-1111.

J. Schmidt-Salzer,
Der Fehlerbegriff der EG-Richtlinie Produkthaftung, Betriebsberater, 1988, S. 349 - 356.

G. Schwartz,
Contributory and Comparative Negligence, Yale Law Journal, Vol. 87 (1978), pp. 697 - 727.

S. Shavell,
On Moral Hazard and Insurance, The Quarterly Journal of Economics, Vol. 83 (1979), pp. 541 - 562.

S. Shavell,
Strict Liability versus Negligence, Journal of Legal Studies, Vol. 9 (1980a), pp. 1 - 25.

S. Shavell,
An Analysis of Causation and the Scope of Liability in the Law of Torts, Journal of Legal Studies, Vol. 9 (1980b), pp. 463 - 516.

S. Shavell,
Liability for Harm versus Regulation of Safety, Journal of Legal Studies, Vol. 13 (1984a), pp. 357-374.

S. Shavell,
A Model of the Optimal Use of Liability and Safety Regulation, Rand Journal of Economics Vol. 15 (1984b), pp. 271-280.

S. Shavell,
Uncertainty over Causation and the Determination of Civil Liability, Journal of Law and Economics, Vol. 28 (1985), pp. 587 - 609.

S. Shavell,
Economic Analysis of Accident Law, Cambridge/Mass., London, 1987.

H. Siebert,
Haftung ex post versus Anreize ex ante,
Diskussionsbeiträge des Sonderforschungsbereiches "Internationalisierung der Wirtschaft" an der Universität Konstanz, Serie II-Nr. 34, Konstanz, 1987.

H. v. Stackelberg,
Marktform und Gleichgewicht, Wien und Berlin, 1934.

D. A. Starrett,
Fundamental Nonconvexities in the Theory of Externalities, Journal of Economic Theory, Vol. 4 (1972), pp. 180-199.

F. H. Stephen,
The Economics of the Law, Brighton, 1988.

K. Sticker,
Analyse der Tarifstruktur für die Haftpflichtversicherung von Pkw, Karlsruhe, 1983.

W. Strassl,
Externe Effekte auf Versicherungsmärkten, Eine allokationstheoretische Begründung staatlicher Regulation, Tübingen, 1988.

E.A.C. Thomas,
On Calculating Optimal Contributory Negligence Rules, Social Choice and Welfare, Vol. 1 (1985), pp. 65 - 85.

T. H. Tietenberg,
Indivisible Toxic Torts: The Economics of Joint and Several Liability, Land Economics, Vol. 65 (1989), pp. 305 - 319.

S. Utzig,
Haftungsregeln für gentechnologische Unfälle - Eine ökonomische Beurteilung der Vorschläge der Enquète-Kommission des Deutschen Bundestages, Jahrbuch für Sozialwissenschaft, Bd. 39 (1988), S. 394-410.

o. V.,
Reform des Umwelt- Haftungsrechts, Köln (Schriftenreihe der Kölnischen Rück), 1990.

R. Vieregge,
Zur Relevanz der Fortentwicklung ökonomischer Instrumente im Umweltschutz, in: G. R. Wagner (1990), S. 229 - 240.

W. K. Viscusi,
The Performance of Liability Insurance in States with Different Products-Liability Statutes, The Journal of Legal Studies, Vol. 19 (1990), pp. 809 ff.

G. R. Wagner (Hg.),
Unternehmung und ökologische Umwelt, München, 1990.

M. J. White,
An Empirical Test of the Comparative and Contributory Negligence Rules in Accident Law, RAND Journal of Economics, Vol. 20 (1989), pp. 308 - 330.

R. C. Zinkan,
Die Reduzierung der Produkthaftungsrisiken, Berlin, 1989.

Sachverzeichnis

GPSR Compliance

The European Union's (EU) General Product Safety Regulation (GPSR) is a set of rules that requires consumer products to be safe and our obligations to ensure this.

If you have any concerns about our products, you can contact us on ProductSafety@springernature.com

In case Publisher is established outside the EU, the EU authorized representative is:

Springer Nature Customer Service Center GmbH
Europaplatz 3
69115 Heidelberg, Germany

Batch number: 10815974

Printed by Printforce, the Netherlands